안동 풍수 기행,
와혈의 땅과 인물

동양문화산책 15

안동 풍수 기행, 와혈의 땅과 인물
Poong-soo Traveling in Andong, The Land and People on 'Wahyul'

지은이 이완규
펴낸이 오정혜
펴낸곳 예문서원

편집   명지연, 조영미
인쇄 및 제책   상지사

초판 1쇄   2001년 7월 28일
초판 2쇄   2002년 5월 20일

주   소   서울시 동대문구 용두 2동 764-1 송현빌딩 302호
출판등록   1993. 1. 7. 제5-343호
전화번호   925-5914 · 929-2284 / 팩시밀리 929-2285
Home page   http://www.yemoon.com
E-mail   yemoonsw@unitel.co.kr

ISBN 89-7646-140-1   03150

ⓒLee Yan Gyu 2001 Printed in Seoul, Korea

YEMOONSEOWON 764-1 Yongdu 2-Dong, Dongdaemun-Gu Seoul KOREA 130-824
Tel) 02-925-5914, 02-929-2284 Fax) 02-929-2285

값 7,500원

| 동양문화산책 15 |

안동 풍수 기행,
와혈의 땅과 인물

이완규 지음

예문서원

시작하는 말

안동, 그 오래도록 아름다운 땅

어느 날 불현듯이 고향으로 돌아가고 싶었다. 아무런 이유도 없었다. 그냥 고향에서 살고 싶은 생각이 들었을 뿐이다. 여전히 의구依舊한 산천, 이제는 흔적마저 희미해진 돌담과 고샅길이 눈앞에 어른거렸다. 무엇보다도 추억 속의 사건들에서 어릴 적 친구들이 하나, 둘 옛날 모습 그대로 생생하게 다시 살아나기 시작했다. 처음에는 그냥 그러려니 했다. 하지만 귀향歸鄕의 꿈이 점점 더해 가는 지금은 분명히 안다. 타향에서 고향을 그리워하는 것이야말로 늙어 가는 뚜렷한 증거임을.

우리들 각자의 고향은 저마다의 가슴속에 어떤 의미를 띠고 있을까? 나의 고향이 다른 이의 고향과 다른 것은 무엇 때문일까? 누군들 고향이 없겠는가마는, 절절한 그리움으로 회상할 만한 고향을 가진 사람은 그리 많지 않을 것이다. 그러나 안동이 고향인 사람들은 안동을 절절한 그리움의 고향으로 회상한다. 더구나 물 속에 잠긴 고향일진대…….

안동은 예로부터 창성한 고을이라 고창古昌인데, 신라 경순왕 3년인 929년에 세 분 태사太師*가 고려 태조 왕건王建을 도와 후백제 견훤甄萱의 군사를 무찔러 삼천리 금수강산의 동쪽을 편안히 하였으니 이에 '안동安東'이라 이름하게 되었다. 또한 낙강과 반변천의 두 물이 합쳐져 그냥 그렇게 오래도록 아름다우니 이름하여 '영가永嘉'요, 누구나 복 받고 살아온 고을이라 '복주福州'요, 착한 사람과 상서로운 조짐이 가득한 땅이라 '길주吉州'다. 그러한즉 이 땅 안동을 고향으로 가진 자, 그 어찌 행복하지 않겠는가?

내게 안동은 친척 하나 없는 타향이다. 그러나 내 삶의 터전이 된 지 벌써 스무 해가 넘었고, 어쩌면 이 땅에서 남은 생을 마감해야 할지도 모른다. 나는 그동안 몇 가지 이유에서 열심히 안동을 살펴보았다. 그리고 이 땅의 모습과 이 땅에 살았던 사람들과, 그들이 남긴 삶의 자취를 하나씩 알아나갈 때마다 정이 점점 깊어졌다. 이제 풍수학인風水學人의 입장에서 안동 땅에 얽힌 이야기들을 살펴보고자 한다.

풍수의 길

아직까지 풍수는 학문의 장에서 공개적으로 토론된 바 없으며, 체계적으로 정리되지 못한 채 갖은 주장이 난무하는 분야이므로 구구한 논란을 줄이기 위해서라도 필자의 견해를 미리 분명히 밝혀 두고자 한다.

첫째는 풍수를 공부하는 자세다. 풍수의 핵심은 지기地氣, 즉 땅의 기운을 느끼는 것이다. 만물을 기르는 것은 땅과 물이다. 썩은 물에 생명이 깃들여 살 수 없듯이 썩은 땅에서 생명이 자라날 수 없다. 풍수는 살아 있는 땅을 더욱 생기 있게 하고 죽어 가는 땅을 살리려는 마음이다. 그러므로 옛사람이 사랑한 땅의 모습이 어떤 것인지를 이해하고, 그러한 땅의 형세를 보고 익혀 마침내 '함부로 땅을 대해서는 안 된다'는 것을 깨닫게 된다면 그 순간 진정한 풍수의 길로 들어섰다 할 것이다.

둘째는 풍수 공부의 방법이다. 풍수를 공부하는 사람들이 겪는 어려움 중의 하나가 어디에 중점을 두고 어떤 방법으로 공부해 나갈 것인지를 알기 어렵다는 것이다. 초심자가 풍수를 이해하는 데 도움이 될 만한 안내서도 많지 않다. 또 풍수는 책만 보아서는 이해하기가 어렵다. 책에 적힌 내용을 현장에서 어떻게 적용해야 할지 난감할 때가 많다. 풍수의 목표인 지기地氣를 느끼기 위해서는 나루를 건널 때 배를 타듯 몇 가지 풍수적 방법을 원용援用해야 한다. 나는 혈형穴形(穴象)을 중심으로 안동 땅을 살필 것이다.

셋째는 풍수 용어다. 용어 사용의 부적절함은 개념의 혼란과 생각의 불명확성에서 기인한다. 불행히도 풍수 용어는 무슨 주문처럼 비밀스럽게 전해져 온 경향이 있어 여러 책이나 사용자에 따라 제각각 달리 쓰이는 경우가 많다. 더구나 그 말이 무슨 뜻이라는 설명도 부족하고 풍수와 어떤 관련이 있는지도 밝히지 않은 채 그냥 한문으로만 나열한 책이 많아 어려움을 더하고 있다. 이는 풍수를 공부하고자 하는 초심자들에게는 대단히 곤란한 문제다. 이에 필자는 새로운 풍수 용어를 사용할 때마다 그 뜻을 가능한 한 명확히 밝힐 것이며, 또 그것을 일관되게 사용하도록 노력할 것이다.

마지막은 무덤이다. 말도 많고 탈도 많은 것이 음택陰宅이지만 거론할 수밖에 없는 두 가지 이유가 있다. 하나는 그곳이 바로 이 땅의 선현들이 계신 곳이며, 그 분들의 뜻을 기리는 자손들이 모여 자신의 정체성을 깨닫고 삶의 자세와 방향을 가다듬는 경배의 땅이기 때문이다. 이 땅에서 올곧은 뜻을 지키며 살았던 선인先人의 행적과 뜻을 지금에 돌이켜 생각하는 자리로서 선인의 무덤보다 더 좋은 곳이 어디 있겠는가? 다른 하나는 그곳이 보국保局, 즉 일정한 형태를 갖춘 땅의 국면이 좁아서 공부하는 사람이 풍수의 제반 용어, 형세 및 주변의 모습을 한

눈에 조망할 수 있는 좋은 장소이기 때문이다.

  이제 산을 만나러 가는 풍수학인은 최창조崔昌祚의 금옥 같은 가르침을 화두로 삼아야 하리라.

  먼저 산을 본다. 풍수학인은 산에 오르고 물을 건너는 수고(登涉之勞)를 마다해서는 안 된다. 그리고 무엇보다도 산에 대한 깊은 애정을 가지고 살아 있는 생명체로서 산을 대해야 한다. 간산看山의 경험이 쌓이고 마음이 태고의 평정을 찾으면 산은 한갓 흙과 돌무더기가 아니라 풍운조화를 일으키는 용으로 보이게 되는 것이다.……마음을 비우고 사심 없이 산을 대하면 산은 살아나서 말을 해준다. 그것이 풍수의 출발이다. 겸손하라! 그리고 자신에 침잠하여 땅이 주는 소리를 듣도록 노력하라. 그리하여 땅과 일체를 이루었을 때 땅은 말할 것이다. 내 너를 받아들인다.**

---

* 權幸, 金宣平, 張吉이 고려 건국에 이바지한 공으로 三韓壁上功臣三重大匡太師亞父에 봉해지고 나란히 '안동'을 姓으로 받아 각각 안동 권씨, 안동 김씨, 안동 장씨의 시조가 되었다. 이들을 삼태사라 한다.
** 최창조, 『땅의 논리 인간의 논리』(서울: 민음사, 1992)

안동 풍수 기행,
와혈의 땅과 인물

시작하는 말 · 4

1. 봉정사 — 봉황이 나래를 접은 천하의 명당 · 11

안동 봉정사 · 12 명당 · 13 솔밤다리 · 15 천등산과 봉황포란 · 17
형국론의 장단점 · 19 산은 물을 넘지 않는다 · 21 기나긴 오솔길 · 23
명옥대 · 24 솟아오르는 봉정사 일주문 · 26 산문 · 27 아직은 서러운 풍수 · 30
역수 · 31 비보 · 33 조산 · 34 길은 어디에 있는가? · 36 압승 · 38
백호에 난 상처 · 41 와혈 · 42 와혈 당판 · 44 그때 그 홍시는 누가 다 먹었는가? · 48
김용준과 늙은 감나무 · 51 석과불식 · 53 〈봉정사 진경도〉 · 54 피수교 · 55
순전 · 56 봉정사와 부석사 · 57 횡대와 반송 · 59 김가진의 글씨 · 62
〈봉정사 배치도〉 · 64 〈봉정사 투상도〉 · 66 대웅전 · 68 극락전 · 69 현릉사 · 72
동시나무 · 73 느티나무 세 그루 · 76 공손수 · 79 증자온신 · 80 외백호 안산 · 82
우화루 · 83 영산암 · 86 봉정사 부도 · 88 선유암 · 91 장풍국 · 92 교쇄명당 · 93
천등산 봉정사 · 96 〈봉정사 지형도〉 · 98 안동팔경 · 101 봉정팔경 · 103
천하 명당 봉정사 · 104

2. 가일 — 이름처럼 아름답고 밝은 땅 · 107

꿈속의 고향 · 108 성조가 · 110 풍산들 · 112 동수 · 116
삶의 공간은 어떠해야 하는가? · 118 〈가일 지형도〉 · 119 정산 · 121 박환 · 125
와중유혈 · 127 시습재 · 128 불천위 · 131 권구 산소 · 132 융취명당 · 134
옥정남근 · 136 풍수와 지리 · 137

3. 지보리 — '옥녀단좌'의 형국 · 139

명당발복에 관하여 · 140   명당은 발복한다 — 동기감응 · 142   명당발복은 없다 · 146
주술 · 148   예천군 지보면 · 149   태을봉 · 151   오성 · 152   용의 배면 · 154
비봉산 · 155   지보의 뜻 · 157   주산현무 · 160   정사와 그 자손들 · 164
풍양면 우망리 · 166   옥녀와 열린 와혈, 그리고 횡금안 · 167   와중미유 · 170

4. 임청각 — 누에가 실을 뽑듯이 · 175

돌아가리라 · 176   이중의 산소 · 179   돌아왔노라! · 181   노래부르리 · 182
이명 · 183   한옥의 특성 · 184   임청각과 나 · 188   〈임청각 평면도〉 · 190
문얼굴 · 193   가묘 · 194   군자정의 시판 하나 · 197   늙은 누에가 실을 뽑듯이 · 199
법홍동 고성 이씨 종택 · 200   북정 · 203   이종주 산소 · 206   신세동칠층전탑 · 207
비보 사찰 · 211   단맥 · 213   석주 · 215   임청각 단맥 · 216

5. 정영방 산소 — 희귀한 변와 · 221

무덤 · 222   비 · 224   묘비 · 227   묘갈 · 228   정영방 묘갈 서문 1 · 230
〈연당리 지도〉 · 231   서석지 · 232   주일재 · 234   경정 · 236   정영방 산소 · 239
선어대 · 240   선어모범 · 244   〈정영방 산소 지형도〉 · 246   변와 · 248
정영방 묘갈 서문 2 · 250   명 · 251   안동의 와혈 · 253

이 책에 나오는 인물을 호가 아닌 이름으로 지칭한 것은
예문서원의 편집 원칙에 따른 것입니다.

1. 봉정사
― 봉황이 나래를 접은 천하의 명당

안동 봉정사

　사람들이 어느 지방을 특별히 기억하는 것은 개개인의 직접적이고 독특한 경험을 통해서일 것이다. 하지만 대개는 공부나 독서와 같은 간접 경험을 통해 그 지방의 이모저모를 알게 된다. 그 가운데 절 때문에 우리에게 쉽게 기억되는 지방은 어디일까? 경주 불국사, 고창 선운사, 구례 화엄사, 보은 법주사, 승주 송광사, 양산 통도사, 예산 수덕사, 영주 부석사, 익산 미륵사, 합천 해인사, 화순 운주사 등이 그러하다.

　안동의 여러 모습 중에서 안동의 특징으로 기억할 만한 것을 '이것이다' 하고 어느 한 가지를 내세워 말할 수는 없다. 하지만 안동을 경주 불국사처럼 '안동 봉정사'로 기억하는 사람은 행복한 사람일 것이다. 왜냐하면 봉정사는 그만한 가치가 있는 곳이기 때문이다. 그 가치 가운데 하나를 들라고 하면 사찰의 품위를 결정하는 집들이 우수하고 고아한 품격을 간직하고 있을 뿐 아니라 변화무쌍하다는 점을 내세울 수 있다. 이 때문에 봉정사는 우리 나라의 '고건축古建築 박물관博物館'으로 불린다. 특히 풍수를 공부하는 사람에게 있어 봉정사는 그야말로 다시 만나기 어려운 천하의 명당이다.

　우리 나라의 어느 고찰이 아름답지 않겠는가마는 내 마음속에 봉정사만큼 깊이 각인된 곳도 없다. 절이 무엇을 하는 곳인지, 절집을 어떻게 보아야 하는지에 대한 내 나름의 안목이 생긴 뒤에 둘러본 여러 사찰은 크든 작든 그 어느 곳도 봉정사를 능가하지 못했고, 아마 앞으로도 그러할 것이다. 그것은 봉정사보다 더 좋은 절이 없기 때문이 아니라 내가 봉정사와 나눈 정情을 또 다른 절에서 나누기는 어려울 것 같기 때문이다.

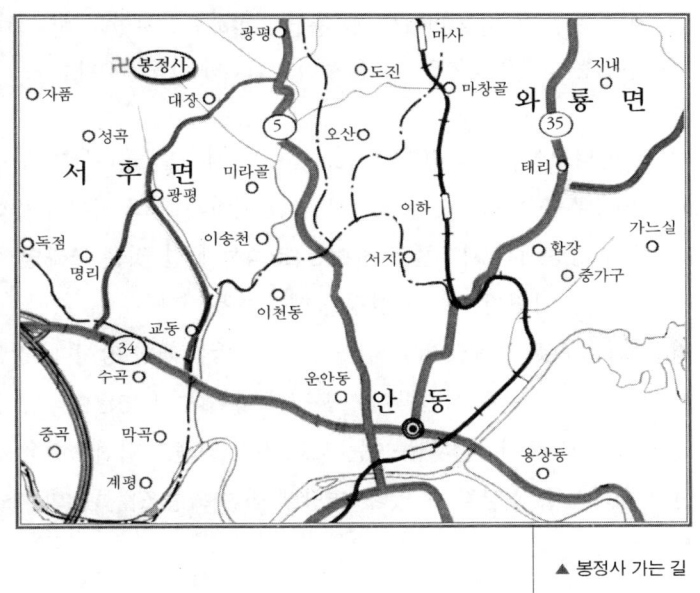

▲ 봉정사 가는 길

  봉정사가 위치한 곳은 참으로 천공天工과 인공人工이 절묘하게 조화된 수선首善의 땅이다. 그래서 나는 봉정사와 내가 나눈 정을 좀 시시콜콜하리 만큼 자세히 이야기해 볼 생각이다. 이왕 '명당明堂'이란 말이 나왔으니 이 말부터 알아보고 가자.

명당

  우리 귀에 익어 익숙하고 친근한 '명당'이란 풍수 용어는 『예기禮記』 「명당위明堂位」에 처음 나온다.

옛날에 주공이 명당의 자리에서 제후들을 조회하도록 하였다. 천자께서는 자루 없는 도끼를 수놓은 병풍을 등지고 남면하여 서 계셨다.[1]

이 글에 나오는 '명당明堂'이란, 천자가 제후를 불러들여 만나보고 정사政事를 처리하는 궁전으로 인간 세상의 최고 지위를 뜻한다. 주공이 명당에서 제후들로 하여금 조회하게 한 것은 조카인 성왕成王이 너무 어렸기 때문에 섭정을 했다는 뜻이다.

명당은 글자 뜻 그대로 밝은 집이다. 매우 밝아 환한 땅이다. 밝음은 따뜻함이요, 환함은 시원함이고 분명함이다. 누가 명당이라는 말을 풍수 용어로 쓰기 시작했는지는 모르지만, 실제로 답산踏山을 해보면 명당의 뜻을 실감할 수 있다. 명당에 대한 최창조崔昌祚의 깨달음을 들어보자.

산용山龍이 사람을 끌어안을 자세를 갖추었을 때 그 품안이 명당이 된다. 어머니가 아기에게 젖을 먹일 때 양손으로 아기를 품안에 안고 아기 입에 젖꼭지를 물린다. 이 경우 어머니의 품이 명당이며 젖무덤이 혈장, 젖꼭지가 혈처가 된다.[2]

어머니는 생명을 낳아 기르는 분이다. 땅 역시 만물을 낳아 기른다. 그러므로 땅은 인간에게 항상 어머니로 인식되어 왔다. 어머니가 땅이요, 땅이 어머니다. 어머니 같은 땅, 그 중에서도 어머니의 품처럼 편안함과 따뜻함을 주는 곳이 바로 명당이다. 그리고 그런 땅을 찾아 그 속에 깃들이고자 하는 마음이 풍수이다.

---

1) 『禮記』, 「明堂位」, "昔者, 周公, 朝諸侯于明堂之位, 天子, 負斧依, 南鄕而立."
2) 최창조, 『땅의 논리, 인간의 논리』(민음사, 1993), 24쪽.

솔밤다리

안동 시내에서 예천醴泉 쪽으로 34번 국도를 따라 송현松峴 재를 넘어 조금만 가면 큰 내가 있는데, 이곳에는 낡은 다리 하나와 새 다리 두 개가 나란히 놓여 있다. 고향이 안동 서쪽에 있는 상주尙州이기 때문에 나는 이 국도를 여러 번 지나다녔다. 1981년에 처음 안동에 올 때도 이 다리를 건넜는데, 나는 이 다리를 건너야 비로소 안동에 왔다는 느낌이 들곤 하였다. 그래서 이 다리의 이름과 유래가 늘 궁금하였다. 아는 사람들에게 물어 보았더니 누구는 '소밤'이라 하고 또 누구는 '소판'·'소빰'이라 했는데, 그 이름이 일정하지 않을 뿐 아니라 발음도 저마다 달랐다. 더욱이 독특한 안동 말씨의 억양이 섞인 그 발음을 나는 도저히 문자화할 수도, 흉내내어 말할 수도 없었을 뿐만 아니라 그게 무슨 뜻인지는 더더욱 감을 잡을 수 없었다. 분명히, 한자어가 아닌 우리말임에는 분명한데 그 뜻을 알 수 없었던 것이다. 또 다른 사람들에게 물어보아도 사람마다 발음이 조금씩 달랐고, 뜻을 아는 사람은 아무도 없었다.

겨우 들은 이야기가 "안동 장날에 풍산豊山에서 소를 팔러 온 사람이 우시장까지 가지 않고 이 다리에서 소를 팔고 갔기 때문에 '소를 판 다리'라는 뜻에서 '소판다리'가 되었다"는 것인데, 내가 알고 있는 안동 사람들 가운데 이에 동의하는 사람은 없었다. 결국 나는 그 다리를 숱하게 건너다니면서도 다리 이름은 아는 듯한데 그 뜻은 모르고 발음도 제대로 못하는 희귀한 중세에 시달려야 했다.

그런 상태로 강산이 한 번 변할 만큼의 세월이 흘렀을 즈음, 고건축 공부를 해보겠다고 혼자서 안동 여기저기를 돌아다니다가 이 다리 건너 바로 왼쪽 산밑에 있는 율리종택栗里宗宅에서 내 나름의 해답을 찾게 되었다. "아, 송현松峴이니까 소나무가 많을 터이고 또 밤나무도 많은 동네라 '솔밤'이라고 하는데, 이걸 안동식으로 발음하다 보니 '소빰'이 되었는가보다." 그렇게 나는 혼자서 시원해하였다.

그런데 그 시원함은 오래 가지 못했다. 얼마 뒤 그 내의 이름이 한자로 송야천松夜川이라는 걸 알게 되었기 때문이다. 나로서는 소나무(松)와 밤(夜)이 어떻게 같이 놓일 수 있는 것인지 이해할 수 없었다. 결국 나는 왜놈들이 순수한 우리말 지명을 한자로 바꾸면서 밤(栗)과 밤(夜)을 잘못 쓴 것이라고 잠정 결론짓고 말았는데, 실제로 그런 경우가 흔하였던 것이다.

그런 상태로 한참이 지나서 용만龍巒 권기權紀(1546, 명종 1~1624, 인조 2)가 엮은 『영가지永嘉誌』³⁾를 보게 되었는데, 그곳에도 '송야촌松夜村'으로 기록되어 있었다. 이 놈의 '밤(夜)'은 떨쳐버리려 하면 할수록 왜 이리 귀신처럼 달라붙어 떨어지지 않는 것인지……. 그 뒤에 『경상북도명유래총람』(경상북도 교육위원회, 1984)을 보고서야 마침내 명쾌한 해답을 얻을 수 있었으니, 참으로 십수 년 만의 일이었다. 얼마나 아둔하였던가? 그 책에는 다음과 같은 글이 실려 있었다.

천등산 줄기에 있는 솔이 밤이 되면 유난히 빛난다 하여 '솔밤'이라 하였다.

'솔밤'이란 천등산의 소나무가 밤이 되어도 그 빛을 잃지 않는다는 말이었던 것이다. 그럴 법하지 않은가! 천등산은 천하의 명당을 품고 있는 빼어난 산이며, 땅의 기운이 충만한 곳에 자리한 소나무는 그 기상이 남다르다. 이제부터 우리는 그런 소나무들을 많이 만나 보게 될 것이다. 스쳐보지 말고 유심히 관찰하여 이 땅에 있는 소나무

---

3) 1608년(선조 41)에 편찬된 안동부의 邑誌로, 지도가 첨부된 목판본 8권 4책이다.

의 남다른 기상과 빼어난 아름다움을 가슴에 간직하길 부탁한다.

천등산과 봉황포란

우선 천등산의 자태부터 구경해 보자. 국도 오른쪽 옛길로 들어서면 다리 왼쪽에 지난날 나루였음을 짐작케 해주는 버드나무 두 그루와 아직도 주막의 정취가 남아 있는 가겟집이 있다. 그 어름에 서서 북서쪽을 바라보면 학가산鶴駕山(870m)과 천등산天燈山(575m)이 보인다. 그 두 산 중에 동쪽에 있는 산이 천등산이다. 멀리서 바라볼 때 천등산의 특징을 한마디로 말한다면 '기와지붕' 처럼 생겼다고 할 수 있다.

전하는 말에 따르면, 신라의 고승이며 우리 나라 화엄종의 개조開祖인 의상대사義湘大師(625, 진평왕 47~702, 성덕왕 1)의 제자인 능인能仁이 이 산의 동굴에서 밤낮으로 열심히 공부했는데, 그 열성에 하늘이 감동하여 등불을 내려주시니 천등天燈이라, 이 때문에 천등산이라 불리게 되었다고 한다. 그 사실을 증명이라도 하듯이 천등산의 정상 밑에는 능인이 수도했다는 천등굴이 지금까지 잘 보존되어 남아 있다. 봉정사 앞의 안내문에도 적혀 있듯이, 의상대사가 부석사에서 종이로 봉황을 만들어 날려보내자 봉황이 이곳 봉정사 자리에 내려앉았으므로 사람들은 절을 짓고 '봉이 머문 자리' 라는 뜻으로 봉정사라 이름하였다고 한다.

과연 그럴까? 봉정사라는 이름이 의상대사로 인해 생겨난 말일까? 나는 그렇게 생각하지 않는다. 나는 봉정사라는 이름이 풍수에서 비롯되었을 것이라고 생각한다. 솔밤다리 주변에서 천등산의 모습을 가만히 지켜보면 천등산은 분명 기와지붕 모양 같다. 기와지붕

▲ 솔밤다리 부근에서 바라본 천등산 전경

은 무엇과 비슷한가? 바로 장대한 새의 두 날개 죽지와 닮았다. 그렇지 않은가? 일찍이 우리 조상은 천등산처럼 생긴 산을 엄청나게 크고 신비한, 새 중의 새인 봉황으로 생각하였다. 봉황처럼 생긴 천등산, 그 봉황의 품속에 들어앉았다 하여 봉정사라 한 것이다. 우리 나라 지명의 상당수가 풍수와 관련이 있다는 것은 잘 알려진 사실이다.

그렇다면, 왜 나는 봉이 아니고 머물고 있는 봉인가? 왜 비봉사飛鳳寺가 아니고 봉정사鳳停寺인가? 풍수에서 지세地勢를 전체적으로 개관하여 그 특징을 사람이나 동식물 및 물상의 모습으로 유추해 이해하는 것을 '형국론形局論' 또는 '물형론物形論'이라고 한다. 물형에 봉황이 등장하는 대표적인 형국은 봉황이 알을 품고 있는 모습의 '봉황포란鳳凰抱卵'과 봉황이 둥지로 날아드는 모습의 '비봉

귀소飛鳳歸巢'이다. 아무래도 비봉飛鳳은 그 기세가 조금 사납고 머리가 우뚝하지만, 알을 품고 있는 봉황은 엄전할 터이다. 그렇다면 우리 눈앞에 보이는 이 봉황은 어떤 모습인가? 봉정사의 명칭을 '봉정'이라 하고 그 형국을 '봉황포란형'이라 한 이유는 간단하다. 그 땅의 모습과 기세가 바로 그렇게 생겼기 때문이다. 우리는 곧 나는 봉새도 보게 될 것이니, 나는 봉황과 알을 품은 봉황의 서로 다른 느낌을 그때 마음껏 누려보기 바란다.

형국론의 장단점

형국으로 땅의 모양과 성질을 파악하는 방법은 일반인에게도 잘 알려져 있다. 우리 나라에서는 특히 형국으로 땅을 이해하는 방법이 크게 성행하고 있다. 거기에는 아마도 여러 가지 이유가 있을 것이나 내가 생각하기에 가장 큰 이유는 우리 나라 땅이 그만큼 아기자기하기 때문이다. 우리 나라의 산천이 그려내는 모양은 참으로 다양하다. 오죽하면 금강산과 오대산에 있는 '만물상萬物相' 같은 이름이 생겼을까? 우리는 산천의 형태를 온갖 물상에 쉽게 비유할 수 있다. 이렇게 물형으로 파악하면 재미도 있고 이해하기도 쉬운 것이 사실이다. 그러나 나는 형국론을 그리 크게 믿지 않는다. 왜냐하면 형국론에는 적어도 다음 두 가지의 결정적인 문제점이 있기 때문이다.

첫째, 형국을 보는 사람의 입장에 따라 '귀에 걸면 귀고리, 코에 걸면 코고리 식'으로 다르게 인식될 수 있다는 것이다. 다시 말하면 보는 사람에 따라 얼마든지 자의적으로 해석될 가능성이 농후한 것이다. 김성일金誠一(1538~1593, 호는 鶴峰) 묘소를 '금계포란형'이라고 할 때, 주위의 산을 닭으로 판단해야 할 뚜렷한 이유가 있는 것은 아니다. 물론 크기나 기세로 볼 때 봉황보다는 닭이 더 비슷하기는 하다. 하지만 닭이 아닌 학이 될 수도 있고 소가 될 수도 있다.

둘째, 정확한 혈처穴處를 찾기 어렵다는 것이다. 천등산이 봉황처럼 생겼고 김성일의 묘소가 닭처럼 생겼으니, 그 둥지나 품을 찾아야 되는데 과연 그 곳이 어디인지 정확하게 집어낼 수 있을까?

부연하면 전체적 형국이 주는 느낌만으로는 무언가 부족하다는 것이다. 예를 들어 소가 누워 있는 듯한 와우형臥牛形에서 적당한 자리는 뿔, 코, 꼬리, 젖, 눈썹 사이 등이다. 뿔은 물건을 뚫는 힘이 있고, 코는 물건을 식별하는 기관이며, 꼬리는 몸에 달라붙는 파리를 쫓을 수 있고, 젖은 새끼를 잘 기를 수 있도록 한다. 또한 눈썹 사이는 소가 싸움을 할 때 서로 부딪히는 곳이며, 강을 건널 때에도 반드시 양뿔 사이만은 물에 젖지 않도록 한다. 이런 이유에서 이 같은 자리를 잡아야 한다고 하는데, 과연 그런 자리를 알아낼 수 있을까? 땅이라는 것이 실제의 소처럼 그렇게 윤곽이 선명한 것은 아니다. 그 곳이 소의 코라고 하면 그냥 그런가 보다라고 할 뿐이지 확실하게 그 곳이 코라는 것을 나타내주는 징표가 특별히 있는 것은 아니다. 그러므로 형국은 주로 넓은 범위의 땅을 가리키는 양기陽基 즉 집터나 마을 또는 도시의 형상을 이해하는 데 도움을 줄 뿐이라고 하겠다.

그렇다고 해서 형국론을 아주 무시해서는 안 된다. 턱없이 오만한 지금의 우리들과 달리 우리의 선조는 천지를 살아 있는 신령한 존재로 인식했으며, 특히 농경 민족답게 삶터 곳곳에 친근한 생명체의 이름을 붙여 그들과 희로애락을 함께했다. 그러므로 땅을 실제의 동식물에 비유하는 것 자체가 땅을 생명체로 대우하는 것이며, 그 점이 바로 풍수적 사유의 핵심이기도 하다.

풍수 공부가 점점 깊어지면 형국이 주는 매력을 저절로 느낄 수 있게 된다. 그래서 자기도 모르는 사이에 보고 있는 땅을 물형物形으로 유추할 수 있게 된다. 물형으로 땅을 설명하면 듣는 사람이 쉽게 이해할 수 있을 뿐만 아니라 무엇보다도 재미를 느낄 수 있다. 300여 개가 넘는 형국 속에는 우리 민족이 땅을 대접한, 경건하고도 친밀한 마음이 녹아 있다. 천등산 봉황과 눈을 맞추면서 이제 천천히 봉정사로 향하자.

산은 물을 넘지 않는다

솔밤다리 오른쪽 끝 방죽 길 양쪽에 서 있는 무려 일곱 개의 표지석들과 방죽을 따라 오른쪽에 도열해 있는 고목의 버드나무가 이 안쪽 땅의 사연과 연륜이 예사롭지 않음을 묵묵히 보여준다. 이곳에서부터 시작되는 이 안쪽 땅을 '검제' 라 부른다. 검제는 안동의 유수한 가문들이 뿌리를 내리고 있는 곳이며 한 번도 병화兵火를 당하지 않아 흔히 '천년불패의 땅' 으로 불린다. 이 다음 유혈乳穴을 공부할 때 다시 이 길을 지나가야 하니 '열두 검제 천년불패' (十二쯤堤千年不敗)의 검제 땅은 그때 자세히 살피기로 하고, 지금은 곧장 봉정사로 가보자.

차창 밖으로 멀리 보이는 천등산의 서기로운 모습과 길 양쪽의 유서 깊은 마을과 함께 고가古家를 구경하며 가노라면 서후면 우체국 삼거리에 이른다. 삼거리에서 오른쪽 길로 직진해 가다가 야트막한 고개를 넘어 내려가면 왼쪽으로 봉정사 가는 표지판과 길이 나온다. 꼬불꼬불한 그 길을 조금만 가면 바로 작은 개울이 있는데 그 개울 옆으로 난 길을 따라가면 봉정사 입구에 이르게 된다.

'산은 물을 넘지 않는다.' 비록 작은 개울이지만 그 이름이 '명당수명당수水明堂水'다. 개울의 좌우에 있는 산은 같은 천등산 줄기이다. 하지만 개울에 의해 한 번 나뉜 뒤로는 다시 서로 섞이지 않는 산줄기가 되었다. 명당수를 사이에 놓고 오른쪽으로 흐르는 산줄기를 청룡靑龍이라 하고, 왼쪽으로 달리는 산줄기를 백호白虎라 한다. 봉정사 앞을 흐르는 개울의 양쪽 산이 바로 봉정사 혈장穴場을 호위하는 청룡과 백호이다. 아마도 청룡과 백호는 우리에게 가장 익숙한 풍수 용어일 것이다.

  청룡은 혈의 왼쪽에서 혈을 호위하므로 '좌청룡左靑龍'이라 부른다. 청룡이 어떠해야 하는가를 형용한 말이, 청룡은 힘차게 꿈틀거리며 나아가야 한다는 뜻의 '청룡완연靑龍蜿蜒'이다. '청룡'이라고 부르는 것은 혈이 남향했다고 가정했을 때 왼쪽이 동쪽이 되고, 동쪽은 오행五行 중 목木에 해당하며, 목기木氣를 색으로 나타내면 푸른색이 되기 때문이다. 백호는 혈장의 오른쪽에서 혈을 호위하는 산이므로 '우백호右白虎'라 한다. 어떤 기상의 백호가 바람직한가를 나타내는 표현이, 백호는 부드럽고 엄전해야 한다는 뜻의 '백호순부白虎順頫'이다. '백호'라 부르는 것은 서쪽이 오행 중 금金에 해당하며, 금기金氣를 색으로 나타내면 흰색이 되기 때문이다. 혈장을 좌우에서 보호한다 하여 청룡과 백호를 흔히 '호위사護衛砂'라 부르며, 그 둘을 합하여 부를 때는 '용호'라 한다. 용호는 혈을 향해서는 공손한 태도를 보이면서도 혈을 호위하는 장수의 기상 또한 있어야 한다. 용호의 형상과 지세는 혈의 진위를 판단하는 하나의 기준이 되는데, 산의 정상 부근이나 특정한 지역이 아니면 자세히 관찰하기 어렵다. 하지만 풍수적 안목이 높아지면 물길을 보고도 용호의 상태와 어울림을 알 수 있다.

  봉정사 앞의 이 물길은 참으로 정겹다. 풍수에서의 물길은 유정

有情함을 으뜸으로 친다. 물길이 유정한가 그렇지 않은가를 구별할 수 있는 능력은 풍수에 기울인 관심과 시간에 달려 있다. 모름지기 풍수학인이라면 땅을 밟아 가며 직접 산수를 보는 것이 마땅하니 차를 타고 가더라도 명당의 초입에서부터는 천천히 걸어가 보도록 하자. 대개의 절은 좋은 땅에 자리잡고 있으니 주위를 유심히 보면서 천천히 가기를 부탁한다.

기나긴 오솔길

개울과 함께 흐르는 정겨운 길을 따라가다 보면 봉정사 주차장에 닿는다. 차에서 내려 몸을 추스른 뒤 봉정사로 향하는 산길을 바라보면 정겨운 오솔길로 인해 상쾌한 상승감을 느낄 수 있다. 그 길을 10미터 남짓 올라가다 문득 뒤를 돌아보면 정면으로 보이는 산밑에 멋들어진 자태로 휘어진 세 그루의 노송을 앞에 둔 집 한 채를 볼 수 있다. 그 집은 조선조 최후의 안동부사를 지낸 동농東農 김가진金嘉鎭(1846~1922)이 1886년에 세운 죽헌고택竹軒古宅이다. 봉정사에는 그의 친필이 남아 있다.

다시 몇 걸음 더 가면 소나무와 바위로 한껏 치장한 길이 유연하게 S자를 그리며 하늘로 오른다. 비록 시멘트 포장으로 얼룩진 길일망정 아직도 충분히 아름답고 운치가 넘친다. 그러니 이 길을 갈 때는 서둘러 지나쳐가지 말고 천천히 아주 천천히 지나기를 당부한다. 몇 걸음 가다가 뒤돌아보고, 또 몇 걸음 가다가 다시 뒤돌아보고, 그러다가 뒤로도 걸어 보자. 올라가면서 돌아보는 길은 내려오면서 보는 길과는 다르며, 뒷걸음으로 올라가 보면 또 다른 맛을 느낄 수 있다. 100미터 남짓한, 휘어진 이 길은 길이 가지고 있는 아름다움과 정겨움을 유감없이 보여준다. 참으로 사랑스런 길이다. 세사에 시달려 지친 영혼을 봉황의 품속으로 인도하는 열락悅樂의 길이니, 어찌 서둘러 지나리오! 이 길이 어떤 이에게는 짧을 수도 있겠지만 나에게는 '기나긴 오솔길'이다.

명옥대

이렇게 오솔길을 따라 걷다 보면 길 왼쪽의 나무 사이로 언뜻언뜻 보이는 집 한 채가 있어 궁금증을 일게 하는데다가 이어 자그마한 폭포까지 만나고 보면 그만 그리로 가고 싶어진다. 오솔길을 벗어나 왼쪽으로 들어서면 곧바로 암반 위를 흐르는 물길을 만나게 되는데, 여기서 우리는 절로 동심으로 돌아가게 된다. 가장 부드러운 물과 가장 단단한 돌이 오랫동안 몸을 비비며 서로 사랑한 이 곳보다 더 따뜻하고 정다운 곳이 또 있을까? 낮은 곳으로만 처하는 물의 유순한 덕성만이 바위를 그렇게 깨끗하고 부드럽게 만들 수 있으리라. 발로 밟고 서 있기 미안하여 앉아만 있고 싶은 바위와 물을 이름하여 고인古人은 '명옥대鳴玉臺'라 하였다.

언어는 생명을 가지고 있으며 그것은 또한 주문呪文 그 자체이다. 인간의 사고는 필연적으로 언어의 지배를 받는다. 인간의 사고가 언어를 지배하는 것이 아니라 언어가 인간의 사고를 지배한다. 하지만 인간이기 때문에 언어적 개념을 통해 무한한 이미지의 바다로 나갈 수 있는 것이다.

명옥鳴玉이라! 옥이 구르는 소리로다. 폭포로되 물이 많지 않고 낙차가 크지 않아서 떨어지는 물소리가 옥구슬이 은 쟁반에 구르는 소리 같다나! 어느 누가 사로잡힌 주술인지는 모르겠으나 나도 여기서 그 주술에 사로잡히기를 원하거니, 그에 더하여 퇴계退溪 이황李滉(1501, 연산군 7~1570, 선조 4) 선생의 자취까지 있으니 이 얼마나 기꺼운 일인가!

물 건너 명옥대 아래를 보면 팔작지붕의 누마루에 닭발(鷄子脚) 모양의 난간을 두른 4칸 정자亭子가 사방을 시원스럽게 틔워 놓고 더위에 지친 나그네를 맞이하고 있다. 정자에는 두 개의 현판이 걸려 있는데, 초서로 쓴 창암정사蒼巖精舍와 해서체의 명옥대가 그것이다. 정자에 올라 북쪽을 보면 근래에 걸어놓은 듯한 이황의 시판詩板이 있다. 시판의 제목은 '명옥대'이며, 제목 아래에 명옥이란 이름을 얻게 된 사연을 다음과 같이 적고 있다.

> 옛날 이름은 '낙수대'인데, 지금 육사형陸士衡의 시 '폭포수 튀는 물이 옥구슬 소리로다'를 취하여 고친다.[4]

이황은 그의 나이 열여섯이 되던 병자년(1516)에 봉정사에 들어와 공부했으며, 명옥대에서 자주 노닐었다고 한다. 50여 년이 지난 뒤 이황이 이곳을 다시 찾으니, 예전에 같이 공부하던 이들은 모두 세상을 떠나고 없는지라 쓸쓸히 지난날을 돌아보며 다음의 시詩 두 수를 남겼다.

이곳에 노닌 지 오십 년이 지났으되,	此地經遊五十年,
만발한 꽃 봄볕에 늙은 이 몸 취하누나.	韶顏春醉百花前.
손잡고 놀던 이들 지금은 어디 있나?	只今攜手人何處,
푸른 바위, 맑은 물 예와 같은데.	依舊蒼巖白水懸.
맑은 물 푸른 바위 경개 더욱 기이한데,	白水蒼巖境益奇,

---

[4] "舊名'落水', 今取陸士衡詩, '飛泉漱鳴玉'之語, 改之."

돌아오는 사람 없어 개울물이 슬퍼하네.	無人來賞澗林悲.
먼 훗날 좋았던 일 서로 묻게 된다면,	他年好事如相問,
내가 앉아 읊던 때도 알리게 되리.	爲報溪翁坐詠時.

선생이 떠난 지 400년이 지났건만 이 자리 의구하듯 가르치심 여일如一하니 선생이 읊던 때를 알리게 되누나.

또한 명옥대 바위에는 명옥대라는 암각서巖刻書가 있고, 그 옆에 글자를 새긴 사연이 다음과 같이 적혀 있다.

신내옥, 이재, 문위세와 윤강중, 윤흠중, 윤단중 형제가 융경隆慶 원년(1567) 여름에 함께 이곳에서 수풀을 헤치고 노닐다가 대를 쌓고 시를 지어 퇴계 선생의 뜻을 기렸다.[5]

바위에 파놓은 글자를 보는 일은 각별한 즐거움이 있다. 암각서에는 숱한 세월 그 바위와 함께한 시간의 무게가 담겨 있기도 하거니와, 바위에 달라붙어(?) 손가락으로 어렵사리 글씨를 파악해 내어 해독하는 재미가 또한 일품이다. 무엇보다 선인들의 생각과 생활의 일단을 짐작해보는 재미가 그저 그만이다. 명옥대 암각서는 450년의 세월을 훌쩍 뛰어넘어 그때의 일을 어제의 일처럼 우리에게 전해 주고 있다.

솟아오르는 봉정사 일주문

이황과 함께한 명옥대를 지나면 제대로 된 상승감을 맛볼 수 있

---

5) "辛乃沃·李宰·文緯世·尹剛中·欽中·端中, 隆慶元年夏, 同遊開林, 築臺題詩, 以追退溪先生之志."

는 쭉 뻗은 길이 나온다. 고개를 들고 정면을 바라보면서 천천히 오르다 보면 어느 순간 기와지붕의 용마루가 보인다. 바로 그 순간 걸음을 멈추고 지붕에 시선을 고정시키고서 다시 걸어 올라가 보자. 걸어 올라가는 속도에 비례하여 봉정사의 일주문이 솟아오르며 여러분을 반길 것이다.

　이 나라 어느 절을 둘러보아도 일주문이 솟아오르면서 나그네를 반겨 주는 곳은 없으리라. 이에 나는 봉정사 일주문이 풍수학상으로 보면 그 자리에 있어서는 곤란할 뿐 아니라 봉정사 가람伽藍 배치의 절묘함을 깨는 부조화의 원인이며, 또한 건축학상으로 보아도 제대로 세운 문이 아님을 알지만 그 모든 것을 이해하기로 하였다. 이 세상 또 어디에 솟아오르는 일주문이 있겠는가?

산문

　고건축과 고건축 공간 구성에 눈이 뜨일 무렵, 나를 매료시킨 것은 단연코 옛 가람伽藍의 일주문一柱門이었다. 문門이란 성질을 달리하는 서로 다른 인위적 공간을 이어 주는 것으로서 이 공간에서 저 공간으로의 이동을 제한하는 담이나 벽에 붙어 사람의 출입을 견제하는 완강한 시설물에 속한다. 그러기에 문은 필요에 따라서 열리고 닫히는 것이다.

　그런데 일주문을 문이라니! 담도, 벽도, 문짝도 없이 기둥 두 개 세워 놓고 문이라니, 어느 누가 산길 중간에 문을 세울 생각을 했을까? 그가 누구든 그는 산에 살면서 산과 하나가 된 사람일 것이다. 산이 그의 집이니, 집에는 문을 세우지 않을 수 없어 일주문을 만든 것이리라. 그러나 그 문은 출입을 제한하지 않는다. 욕심을 버리고

▲ 용문사 일주문

자 산에 들어온 사람이 무엇을 두려워하리오. 물처럼 흐르고 구름처럼 떠돌며 탁발로 수행하다가 안거철을 맞아 바랑 하나 등에 지고 절집 찾는 스님이 산길의 어느 모퉁이에서 만나는 산문은 얼마나 반가울까.

 그 반가운 산문山門들 중 하나는 눈감아도 떠오르는 나의 고향 상주尙州 '남장사南長寺'에 있다. 산모롱이에 자리한 그 산문은 '부엌에서 저녁 짓던 새색시가 물 묻은 손으로 앞치마를 말아 쥐고서, 사립문을 밀고 들어오는 남편을 맞이하는 수줍고 반가운 모습'으로 나에게 다가왔다. 봉정사 일주문이 절벽 아래로부터 떠오르면서 사람을 반긴다면, 남장사의 산문은 옆으로 병풍이 펼쳐지듯이 자신의 모습을 드러낸다.

그리고 또 하나의 산문은 예천醴泉 용문사龍門寺에 있다. "사람은 나이 사십을 넘으면 자기 얼굴에 스스로 책임을 져야 한다"는 말에 공감하는 사람이라면 두 번째 성인이신 맹자의 다음과 같은 말씀은 도대체 얼마만한 경지인가?

된 사람이 자신의 본바탕으로 여기는 것은 천지와 함께 호흡하는 감수성과 잘못을 부끄러워하여 바로잡지 않음을 참지 못하는 용기와 절도와 분수를 넘지 않는 겸손함과 옳고 그름을 분변하되 때에 들어맞는 유연함이 마음에 뿌리를 내리는 것이라. 그 마음이 몸에 드러나 나타남에 얼굴에서는 맑고 온화한 기운이 대지를 적시는 봄비 같아 등뒤에도 꽉 차고 온몸에 베풀어져, 말하지 않아도 마음의 뜻을 저절로 알게 된다.[6]

용문사의 산문이 정말로 그러하다. 사람의 지극한 정성에 하늘이 신묘한 비와 바람으로 화답하시어 사람의 지붕 위에 천지의 생명을 깃들이게 했으니, 이제 그 문은 '스스로 그러한'(自然) 천지와 하나가 되었다. 마치 이철수의 판화가 그러하듯이.[7]

용문사 산문을 뒤돌아보면서 내 뒷모습은 어떠한지 생각한다. 나는 언제쯤 저 문처럼 될까? 과연 저 문처럼 될 수는 있을까? 정말로 나는 그 길로 가고 있는 것일까? 아직은 모를 일이다. 그러나 박경리의 가르침에 힘입어 지금은 걸어가고 볼 일이다.

초조해지지 말아라. 지나치면 되돌아오고, 못 미치면 더 걷고, 인간은 아무도 종말을 보지 못한다. 오로지 과정이 있을 뿐……. 뛰지 말고 걸어가

---

6) 『孟子』, 「盡心」上, "君子所性, 仁義禮智根於心, 其生色也. 睟然見於面, 盎於背, 施於四體, 四體不言而喩."
7) 이철수, 『산벚나무 꽃피었는데』(학고재, 1993).

면서 계속하자. 우리는 도달하는 것이 아니라 영원히 가는 것이다.[8]

가다가다 만나는 산문들 중 건축학상 최고봉은 부산 금정산金井山 범어사梵魚寺 일주문이다. 나무 집을 사랑하여 '우리 시대의 마지막 대목大木'이라 불리는 목수木壽 신영훈申榮勳(1935~)의 안내를 받아 보자.

범어사 일주문은 굵고 투박한 돌기둥을 세우고, 기둥머리에 창방 짜고, 평방 얹고, 포작 쌓아 도리 받고, 서까래 걸어 처마 만들고, 기와를 얹어 육중한 지붕을 완성시킨 구조물인데, 구조 역학 분야에서 세계적으로 손꼽히는 서양의 건축가가 이 일주문을 보고 계산기로 아무리 계산을 해도 무너져야 마땅할 이 문이 250년이 넘도록 그 자리에 있다는 게 이해가 되지 않을 뿐더러, 아무런 지지물도 없이 비바람과 태풍에 맞서며 돌기둥 위에 그냥 얹혀 있는 일주문 구조의 신비를 풀지 못하고 돌아갔다.[9]

이 이야기에 더하여 일주문은 또 얼마나 장중하고도 아름다운가? 요즘 옛 사찰의 입구에 돈을 받기 위해 세우는 무지막지하게 크기만 한 일주문을 볼 때마다 나는 슬프고 화가 난다.

아직은 서러운 풍수

법열法悅 같은 이 길에서 솟구치는 일주문과 눈맞춤하며 이 길의 끝에 있을 봉정사로 향하는 순례자가 더 이상 무엇을 바라리오. 그러나 나는 항상 이 길의 정점에서 허탈감과 함께 분노에 휩싸인다.

---

8) 박경리, 『원주통신』(지식산업사, 1985), 53쪽.
9) 신영훈, 『절로 가는 마음』(책 만드는 집, 1994).

이 길은 그냥 이렇게 이어져야 하거늘 눈앞에 펼쳐진 시멘트 바닥의 주차장, 이 무슨 부스럼이란 말인가! 나는 이 주차장을 도저히 용서할 수 없다.

 엄청난 문명의 이기利器인 전기, 자동차, 텔레비전, 컴퓨터……. 이것들이 인간에게 끼치는 여러 해악 중 나에게 강한 느낌으로 다가오는 것은 다음 두 가지다.

 첫째는 사람과 사람 사이를 끊어버리는 비인간화다. 텔레비전도 컴퓨터도 없던 그때 우리는 자치기, 말타기, 소타기, 숨바꼭질, 가위바위보, 구슬치기, 연날리기, 비석치기, 땅따먹기, 팽이치기, 항복받기 같은 놀이와 가재잡기를 하며 모두 어울려 놀았고 미꾸라지, 붕어, 뱀, 벌, 새, 토끼까지 우리에게는 좋은 친구였다. 둘째는 내 몸의 감각이 천지의 감각과 동감할 수 있는 기회의 상실이다. 개미 움직일 때 대지大地 움직이고, 매화 터질 때 천지가 터져 버리는 그 느낌을 왜 느껴 보려 하지 않는가?

 이 세상 어디에도 있는 그대로 '스스로 그러한'(自然) 천지보다 더 나은 스승은 없다. 풍수란 그 스승을 뵙는 것이다. 허탈한 마음을 누르고 그 길의 정점에 서서 앞을 바라보면서 '아직은 서러운 풍수'를 생각한다.

역수

 여기서부터 이제 본격적으로 풍수 이론을 공부하게 되는 셈인데, 거듭 말하거니와 중요한 것은 이론이 아니라 천지와 내가 느낌을 함께하는 것이 풍수의 시작이요 끝이라는 점이다. 뒤에서 자세히 이야기하겠지만 결론부터 말하면 봉정사는 거의 완벽한, 그래서 매우 드물고 귀한 '장구와혈藏口窩穴'의 땅이다. 장구와혈이란, 와혈 중에서 당판當坂의 앞을 용호가 완전히 막은 혈형穴形을 가리킨다. 지금 봉정사의 첫 번째 주차장이 자리잡고 있는 곳이 바로 내청룡의 끝 안자락이며 봉황의 왼쪽 날개 안이다. 주차장 끝 청룡의 안쪽으로 작은 개울이 흐르고 있는데 그 개울 위가 바로 내백호의 땅이다.

그곳에 서서 개울의 모습을 유심히 보라. 인간의 손에 의해 그 물길은 조금 변형되었지만 형태는 여전하다. 풍수학인으로서 산을 만나고 물을 볼 때 염두에 두어야 할 것 중의 하나가 사람의 손길이 닿지 않았을 때의 원모습을 그려내는 일이다. 처음엔 쉽지 않겠지만 그 연습을 소홀히 하면 아무리 시간이 지나도 공력이 쌓이지 않는다. 그 물이 그렇게 흐르는 것은 어머니가 아기를 안았을 때의 두 팔처럼 백호가 안쪽에서 청룡이 바깥쪽에서 완전히 혈을 감싼 모습이니, 그런 명당수를 내려다볼 수 있다는 건 대단한 행운이다.

더구나 그 물길은 명당수 중 최고로 꼽히는 '역수逆水'이니, 짧고 얕다 하여 소홀히 보아 넘길 수 없다. 역수란 명당의 바깥을 흐르는 물, 즉 외명당수外明堂水와 반대 방향으로 흐르는 물로서 역수의 안쪽에 지기地氣가 갈무리되었음을 증명하는 최상의 물길 형태이다. 이 청룡의 안쪽은 물이 때리는(衝) 곳이므로 약해서는 안 된다. 그래서 우리가 밟고 있는 자리와 그 아랫길 주변이 온통 단단한 바위로 되어 있는 것이다. 청룡이 명옥대에서 백호와 손을 잡아 혈장을 보호하니, 이 땅을 어찌 신령한 용이라 부르지 않을 수 있겠는가?

주차장, 그 자리는 물의 충격을 감소시키는 완충 지대이며 약한 내백호를 보호하는 공간이다. 돌을 쌓아 작은 나무와 풀이 자라는 본래의 생태적 개울로 회복시킨다면 더 이상 이 봉정사에 여한은 없으리라! 그곳은 물이 많이 흐를 곳이 아니니 여기에 징검다리가 놓인다면 산 오르고 물 건너는 이 길의 운치를 어찌 필설로 형용할 수 있으리오.

비보

개울을 건너 백호로 들어서면 백호의 끝 부분이 움푹 꺼져 있음을 알 수 있다. 이 푹 주저앉은 백호의 끝이 봉정사 혈장의 유일한 약점이니, 이런 곳을 풍수에서는 '허결처虛缺處'라 부른다. "허虛한 곳은 보補하고, 실實한 곳은 사瀉하라." 이는 어느 세상에서나 변치 않는 참된 이치이다. 허한 곳을 보하는 것을 풍수에서는 '비보裨補'라 하는데, 이 비보야말로 우리 나라 풍수의 가장 큰 특징 중 하나다. 오늘 우리메이[10]들은 용을 해치기에 혈안이 되어 있지만 천지와 함께 호흡할 줄 알았던, 눈 밝은 우리 선인들이 어찌 봉정사의 허결처를 비보하지 않았겠는가?

비보하는 방법 중에 가장 대표적인 것이 나무를 심는 것이고, 그 다음이 조산造山을 쌓거나 탑이나 절을 세우는 것이다. 봉정사는 이 중 두 가지를 사용했으니, 바로 쭉쭉 뻗어 올라간 일주문 뒤쪽의 참나무 숲이 그 하나다. 그런데 풍수를 무슨 사이비 잡술이나 미신으로 치부하고, 묘터나 잡으면서 혹세무민惑世誣民하는 무리들의 대표적 행태로 여기는 머리 좋은 사람들은 이를 근거로 시비를 걸어 올 때가 있다. "웃기지 마라. 산에 나무가 있는 건 지극히 당연한 일인데 거기 소나무가 있든 참나무가 있든 그게 무슨 상관이냐?"

---

10) 사람을 낮춰 부르는 안동 사투리. 내메이, 니메이, 그메이 등의 용례를 찾아볼 수 있다.

이러한 시비에 대해 나로서는 당장은 할 말이 없다. 그러니 서둘러 두 번째 비보책을 보자.

조산

'조산'이란 산을 만든다는 말이다. 산의 허결한 곳을 찾아 산을 만들어 비보하는 것보다 더 좋은 방법은 없을 듯한데, 문제는 산을 어떻게 만드느냐 하는 것이다. 산을 만드는 방법에는 흙을 쌓아 나무를 심거나 돌을 쌓아 올리는 두 가지 방법이 있는데 봉정사는 돌을 쌓는 쪽을 선택했다. 주저앉은 백호의 끝 부분에 탑처럼 성벽처럼 쌓아 놓은 돌무더기가 있다. 10여 미터 길이에 한 길이 넘는 높이의 그 돌들은 꼼꼼한 손길로 정성을 다해 쌓여 있는데, 이끼로 뒤덮인 모습에서 상당한 세월의 흐름을 쉽사리 짐작할 수 있다.

지난 몇 해 동안의 내 경험에 의하면 안동은 참으로 풍수의 보고寶庫라 할 만하다. 하회河回와 천전川前의 풍수적 입지는 연화부수蓮花浮水와 완사명월浣紗明月의 아름다운 이름으로 이미 세상에 널리 알려져 있지만, 그밖에도 숱한 명당들이 일반인들에게는 자신의 모습을 숨긴 채 눈 밝은 사람들에게 안동의 대단함을 증명하고 있다. 지난 몇 해 동안 나는 겨울이면 그 땅들을 만나는 기쁨으로 하루하루가 충만했다. 여기에 더하여 유구한 전통 마을 안동이 배출한 현인賢人·지사志士와의 만남으로 땅을 보는 즐거움은 더더욱 컸다. 선인이 이 땅을 사랑하여 베풀어 놓은 숱한 비보의 모습들이 『영가지』에 실려 있어, 지금은 흔적조차 희미해진 나무와 없어진 조산들을 기록으로나마 짐작할 수 있다.

그러나 여기 이 봉정사 백호 자락에는 완벽한 조산 하나가 남아

▲ 봉정사 조산

있어 풍수학인에게 천등天燈처럼 빛난다. 봉정사를 다녀간 무수한 사람 중에 그것이 조산임을 안 사람이 몇이나 될 것이며, 그 조산을 유심히 보았던 사람은 또 몇이나 될 것인가? 나아가 그 돌에 담긴, 땅을 향한 우리 선인의 극진한 사랑을 읽은 이는 또 몇이나 될까? 그러하니 '아직은 서러운 풍수'로되, 이 땅과 물이 더욱 피폐해지면 사람의 삶과 자연을 결코 분리하여 생각할 수 없다는 풍수의 가르침에 귀기울일 날이 반드시 올 것이다. 만물의 영장이라 자부하는 인간이 이렇게까지 천지를 병들게 해 놓고도 아직껏 풍수의 가르침에 귀기울이지 않으니, 인간의 욕심과 어리석음은 그 끝이 없는 것인가?

거기에 돌 몇 개 쌓은 것이 뭐 그리 대단하며, 또 그 돌들이 무슨 효험이 있어 신이한 능력을 드러낼 수 있을까 하고 의아해하는 분들을 위해 전해 오는 이야기 하나 하고 가겠다.

육조 혜능이 선풍禪風을 크게 일으켜 불교가 융성하던 당나라 때, 부처님의 진신사리를 갖고 싶어하던 북경의 한 장자長者가 서역으로 가는 대상隊商의 우두머리에게 거금을 주고 사리를 구해 줄 것을 부탁했다. 흔쾌히 승낙하고 떠난 그 우두머리는 장사에 눈이 팔려 사리 구하는 걸 까맣게 잊고 있다가 북경 외곽에 와서야 그 일을 기억해 냈다. 난감해하던 우두머리는 개 이빨을 하나 구해 적당히 부러뜨린 다음 잘 포장해서 부처님 진신사리라며 장자에게 주었다. 장자는 그 사리(?)를 감실에 모셔 놓고 지극한 정성으로 천일기도에 들어갔다. 기도가 끝났을 때 그 사리(!)에서 서광이 나와 온 방을 그윽이 감쌌다.

그렇다. 모든 기적이란 사람의 지극한 정성에서 이루어지는 법이다.

길은 어디에 있는가?

사리를 모시고 돌을 쌓는 일이 극락왕생極樂往生이나 명당발복明堂發福의 기적을 바라는 이기적 마음에서 빚어진 행동으로 치부되어 왔기 때문에 그 일을 하는 사람이나 보는 사람이나 모두 그렇게 여기기 십상이다. 그러나 그래서는 안 되거니와 사실 그렇지도 않다. 그것은 곧 자기 자신을 바로 세우는 길(道)이다. 즉 백호 자락에 돌을 쌓으며 자신을 바로 세워 천지의 길(天地之道)을 좇아 본받고, 하늘이 만물을 낳아 기르는 마음(天地生物之心)을 자신의 마음으로 삼아 천지에 가득한 그 길을 자신을 세우는 배움의 길(爲己之學)로 여겨 천지의 화육化育에 동참하고자 하는 것과 같다. 그러니 이 세상 무엇엔들 길이 없을 수 있겠는가? 천하에 무엇 하나 걸림이 없이 소요자재逍遙自在한 장자莊子에 얽힌 다음과 같은 일화가 전한다.

동곽자東郭子가 장자에게 물었다.
"흔히 말하는 도道는 어디에 있습니까?"
"없는 곳이 없네."
"있는 곳을 말씀해 주서야 이해하겠습니다."
"땅강아지나 개미에게 있네."
"그렇게 낮은 데 있습니까?"
"강아지풀이나 피에도 있네."
"설마, 그렇게 하찮은 것에······."
"기왓장이나 벽돌에도 있지."
"무슨, 그렇게 심한 말씀을 하십니까?"
"똥이나 오줌에도 있다네."
"······" 11)

장자의 이야기가 뜬금없다고 생각되거든 도올檮杌 김용옥金容沃의 가르침을 보라. 절절하기 짝이 없다. 원광대학교에서 박사과정을 밟고 있던, 해태 타이거즈의 김봉연 코치가 김용옥에게 물었다.

"코치로서 일상적으로 느끼는 고민인데요, 저같이 그래도 성공적인 선수 생활을 한 경우, 이렇게 공부까지 해보겠다고 덤비는 경우는 좀 다를 수 있지만 선수 생활이라는 게 참 비참합니다. 밤낮없는 하드 스케줄에 끊임없는 연습, 그리고 승부에 모든 컨디션이 좌우되는 생활, 그러다가 끝나버리면 허무하고 쓸쓸한 인생······. 코치로서의 희망 사항인데요, 평소에 시합이 끝나고 나면 그들의 스트레스를 해소시키는 방법은 술과 여자, 이 두 가지밖에는 없습니다. 실제적으로 딴 방법이 있을 수 없습니다. 책을 보라고 해도 만화책조차 보기 어려운 아이들인데요······. 술과

---

11) 『莊子』, 「知北遊」, "東郭子問於莊子曰, '所謂道惡在乎?' 莊子曰, '無所不在.' 東郭子曰, '期而後可.' 莊子曰, '在螻蟻.' 曰, '何其下邪?' 曰, '在稊稗.' 曰, '何其愈下邪?' 曰, '在瓦甓.' 曰, '何其愈甚邪?' 曰, '在屎溺.' 東郭子不應."

여자, 이거 외에 무슨 딴 방법을 가르쳐 주실 수 없겠습니까? 철학자 선생님!"
참으로 어려운 질문에 김용옥은 다음과 같이 말했다.
"그들에게 영어 단어를 외우게 하고 임마누엘 칸트를 가르칠 수는 없습니다. 야구 선수는 야구 방망이 하나로 족합니다. 그러나 과연 야구 방망이에선 철학이 안 나올까요? 야구 방망이, 그것이 바로 그들을 좋은 사람(Good Man)으로 길러낼 수는 없겠습니까?"
김봉연 코치는 깨달음을 이렇게 노래불렀다.
"잘 알았습니다. 일생 동안 명심하겠습니다. 정말 이런 얘기는 제 평생 처음 들었습니다."[12]

야구의 길(野球之道)과 풍수의 길(風水之道)이 무엇이 다르겠는가마는 그 길에서 자신을 바로 세우는 자, 또 몇이나 되겠는가? 선인은 나무를 심고 조산造山하며 땅을 대했건만, 오늘 우리는 여기까지 차를 몰고 와서 고기 구워 먹고 놀아야 직성이 풀리고, 이 자리에 쓰레기장을 만드는 지경에 이르렀다.

압승

'허한 곳을 보' 하는 비보를 보았으니, 그 같은 맥락에서 '실實한 곳을 사瀉' 하는 '압승壓勝'에 대해서도 알고 가자. 압승은 지세의 어느 부분이 유독 지나쳐(勝) 전체적인 조화를 깨뜨리는 곳을 누르는(壓) 것으로 '염승厭勝'이라고도 한다. 전국에 산재한 압승 가운데 서울의 압승책이 가장 널리 알려져 있다.

조선의 정궁인 경복궁은 천자남면天子南面의 유학 사상에 근거

---

12) 김용옥, 『태권도 철학의 구성 원리』(통나무, 1990), 136~139쪽.

하여 북악산을 뒤로하고 관악산을 바라보게 하였는데 여기에서 풍수적 문제가 발생하였다.

첫째는 우백호인 인왕산仁旺山(338m)과 주산主山인 북악산北岳山(342m)의 사이인 서북쪽(乾方)이 푹 꺼져 풍수에서 가장 꺼리는 풍살風殺을 맞게 된 것이다. 우리 나라의 기후는 여름에는 몹시 덥고 겨울에는 매우 추운 것이 특징이다. 이렇듯 연교차年較差가 심하게 나는데다가 특히 겨울에는 차가운 북서 계절풍이 서북쪽에서 불어오기 때문에 건방乾方이 약하면 추위를 막아내기 아주 어렵다. 이런 현상을 '풍살風殺'이라고 한다. 남향집을 선호하는 것도 모두 이러한 기후와 관련 있는 것이다. 경복궁 건방의 함몰은 허결이기 때문에 압승과는 관계없다.

둘째는 주산인 북악보다 조산朝山인 관악산冠岳山(629m)이 너무 높으며 또 관악산은 거대한 불기둥 같은 화성火星으로서 화기火氣가 너무 강하기 때문에 서울에 불이 많이 나는 것이다. 관악산의 화기를 누르기 위해 남대문의 현판 '숭례문崇禮門'을 세로로 쓰고, 일제에 의해 철거되어 지금은 없지만 대원군이 광화문 앞에 수수水獸인 해태獬駄를 세워 놓은 일은 잘 알려진 이야기이다. 이것이 바로 지나친 것을 누른다는 '압승'이다.

주산이란 혈장을 만드는 산으로서 '현무玄武'라고 부르는데, 주로 혈장의 뒤쪽에 있으므로 북현무北玄武라고 한다. 현무의 모습은 '현무수두玄武垂頭' 즉 아기를 안고 내려다보는 어머니의 머리처럼 자애롭고도 엄전한 것을 길격으로 친다. 또한 혈장의 앞에 보이는 모든 산들을 주작朱雀이라 부르는데, 새들이 오르내리며 즐겁게 춤추는 듯함을 귀하게 여겨 '주작상무朱雀翔舞'라고도 한다. 그리고 혈장의 앞쪽에 있는 것을 남주작南朱雀이라 하고, 가까이 있는 것을 안산案山, 멀리 있는 것을 조산朝山이라고 하며 안산과 조산을 합하여 조안朝案이라고 부른다. 흔히 혈장의 좌우를 호위하는 용호와 현무와 주작을 사신사四神砂라 부르는데, 사신사 중에서는 현무사의 모습이 가장 중요하다. '사砂'란 혈장을 중심으로 사방을 둘러싼 크고 작은 산, 바위, 나무, 물 등을 총칭한다.

　서울은 조선 왕조 500년의 도읍이며, 수도로 정할 때부터 풍수적 사고와 논의를 거친 땅으로서 우리 나라 풍수 이론과 논의의 집약처이기도 하다. 그러므로 서울의 풍수를 이해하는 일은 풍수학인으로서 반드시 거쳐야 할 필수 과정이다. 서울의 풍수에 관해 다룬 책이 많이 있지만, 역시 최창조의 책이 합리적이므로 『한국의 풍수사상』과 『좋은 땅이란 어디를 말함인가』를 참고하기 바란다.

　우리 민족의 자존심과 회한이 서려 있는 석굴암은 장구와혈張口窩穴(열린 와혈) 중에서도 보국保局이 매우 좁고, 또 거의 산 정상에 자리잡은 모양이 제비집 같다고 하여 흔히 '연소혈燕巢穴'이라 불리는 명당에 자리하고 있다. 석굴암의 본존불을 참배하고 나와 요사채 앞을 지나 왼쪽 언덕으로 올라가면 언덕의 끝 부분에 일반적인 석탑과는 달리 둥근 대좌에 얹힌 독특한 모양의 3층 석탑을 볼 수 있다. 내 판단으로는 그 3층 석탑이 바로 청룡의 사나운 기세를 누른 풍수 압승책이다. 그 자리에 탑이 있어야 하는 이유를 여러 면에서 생각해 본 결과, 나는 압승탑이라는 결론을 내릴 수밖에 없었다. 이에 동의하든 동의하지 않든 석굴암에 가거든 그 탑을 유심히 보고 용도를 한번 생각해 보기 바란다.

　그나저나 나는 안동 땅에서 직접 압승을 만나지는 못했다. 그렇지만 영남산映南山의 어느 한 곳이 여근女根 형상이라 안동에 과부가 많고 부녀자들의 음란기가 심하여 낙동강 둑에 남근석男根石을 세웠다는 이야기는 안동 사람이면 다들 알고 있다. 이러한 비보와 압승은, 선인이 땅의 신령스러움을 인식하고 사람처럼 대하며 천지와 더불어 함께한 삶의 모습을 나타내주는 뚜렷한 증거이다. 그러하니 이 나라 이 땅 어디엔들 풍수적 설화가 있지 않겠는가?

백호에 난 상처

이제 봉정사의 조산 앞에서 땅에 대한 속물적 욕심을 버리고 겸허한 마음으로 그 길을 따라 올라가 보자. 아, 그러나 또다시 우리 앞에 나타난 어처구니없는 현장! 가뜩이나 약한 백호 白虎의 정수리를 사정없이 밀어붙여 만든 또 하나의 주차장이 출현한 것이다. 이럴 땐 정말이지 풍수를 공부한 것이 괴롭다. 무분별하게 산을 쪼개고 가르는 도로야 공익을 위한 것이라고나 하지, 보전하고 보존해야 마땅할 사찰의 경내에 만든 주차장은 도대체 무엇을 위한 것이란 말인가?

예禮란 자신의 행동을 신중히 하여 다른 사람과 함께 살아가는 방법이다. 나아가 사람이 동물에 그치지 않는 까닭도 예가 있기 때문이다. 그러므로 예에는 상하의 구분이 있으며 그에 걸맞은 권위가 있는 것이다. 불교를 믿든 믿지 않든 부처님 코앞에까지 차를 몰고 오는 것이 과연 사람으로서 취할 태도인가? 아니면 그곳이 아직 사찰 경내가 아니라고 생각해서 그런 것인가?

이쯤에서 한번 생각을 해보자. 왜 봉정사에는 다른 절과 달리 그 흔한 일주문이나 천왕문, 금강문 같은 것이 없는 것일까? 그것에 대해서는 여러 주장이 있을 수 있겠지만 내 생각에는 봉정사의 풍수적 입지가 절묘하여 따로 인위적인 시설물을 설치하지 않아도 이미 땅 자체가 부처님의 위엄을 호위하고 있기 때문이다. 내가 다녀본 절집

중에 이 봉정사 터만큼 경탄스럽게 감싸안은(圍繞, 環抱) 땅을 나는 아직 만나지 못했으며, 앞으로도 그럴 가능성은 희박하리라 생각된다. 그리하여 나는 서슴없이 이 땅을 '천하의 명당'이라 부르는 것이다.

하늘을 가리는 숲으로 울창하게 덮인 오솔길을 따라 산을 오르고 '물을 두 번 건너' 봉정사 덕휘루德輝樓 앞에 당도하여 허리를 굽혀 합장하고 대웅전의 부처님을 뵌다면 하늘이 지붕이요, 땅과 물이 곧 문이거늘 그 사이에 사람이 덧붙일 무엇이 있겠는가. 봉정사에서 두 주차장이 없어지는 날 우리는 이 귀한 명당을 제대로 볼 수 있게 될 것이다. 그러나 과연 그런 날이 이를 것인가? 이제는 독실한 신도일수록, 스님일수록 부처님 머리 꼭대기까지 차 몰고 오는 것이 자랑이 된 듯하니…….

와혈

중국 명明(1368~1644) 나라 때 서선계徐善繼, 서선술徐善述 쌍둥이 형제가 40여 년간 풍수를 공부하여 심득心得한 것을 1564년에 펴낸 책이, 사람의 자식은 모름지기 알아야 한다는 뜻의 『인자수지人子須知』이다. 이 책은 당시까지의 풍수설을 집대성하고 자신들이 직접 중국 산천을 답산하면서 깨달은 바를 정리한 것으로, 이후에 나온 거의 모든 풍수설과 풍수 관련 서적의 본보기가 되었다. 나는 이 책의 원전을 아직 보지 못했기 때문에 우리 나라에 나와 있는 번역서의 진위眞僞를 파악할 수 없어 안타깝다. 1975년에 이 책을 요약·발췌하여 한송계韓松溪가 번역한 『명당전서明堂全書』(명문당)가 출간되었으며, 그 뒤 1992년에는 김동규金東奎 번역으로 『인자수지』(명문당)가 출간되었는데 이는 완역본인 듯하다.[13]

우리 나라에 나와 있는 대부분의 풍수 서적은 『인자수지』의 이론과 내용 및 여기에 나오는 그림과 용어를 요약·발췌하여 정리한 것이며, 산이나 물길, 보국의 형태, 내룡來龍의 흐름 등을 그리고 설명한 방법도 대개 이 책을 참고하여 따른 것이다. 초보자가 보고 이해할 수 있는 책은 아니지만 곁에 두고 꾸준히 보기를 권한다. 앞에서 봉정사는 와혈窩穴이라고 하였는데, 『인자수지』에 나오는 와혈 그림과 설명을 통해 자세히 살펴보도록 하자.

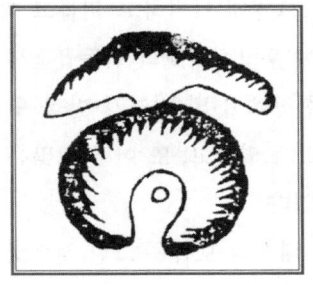
▲ 장구와혈(닫힌 와혈)

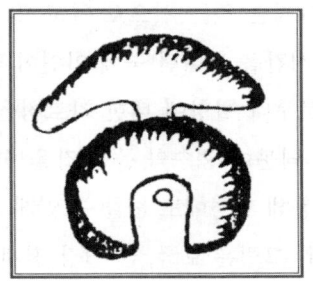
▲ 장구와혈(열린 와혈)

와혈을 개구혈開口穴, 굴혈掘穴이라고도 한다. 와혈의 다른 이름으로는 계원鷄苑(닭의 둥우리), 과저鍋底(냄비 바닥), 장심掌心(손바닥), 금분金盆(쟁반, 초승달), 동라銅羅(징) 등이 있으며, 이는 혈성穴星이 개구開口하여 양손으로 움켜쥐려고 하듯이 교회交會함을 말한다. 이 혈형은 평지나 고산高山에 모두 있으나 고산에 더욱 많다. 장구와혈藏口窩穴(닫힌 와혈)은 좌우 양손으로 움켜쥐듯이 교회되는 것이며, 장구와혈張口窩穴(열린 와혈)은 움켜쥐는 것이 없어 교회되지 않는 것이다.

---

13) 이후에 이 책에서 인용되는 『인자수지』의 내용은 김동규 번역본에서 발췌하거나 요약한 것이다. 일일이 출전을 명기하지는 않겠다.

위 인용문에 나오는 '혈성穴星'이란 산을 가리키는 용어로서 산의 형태와 기세에 따라 목성·화성·토성·금성·수성의 오성五星으로 나뉜다. 초심자가 이상의 그림과 설명을 보고 와혈을 이해하는 것은 거의 불가능에 가까운 일이다. 그래서 『인자수지』에서도 실제 와혈의 땅 다섯 곳을 명당도로 예시해 놓은 것인데, 초심자로서는 이해하기 힘든 것이 사실이다. 직접 현장에 가봐야 하지만, 그곳이 중국이니 참으로 난감한 일이다.

그나마 국내의 풍수 서적 중에 혈형으로 현장을 설명한 책이 아직까지는 없는 것으로 알고 있다. 그렇게 답답하고 괴롭고 짜증스런 시간을 보내던 중에 인연이 닿아 우석대학교의 김두규金斗圭 교수로부터 혈형에 대한 가르침을 현장에서 몇 번인가 받을 수 있었다. 덕분에 풍수의 틀을 잡을 수 있게 되었고, 또 이후의 많은 답산을 통해 혈형에도 눈뜰 수 있게 되었다.

위 그림은 보국, 곧 혈장 전체의 대강의 모습을 그린 것으로 공부가 일정한 단계에 오르지 않으면 아무리 보아도 현장에 적용할 수 없다. 더구나 중요한 혈처 곧 당판當坂에 대한 그림과 설명은 『인자수지』의 어디에도 보이지 않는다. 위의 그림에서는 작은 동그라미 부분이 바로 당판인데 당판의 형태를 모르면 곧 혈처를 모르는 것이니, 이는 마치 한의사가 사람의 등판을 마주하고 침 놓을 곳을 모르는 것과 같다고 하겠다.

와혈 당판

대개의 풍수 서적이, 중요한 혈형이나 당판에 대한 이야기는 밑도 끝도 없이 조금 해 놓고는 애매모호한 한문 구절을 나열한 뒤,

'청룡이 우뚝하니 아들들이 잘되겠다, 백호가 사나우니 외손이 어떠한데 안산이 노적봉이라 재물이 많도다, 닭이 알을 품고 목마른 말이 물을 마시는 형국이라 자손이 발복했다' 는 식으로 귀신 씨나락 까먹는 소리만 늘어놓고 있으니 초심자가 풍수에 접근하기란 참으로 어려운 노릇이다.

이러한 상황에서 김종철金鍾哲, 김두규金枓圭 두 분이 『명당요결』(꿈이 있는집, 1995)과 『한국 풍수의 허와 실』(동학사, 1995)에서 당판에 대한 이해를 한층 높여 놓았으니, 풍수학계에 커다란 성과가 아닐 수 없다. 와혈 당판當坂에 대한 김두규의 그림과 설명을 보자.

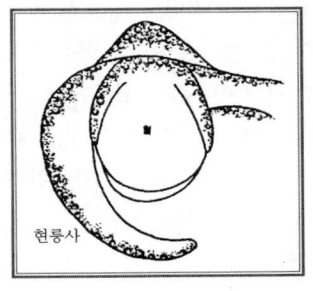

▲ 와혈 당판

와혈은 흔히 소쿠리 명당으로 불리는데 와유현릉窩有弦稜이라 하여 혈장의 한쪽 부분이 활처럼 휘어지면서 무덤을 감싸는 형태로 대개 부자가 많이 난다는 명당이다.

위의 그림과 같이 현릉이 한쪽으로만 길게 뻗은 것은 와혈의 정격에서 약간 벗어난 것으로 '변와邊窩'라고 한다. 혈장의 모양은 천태만상이며 같은 곳은 단 한 곳도 없다. 더군다나 각기 다른 모양을 도식화하기란 쉬운 일이 아니다. 그러나 현장에서 차근차근 공력을 쌓아가노라면 점차로 풍수 서적의 그림과 말들을 이해할 수 있게 될 것이니, 그때까지 꾸준히 답산하는 수밖에 없다.

여러 가지를 종합하여 와혈의 형상을 한마디로 요약하면, '혈처

穴處(당판의 중심부)가 주위보다 낮아 우묵한 곳'이라고 할 수 있다. 이때 '주위'라는 곳이 바로 혈처의 주변부(당판)이고, 그 형태가 혈형穴形이다. 혈형은 크게 와형혈·겸형혈·유형혈·돌형혈의 네 가지로 나뉘는데, 이를 '사상四象'이라고 한다. 사상을 구별하여 말할 때 보통은 줄여서 와窩·겸鉗·유乳·돌突이라고 한다. 여기서 각자 자기 집이 있는 땅을 살펴보자.

"우묵합니까, 불룩합니까?"
"평평합니다."
"하하, 평평하다는 건 좀 문제가 있습니다. 즉 있는 그대로의 상태에서 땅이 평평한 곳은 거의 없으며 조금 높거나 낮습니다. 그러므로 평평한 곳은 대개 사람이 인위적으로 평평하게 만든 것입니다. 또한 평평한 곳은 그 자리가 극히 제한되어 있습니다. 문제는 내가 있는 곳이 우묵하다, 불룩하다, 평평하다는 것은 상대적인 판단이니 그 판단을 하게 된 기준이 무엇인지를 아는 것이 가장 중요합니다. 다시 말하면 '무엇'과 견주어서 낮다, 높다 하는 것이며, 그 '무엇'이 바로 문제의 핵심인 혈형이고, 혈형의 중심이 당판이며, 당판의 중심이 혈처입니다."

크게 보면 대개의 땅들은 비슷비슷하지만 당판이 형성된 곳 즉 지기地氣가 뭉친 곳은 확연히 다르다. 그 다른 모습을 크게 보는 것이 형국이고, 형국의 핵심처가 바로 혈형 즉 당판이다. 그러므로 나는 앞으로 당판의 모습과 혈형을 중심으로 이야기를 전개해나갈 것이다.

세상의 절반은 우묵하고 나머지 반은 불룩하니 세상의 모습은 울룩불룩하다고 하겠다. 우묵함 가운데 불룩함이 있고 불룩함 속에 또한 우묵함이 있으니 우묵하고 불룩한 수없이 많은 곳들 가운데 어떤 곳이 산 자나 죽은 자가 거처하기에 좋은가를 판별하고자 한 노력이 쌓여 이루어진 것이 풍수다. 여기서 중요한 점은 우묵하고 불룩한 상태와 정도 즉 땅의 기운인 지기地氣가 모여 있느냐 없느냐에 있다. 그러나 지기地氣의 문제는 말로도 그림으로도 설명이 안 되는 것으로서 글자 그대로 언어도단言語道斷 즉 말의 길이 끊긴 곳이다. 거듭 말하거니와 땅을 구분하고 이해하기 위해서는 욕심을 버리고 쇠 신발이 닳도록 다녀야 한다.

이상의 내용으로 와혈은 '우묵한 땅'을 뜻한다는 것을 알게 되다. 그런데 봉정사 내백호 위에서 봉정사가 앉아 있는 땅을 보면 우묵한 구석이라고는 털끝만큼도 없다. 우묵하기는커녕 불룩하다 못해 뾰룩하다. 이처럼 많은 답산의 경험이 쌓이지 않은 사람은 봉정사를 와혈로 보기 힘들다. 내 설명 때문이 아니라, 정말로 봉정사가 우묵하게 보일 때까지 관심 있는 독자들은 정진하기 바란다. 세상의 모든 것이 곧 공부거리이며, 또 그 공부가 어떤 것이든 마지막엔 자신이 터득해야 하지 누가 가르쳐 줄 수 있는 것도 아니고 누군가로부터 배운다고 될 수 있는 것도 아니다. 이러한 장자莊子의 깨달음은 소름이 끼칠 정도이다.

제齊 환공桓公이 당상堂上에서 책을 읽고 있었다. 마당에서 수레바퀴를 깎고 있던 윤편輪扁이 망치와 끌을 놓고 올라가 환공에게 물었다.
"대단히 외람됩니다만 전하께서 읽으시는 책은 어떤 내용의 책입니까?"
"성인의 말씀이니라."
"성인께서는 지금 살아 계십니까?"
"이미 돌아가셨느니라."
"이미 돌아가셨다면 전하께서 읽으시는 것은 옛사람의 찌꺼기일 뿐입니다."
환공은 어처구니가 없었다.
"과인이 읽는 책을 어찌 한낱 장인바치가 이러니 저러니 따질 수 있단 말이냐. 네 말을 설명할 수 있으면 괜찮겠지만 그렇지 못하면 죽게 되리라."
"저는 제가 하는 일로써 성인의 말씀을 생각해 보았습니다. 수레바퀴를 깎을 때 너무 깎으면 굴대가 느슨하여 단단하지 못하고 덜 깎으면 빡빡하여 끼울 수가 없습니다. 느슨하지도 빡빡하지도 않게 하는 것은 손으로 터득하고 마음으로 느껴 서로 통하는 것이지 입으로 말할 수는 없습니다. 손과 마음 사이에 헤아림이 있습니다만, 저는 제 자식에게도 그것을 깨우쳐 줄 수 없고 자식 놈 또한 저에게서 그것을 받을 수 없어 저는 일흔이 된 늙은 몸으로 아직까지 수레바퀴를 깎고 있습니다. 옛사람도 그 물려줄 수 없는 것과 함께 죽었습니다. 이러하니 전하께서 읽으시는 것은 옛사람의 찌꺼기일 뿐입니다."[14]

한창 노자와 장자 사상에 심취해 있을 때 접하게 된 이 일화는 내 사고의 심층부를 형성하게 되었다. 그 후로, 나는 말이나 글을 잘 믿지 않는 사람이 되었다. 하지만 어찌하랴! 말이 아니면, 또 글이 아니면 어떻게 생각을 펼쳐 나가란 말인가?

그때 그 홍시는 누가 다 먹었는가?

수십 번도 넘게 봉정사를 찾은 바 있는 나는 이제 봉정사에 처음 갔던 것이 어느 해인지, 무슨 일 때문이었는지 명확히 기억하지 못한다. 그러나 처음 갔을 때, 그 때는 분명 늦가을이었다. 지금도 아

---

14) 『莊子』, 「天道」, "桓公讀書於堂上. 輪扁斲輪於堂下, 釋椎鑿而上, 問桓公曰, '敢問公之所讀者何言耶?' 公曰, '聖人之言也.' 曰, '聖人在乎?' 公曰, '已死矣.' 曰, '然則君之所讀者, 古人之糟粕已夫.' 桓公曰, '寡人讀書, 輪人安得議之. 有說則可, 無說則死.' 輪扁曰, '臣也, 以臣之事觀之, 斲輪徐則甘而不固, 疾則苦而不入, 不徐不疾, 得之於手而應於心, 口不能言. 有數存焉於其間, 臣不能以喩臣之子, 臣之子亦不能受之於臣. 是以行年七十而老斲輪. 古之人與其不可傳也, 死矣. 然則君之所讀者, 古人之糟粕已夫.'"

▲ 봉정사 전경. 앞에 있는 키 큰 나무가 감나무이다

스라한 기억 저편에 '봉정사' 하면 가장 먼저 선명하게 떠오르는 그림 하나가 바로 엄청나게 키 큰 감나무 꼭대기의 홍시다.

"어? 여기에 이렇게 큰 감나무가 있구나!"

나의 고향은 상주尙州이다. 상주는 경북 내륙 지방의 곡창 지대로 쌀·누에고치·곶감의 주산지이며, 예로부터 '삼백三白'의 고장으로 이름이 높았다. 이제 누에치는 일은 사양斜陽 산업이 되었지만 1960~70년대만 해도 상주는 잠종장蠶種場과 농잠 전문 학교가 있는 우리 나라 잠업의 중심지였다.

상주의 여느 마을이 다 그러하였듯이 우리 마을에서도 집집마다 누에를 쳤으며 논둑·밭둑·야산 자락 어디에나 큼직한 뽕나무가 있었다. 1년에 두 번 치는 누에치기에는 농번기 사이에 한 달 가량

1. 봉정사 49

유휴 노동력이 집중적으로 투입되었는데, 거기에서 얻는 수입은 다른 일에 비해 상대적으로 높았다. 벼농사만 짓던 당시로서는 바로 돈이 되는 누에고치 대금은 일곱 남매의 학비와 집안 대소사의 지출을 해결해주는 일등 공신이었다. 그러나 누에치기가 시작되어 끝날 때까지는 새벽부터 뽕을 따서 나르느라 눈코 뜰 새 없이 바빴으므로 어린 우리들에게는 누에치는 달이 괴롭게만 느껴졌다.

　그러나 감나무는 달랐다. 감나무는 우리들을 힘들게 하는 것이 하나도 없었다. 아니, 오히려 혜택을 베푸는 고마운 나무였다. 지금 고향집에는 볼품없어진 감나무 네 그루가 앙상하게 남아 있지만 예전엔 일곱 그루가 있었고 나무의 세력(樹勢)도 왕성하였다.

　초등 학교 다니던 시절, 나는 비록 꽁보리밥일망정 세 끼는 챙겨 먹을 수 있었기에 심하게 허기를 느껴본 적은 없다. 그러나 목 맨 송아지처럼 쉼 없이 움직여대는 어린아이가 밥만으로 될 법한가. 그때는 제사 때나 되야 쌀밥을 구경할 수 있었고, 돈 주고 사 먹는 군것질은 엄두도 내지 못할 때라 다 떨어진 고무신이나 해진 비료 포대라도 생겨 엿가락을 바꿔 먹을 수 있으면 커다란 행운이었다. 그러니 학교를 다녀와서는 친구들과 산으로 밭으로 먹을 것을 찾아 나서는 것이 놀이이자 일이었다. 지금도 혀끝에 맛이 남아 있는 주인 없는 음식들—버들개지, 참꽃, 삐비, 찔레순, 싱아, 오디, 딸기, 가재, 벌집, 밤, 칡, 깨금, 짠대, 마, 돼지감자, 개구리, 메뚜기—과 주인 있는 음식들—밀서리, 콩서리, 감자, 고구마, 옥수수—의 맛을 잊을 수가 없다. 그 중에도 내 군것질의 왕은 단연 홍시였다.

　홍시는 배부름과 그 지속성에서 타의 추종을 불허하지만, 무엇보다 집 안에 있으니 누구와 경쟁할 필요도 없이 온전히 내 차지였다. 떨어진 감꽃을 먹어 본 사람은 알겠지만 감꽃은 참꽃과 달리 꽃잎이 두터우며, 시들어 떨어지는 것이 아니라 동백꽃처럼 싱싱한 채로 '툭' 떨어지기 때문에 배고플 땐 언제나 주워 먹을 수 있다. 감꽃이 떨어지고 감나무의 감이 탁구공만 해지면 나는 부자였다. 작은누나는 세 살 위였고 작은형은 나보다 여섯 살이나 많았으니 내가 감나무를 차지하는 데 집안에 경쟁자는 없었다. 떨어진 홍시야 아침 일찍 일어나는 식구들의 몫이었지만 나무에 달려 있는 홍시는 다 내 차지였다. 동쪽 사립문, 부엌 옆, 우물가, 뒤뜰, 서쪽 가마솥 옆에까지 초가를 둘러싸고 서 있는 감나무들의 홍시는 그 맛이 각각 다 달랐고, 나는 그 맛을 만끽하였다.

그러던 어느 날부터인가 내가 찍어 놓은 홍시가 하나 둘 없어지는 것이 아닌가? 그게 누구의 소행인지 알아내는 것은 그리 어려운 일이 아니었다. 그 도둑(?)은 괘씸하게도, 나도 모르는 새에 감나무에 올라갈 수 있을 만큼 훌쩍 커 버린 바로 밑의 남동생이었던 것이다. 나보다 더 부지런하고 몸도 재빠른 동생과 나는 홍시를 사이에 두고 일대 쟁탈전을 벌여야 했다. 하지만 옛날이나 지금이나 나이 많은 사람이 왕이어서 얼마 지나지 않아 동생은 나의 충직한 부하(?)가 되었으며, 홍시 따먹는 재미는 나 혼자일 때보다 더 커졌다.

그러나 이제는 아무도 감나무에 올라가지 않을 뿐만 아니라 떨어진 홍시도 주워 먹지 않는다. 나는 감나무의 고장에서 감나무와 함께 성장했지만 봉정사 '순전脣甋' 끝에 있는 감나무처럼 키 큰 나무를 본 기억이 거의 없다.

김용준과 늙은 감나무

80년대 후반, 민주화 운동의 결실로 사회주의 관련 서적과 월북

작가의 작품들이 해금되어 봇물처럼 쏟아져 나올 때 민주화 운동에 적극 동참하지 못했던 허물을 조금이라도 씻어 보려는 마음에 나는 허겁지겁 책들을 사들였다. 그 중엔 근원權園 김용준金瑢俊(1904~1967)이 쓴 수필집도 끼어 있었는데, 그곳에서 나는 또 하나의 감나무를 만났다.

> 무슨 화초 무슨 수목이 좋지 않은 것이 있으리요만 유독 내가 감나무를 사랑하게 된 것은 그 놈의 모습이 아무런 조화造化가 없는데도 불구하고 고풍스러워 보이는 때문이다. 나무 껍질이 부드럽고 원시적인 것도 한 특징이요, 잎이 원활하고 점잖은 것도 한 특징이며, 꽃이 초롱같이 예쁜 것이며 가지마다 좋은 열매가 맺는 것과 단풍이 구수하게 드는 것과 낙엽이 애상적으로 지는 것과 여름에는 그늘이 그에 덮을 나위 없고 겨울에는 까막까치로 하여금 시흥詩興을 돋우게 하는 것이며 그야말로 화조花朝와 월석月夕에 감나무가 끼어 풍류를 돋우지 않는 곳이 없으니 어느 편으로 보아도 고풍스러워 운치 있는 나무는 아마도 감나무가 제일일까 한다. 처음에는 오류五柳 선생의 본을 받아 양류楊柳를 많이 심어 볼까고도 생각한 적이 있었다. 너무 짙은 감나무 그늘은 우울한 내 심사를 더 어둡게 할까 저어한 때문이었다. 그러나 한 해 두 해 지나고 보니 요염한 버들가지보다는 차라리 어수룩한 감나무가 정이 두터워진다.[15]

「노시산방기老柿山房記」라는 이 글은 김용준이 기묘년(1939) 11월 4일에 쓴 것으로, 그때 그의 나이는 서른여섯이었다. 서양화를 공부하던 미술 학도 시절, 동양화에 대해서는 아무런 감식안도 없을 때 친구들과 함께 난생 처음 오원吾園 장승업張承業(1843, 헌종 9~1897, 고종 34)의 열 폭짜리 『기명절지병器皿折枝屛』을 보고 나서

---

15) 김용준, 「예술에 대한 小感」, 『풍진 세월 예술에 살며』(을유문화사, 1988), 63쪽.

그때까지 지니고 있던 자부심을 하루아침에 버리고 장승업 그림의 일격에 고꾸라졌다는 김용준, 그가 불혹不惑의 즈음에 이룩한 경지를 보자.

모든 위대한 예술은 결국 완성된 인격의 반영일 수밖에 없다. 인간이 되기 전에 예술이 나올 수 없다. 미美는 곧 선善이다. 미는 기술의 연마에서만 오는 것은 아니다. 인격의 행위화에서 완전한 미는 성립된다. 기술이 부육膚肉이라면 인격은 근골筋骨이다. 든든한 근골과 유연한 부육이 서로 합일될 때 비로소 미의 영혼은 서식할 수 있다.[16]

봉정사에 있는 여러 그루의 감나무에 감이 익어 갈 때면 나는 마치 내 고향 마을에 온 듯하여 이때의 봉정사가 가장 정겹다.

석과불식

서리 내리는 가을의 끝에서 감나무 꼭대기에 달려 있는 까치밥을 볼 때마다 나는 항상 박剝의 괘상卦象을 읽는다. 뉘엿한 저녁 햇살을 받아 타오르는 듯 붉은 까치밥은 완성의 정점에서 사라지려는 회광반조回光反照의 아름다움과도 같다. 그 아름다움은 순음의 땅(☷, 坤)을 지나 새로운 시작(☷, 復)을 약속하는 선명한 징표이다. 화로의 불씨(☷, 復)가 어린이의 희망과 미래의 싹이라면, 까치밥(☷, 剝)에는 한 생을 지나온 노경老境의 성숙과 겸양으로 내일을 예비하는 현자의 덕성이 가득하다. 늦은 가을의 봉정사에는 천지의 순환을 위하여 마지막 과일은 먹지 말아야 한다는 '석과불식碩果不

---

16) 김용준, 같은 책, 90쪽.

▲ 〈봉정사 진경도〉

食'의 까치밥이 있어 나에게는 한층 더 각별하다.

〈봉정사 진경도〉

　봉정사 백호 위에서 혈장穴場 전체의 모습을 대강 유추해 볼 수 있다. 〈봉정사 진경도〉는 현석玄石 이호신李鎬信(1957~) 화백이 그린 진경眞景 봉정사이다. 백 마디 혹은 천 마디 말보다도 제대로 된 그림 하나가 주는 감흥을 이호신의 진경도에서 만끽할 수 있다. 이호신을 만나 얻게 된 〈봉정사 진경도〉는 독자들에게 봉정사가 앉아 있는 땅의 모습을 이해시키는 데 소중한 자료가 되었다. 풍수학인에게 이보다 더 좋은 그림이 있을 수 있을까? 내가 설명하고자 하는 장소를 내 손으로 직접 이렇게 그릴 수 있는 능력이 있으면 얼마나 좋겠는가마는 불행히도 나는 공간 감각이 약하여 눈에 보이는 것들을 짜임새 있게 그려내지 못한다.

풍수학인이라면 답산처에 가서 오랫동안 주변의 모습을 관찰한 뒤 그 형국을 간략하게 그려보는 연습을 하기 바란다. 이호신처럼 되지는 못할지라도 나름대로 그리다 보면 풍수 공부에 엄청난 도움이 될 것이다. 그렇게 계속해서 그리다 보면 언젠가는 자신이 그린 그림이 점점 풍수 책에 그려져 있는 이상한(?) 그림과 닮아가고 있음을 느끼게 될 것이다. 또한 처음에는 이상하게만 보였던 풍수 그림이 일순 이해가 되며, 풍수 그림은 그렇게 그리는 것이 어쩌면 최선일 것이라는 결론을 얻게 될 것이다. 그렇게 되면 『인자수지』를 비롯한 고전 풍수서의 황당했던 그림들을 이해할 수 있을 뿐만 아니라 그림 하나만으로도 얼치기 풍수 책이 어떤 것인지를 대번에 알아낼 수 있을 것이다.

〈봉정사 진경도〉에 표시해 놓은 '수구', '순전', '횡대', '현릉'을 알고 와혈을 이해하는 것이 봉정사에 온 최종 목적이므로 몇 바퀴 돌면서 자세히 관찰하기를 당부한다. 이제 그 의미를 하나하나 살펴보도록 하자.

피수교

봉정사 내백호 배코(정수리) 위의 안내판을 지나자마자 조그만 다리가 있다. 그 다리를 건널 때마다 나는 다리 난간에 앉아 한참 동안 물길을 바라보곤 한다. '물을 건넌다'는 데는 동서고금을 막론하고 각별한 뜻이 있다. 거기에는 '이 세상'에서 '저 세상'으로 옮겨간다는 의미 외에 '정신의 승화昇華'라는 의미가 담겨 있다.

다리를 건너면 그곳은 인간의 땅이 아니라 부처의 땅이다. 부처가 머무는 곳으로 가고 있다는 것을 알리기 위해 절 앞에 몇 개의 문을 세우는데 아직까지 나는 봉정사의 이 조그만 다리보다 더 훌륭하게, 이곳이 바로 피안으로 가는 경계선임을 알리는 문을 본 적이 없다. 그리하여 나는 몇 해 전부터 이 다리를 '피수교彼水橋'라 이름 지어 놓고 혼자서 득의양양해하고 있다.

순전

피수교를 지나 피안의 길로 들어서면 오른쪽 아래에 밭으로 일구어 놓은 삼각형 모양의 땅이 있다. 여기가 바로 봉정사 당판의 '남은 기운'인 여기餘氣가 뻗쳐 이루어진 곳인데, 이런 곳을 풍수에서는 '순전脣氈' 혹은 '전순氈脣'이라고 한다. '전'은 담요, '순'은 입술을 뜻한다. 순전은 '참된 혈처임을 나타내는 열 가지 증거'(眞穴十證) 중 여덟 번째로 『인자수지』에 올라 있다. 『인자수지』에서 순전에 대한 설명을 보자.

순전이라 함은 혈 아래로 여기餘氣가 드러난 것으로, 큰 것을 전이라 하고 작은 것을 순이라 한다. 전은 전욕氈褥의 전과 같고 순은 취순嘴脣을 말한다. 무릇 참된 용이 혈을 맺으면 반드시 여기가 있어 토로하므로 순전이 되는 것이다.

일반적으로 혈은 산과 물이 다하는 곳 즉 '산수진처山水盡處'에 맺히지만 그렇지 않은 곳도 물론 많다. '산진처' 란 물이 앞을 막아 용이 더 이상 나아가지 못하는 곳이며, '수진처' 란 하나의 물이 다른 물과 합쳐진 안쪽을 가리킨다. 봉정사야말로 산수진처에 맺힌 혈의 전형적인 모습을 극명하게 보여준다.

봉정사의 순전은 당판의 크기나 기세에 비해 그 크기가 작다. 이는 그만큼 봉정사 혈장의 지기地氣가 단단하게 응결되어 있음을 나타내는 것이다. 봉정사 순전은 그림에서 보는 것과 같이 끝이 뾰족한 삼각형 모양을 하고 있는데, 새의 부리(嘴脣)와 같다고 하여 흔히 '토순吐脣' 이라고 한다. 어떤 사람들은 당판의 끝 부분을 '순전' 이라고 하는데, 이런 모습은 유혈乳穴에서 흔히 볼 수 있다.

지금까지 설명한 것을 정리해 보면, 〈봉정사 진경도〉의 횡대 부분은 전순이 되고 순전이라고 표기해 놓은 부분은 내명당이 됨을 알 수 있다. 이렇게 이해해도 별 무리는 없을 것이다. 그리고 봉정사 당판은 덕휘루를 지나 대웅전을 비롯한 전각들과 요사채가 있는 곳 즉 횡대를 포함하여 좌우의 물이 둘러싼 땅 전체가 된다.

봉정사와 부석사

우리 나라 최고最古의 목조 건물인 극락전이 있다는 등의 예비 지식 없이 봉정사를 다녀가는 사람들의 기억 속에는 '봉정사' 하면 어떤 특징이 가장 먼저 떠오르고 오래 남아 있을까? 아마도 자연석으로 옆으로 길게 쌓은, 정감 넘치는 석축과 가파른 돌계단이 가장 기억에 남을 것이다.

석축과 돌계단 하면 대번에 떠오르는 절이 영주 부석사浮石寺이다. 나는 부석사 무량수전의 왼쪽 언덕에 있는 3층탑 아래에서 무량

▲ 부석사 전경

    수전과 석등과 안양루가 이루는 공간을 석양 속에서 내려다보면서 인간이 창조한 공간이 이처럼 장엄하고도 아름다울 수 있다는 데 전율을 느꼈다. 한참을 넋을 잃고 바라보았던 기억이 아직도 생생하다. 나는 부석사에서 극락을 보았거니와 부석사의 장대한 석축을 보며 정연한 돌계단을 오르내릴 때마다 나는 반사적으로 봉정사의 자연스러운 석축과 계단을 떠올리게 된다.
    부석사의 계단을 압축시키면 봉정사가 되고, 봉정사 계단을 늘이면 부석사가 된다. 그것은 곧 두 곳의 지형이 같다는 것을 의미한다. 부석사 주차장에서 '다리'를 건너 안양루에 이르는 과정은, 봉정사 안내판에서 '피수교'를 건너 덕휘루에 이르는 길과 한 치의 차이도 없다. 더구나 무량수전이 앉아 있는 땅의 형태와 봉정사의 대웅전이 있는 땅의 형태는 신기할 정도로 같다.

다만, 부석사는 당판의 왼쪽에 현릉사弦陵砂가 있고 봉정사는 오른쪽에 있으며, 부석사는 앞이 훤하게 툭 트여 있는 반면 봉정사는 트인 느낌이 적다는 것이 다를 뿐이다. 즉 부석사는 수구水口에서 당판까지의 거리가 멀고 봉정사는 짧으니, 이것을 풍수적으로 설명하면 '부석사는 내명당이 크고 봉정사는 아주 작다'고 하겠다.

명당이란 혈장이나 보국 전체를 가리켜 지칭하는 말이지만, 엄밀히 구별하여 말하면 '혈에서 수구 사이의 땅'을 말한다. 따라서 봉정사와 부석사의 땅은 같은 와혈이지만 봉정사처럼 혈 앞을 용호가 바로 감싼 형태를 '닫힌 와혈'(藏口窩穴), 부석사처럼 열려 있는 곳을 '열린 와혈'(張口窩穴)이라 하여 구분하는 것이다.

부석사 터의 느낌을 물형으로 표현할 때는 흔히 '운중선인雲中仙人'이라고 한다. 부석사로 가다가 부석사가 자리한 주산이 보이거든 차에서 내려 구름 속에서 노니는 신선의 느낌을 한번 느껴보기 바란다. 부석사 땅의 호쾌함도 일품이지만 봉정사 땅의 안온함도 더할 나위 없이 좋다. 잠시 다녀가는 사람도 땅이 주는 느낌을 받을진대 머물러 사는 사람이야 일러 무엇하랴.

횡대와 반송

피수교를 건너기 전부터 봉정사 백호 위에서 봉정사를 바라보는 사람의 시선을 사로잡는 것은, 보는 순간 무어라 형용할 수 없는 인상을 뇌리에 남기는 고괴古怪한 모습의 '소나무'다. 무궁화가 우리 나라 꽃이듯 소나무야말로 우리 나라 나무다. 나는 문학적 재능이 없어 소나무의 기상을 잘 표현하지 못하지만 혼자 있을 때도 빼

▲ 성혈사 반송

어나고 그 무엇과 같이 있더라도 화이부동和而不同한 소나무는 군자라 할 수 있다. 산이든 바다든 혹은 뭍이든, 소나무가 없는 이 땅을 나는 상상할 수 없다. 한번도 다른 나라에 가본 적이 없고 가고 싶은 마음도 그다지 없는 나는 이 땅의 소나무만 보고 다녀도 충분히 행복하다.

　소나무 중에서도 내가 가장 좋아하는 소나무는 반송盤松인데, 봉정사 덕휘루 앞에도 그 한 그루가 있다. 뱀이 똬리를 틀듯이 서려 있는 모습이라고 해서 서릴 '반盤' 자를 붙여 반송이라고 하는데, 나무 줄기가 땅 위에서 바로 몇 개로 갈라져 어느 것이 줄기이고 어느 것이 가지인지 구별이 모호하다. 전체 모양은 펼쳐진 우산 같고 껍질은 붉고 깨끗하며 무엇보다 잎의 빛깔이 여느 소나무와 달라 어디에 있든 한눈에 알아볼 수 있다.

　천연기념물로 지정된 이 땅의 나무들은 품위가 남다르지만 그 중에서도 반송은 백미 중의 백미라고 할 수 있다. 경상북도에 있는 천연기념물 반송은 모두 네 그루인데, 구미시 옥성면 농소리의 천연기념물 225호로 지정된 반송을 비롯하여 문경시 농암면 화산리의 292호 반송, 상주시 화서면 상현리의 293호 반송, 전국에서 유일하게 재산세를 내며 석송령石松靈으로도 잘 알려진 예천군 감천면 천향리의 294호 반송이 그것이다. 일부러 짬을 내어 찾아가 보아도 전혀 후회하지 않을 것이다.

　그런데 내가 반송의 아름다움에 눈을 뜨게 된 것은 천연기념물로 지정된 나무들을 보고서가 아니라 한겨울에 찾아간 영주시 순흥면 덕현리 성혈사聖穴寺의 반송을 보고 나서였다. 성혈사의 반송은 높직한 유혈乳穴 당판에 자리하고 있는데 그 자리에 앉아 있는 모습이 꼭 도인道人 같아 내내 바라보다가 결국은 올라가 반송 옆에 앉아 속세를 내려다보며 나는 다음과 같은 생각을 했다.

　"아! 내가 이 반송이라면 얼마나 좋을까?"

　하회 마을 부용대芙蓉臺 아래에는 유성룡柳成龍이 공부하던 옥연정사玉淵精舍가 잘 보존되어 있는데, 그 마당 끝에는 가지 하나를 자른 반송이 있다. 그런데 나무를 심어서는 안 되는 마당 안쪽에 누가 심었는지 심은 지 그리 오래되지는 않았지만 볼 때마다 징그러운 목련이 한 그루 있다. 옥연정사에서 반송과 목련[17]을 같이 보고 있자면 반송이 자신의 자태로 사람이 무엇과 더불어 살아야 하고 어떻게 늙어가야 하는가를 깨우쳐 주는 듯하다. 학인學人이 선현의 가

---

17) 2000년 들어 다시 가보았는데 목련이 없었다. 참 잘한 일이다.

르침을 어찌 문자文字에서만 배울 것인가!

봉정사에 석축으로 다듬어 놓은, 옆으로 길쭉한 부분의 땅을 풍수에서는 그 모습이 옆으로 길게 쌓아 놓은 대臺와 같다 하여 '횡대'라 하고, 또 집의 처마와 같다고 해서 '첨대簷臺'라 부르기도 한다. 횡대는 와혈과 겸혈에서만 보이는 특징으로서 특히 와혈에서 그 형태가 뚜렷하다. 나아가 '횡룡이 혈을 맺을 때'(橫龍結穴)는 횡대가 없으면 진혈로 취급하지 않는다. 그러나 와혈이라 하여 횡대가 봉정사처럼 뚜렷한 곳은 드물며, 대개의 경우에는 형태를 감지하기 어려우니 열심히 다니면서 많이 보는 수밖에 없다.

김가진의 글씨

나는 사주四柱에 역마살도 없는데 무슨 귀신이 씌웠는지 미친 듯이 안동 땅을 돌아다녔다. 퇴락한 정자亭子에 올라 만감이 교차할 때 차분히 시선을 잡아끄는 것은 먼지 묻은 현판과 기문 및 시판의 글씨들이다. 나는 아직 서예를 보는 눈이 없으니 글씨를 감상할 수는 없고 글자 뜻만이라도 알려고 노력하였다.

덕휘루德輝樓에 걸려 있는 '천등산봉정사天燈山鳳停寺'라는 현판 글씨에 처음 눈길을 준 것이 언제인지는 기억나지 않지만, '봉정사에 있는 것은 개미 새끼 한 마리라도 기억해 두겠다'고 결심한 뒤부터 현판의 글씨를 유심히 보기 시작했다. 그후 나는 김가진이라는 분을 만날 수 있었고, 안동 이곳저곳에서 그의 글씨를 발견할 때마다 기분이 참으로 묘했다.

그 누구도 자신이 태어날 곳과 시대를 선택할 수는 없다. 실존주의자들의 표현을 빌리면 인간은 단지 '던져진 존재'일 뿐이다. 동

▲ 덕휘루에 걸려 있는 현판

농東農 김가진金嘉鎭(1846~1922)이 세상에 나서 살다간 시대는 우리 역사상 최대의 격동기였다. 서른 살에 문과에 급제하여 벼슬길에 오른 선비로서, '살아 있다는 것' 자체가 수치요 반역이던 망국의 때에 그렇다고 무지렁이처럼 처신할 수는 없지 않은가? 향산響山 이만도李晩燾(1842~1910), 계정桂庭 민영환閔泳煥(1861~1905), 매천梅泉 황현黃玹(1855~1910)이 이른바 식자인識字人으로서 나라가 망하는 것을 막지 못한 일을 통탄하며 스스로 목숨을 끊을 때, 김가진은 마음을 정하지 못하고 이 땅에 머물다가 1919년 겨울에 맏아들과 함께 상해 임시 정부에 합류하였다. 뒷날 백범白凡 김구金九로부터 '한국의 잔다르크' 라 불린 정정화(1900~1991)는 김가진의 맏며느리로서 시아버지와 남편과 함께 조국 광복을 위해 온몸을 던졌다. 하지만 그녀는 해방 뒤 40여 년을 가난과 외로움 속에서 살다가 눈을 감고 말았다. 우리 모두는 잘 알고 있다. 친일파를 척결하지 못한 우리의 근대는 이기利己와 변절變節로 찌든 시대요, 또 그에 영합하는 것만이 자신과 가문을 살찌우는 삶의 좌우명이었던 시대였다는 것을…….

해방 조국이 김가진 집안을 푸대접한 참담함을 애써 누르며 김가진의 글씨를 본다. 김가진의 동글동글한 글씨는 마치 어린아이의 팔뚝 같은 부드러움으로 겨우내 쌓인 눈을 녹이는 초봄의 햇살 같은 따스함을 담아 내어 해맑은 동심을 드러낸다.

사람들이 글씨 속에 서릿발 같은 기상이나 탈속한 기품을 담고자 할 때 어찌하여 김가진은 자신의 서체를 이처럼 따뜻하게 만들었을까? 한 사람이 붓을 잡고서 얼마만한 세월 동안 노력과 정성을 기울여야 자신만의 서체를 갖게 되고, 서예가의 반열에 올라 인구에 회자되는 것일까? 그것이 노력만으로 이루어질까? 나 같은 문외한도 느끼는 바 이렇게 큰데 같은 길에 선 사람은 김가진의 경지 앞에서 얼마나 흥감해할까? 생각만으로도 부러움이 솟는다. 누 안에 걸려 있는 '덕휘루' 편액도 그가 쓴 것인데 관지款識에 계축년(1913) 여름이라 씌어 있다. 이때는 그의 나이 예순여덟 되던 해인데, 아마도 봉정사 현판도 이즈음에 쓴 것이 아닐까 한다.

김가진의 글씨가 현판으로 남아 있는 곳 중 안동에서 내가 둘러본 곳은 길안면 묵계리의 보백당 종택에 있는 보백당寶白堂 · 용계당龍溪堂 · 묵은재默隱齋와 풍산읍 하리의 침류정枕流亭, 풍산읍 소산리의 위선재爲善齋, 서후면 저전리의 쌍계서재雙溪書齋, 그리고 예천군 호명면 직산리 안동 김씨 선영 재사의 직산재稷山齋이다.

〈봉정사 배치도〉

내가 어렸을 때만 해도 여러 가지 이유로 아이들도 종종 절에 가곤 하였다. 그러나 어린아이이건 어른이건 어디에 있는 무슨 절에 언제,

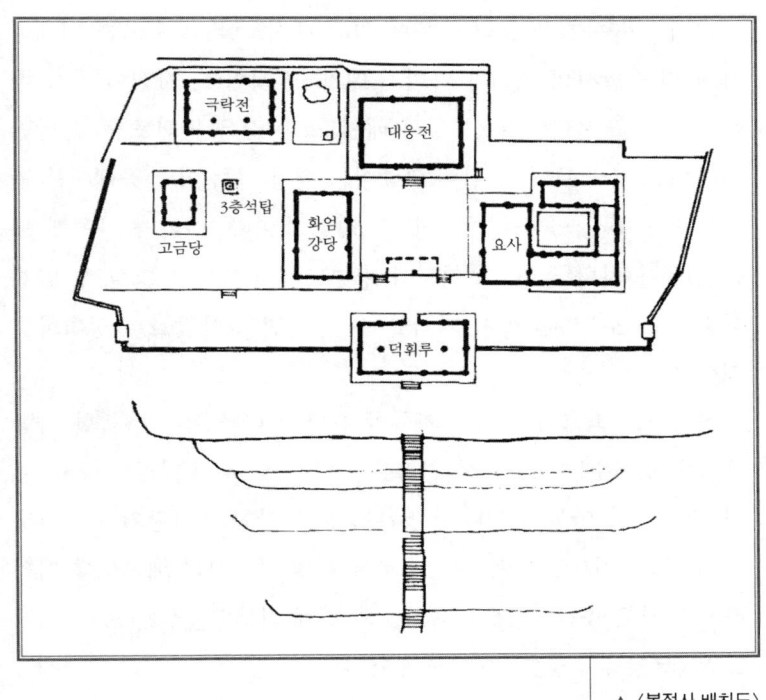

▲ 〈봉정사 배치도〉

누구와 다녀왔다는 기억만 있을 뿐, 그 절에 있는 건물의 모양과 배치 형태를 기억하는 사람은 거의 드물다. 나도 그런 사람 중의 하나였는데, 고건축을 공부하고부터는 절에 가면 건물의 생김새와 배치를 유심히 보면서 몇 시간이고 보내게 되었다. 그래서 한번이라도 살펴본 절은 그 사찰 전체의 윤곽을 선명하게 기억해 낼 수 있게 되었다. 이제는 마치 컴퓨터에 저장된 내용을 불러내는 것처럼 머릿속에 담긴 절의 모습과 건물을 언제든지 꺼내어 감상할 수 있을 정도이다.

고택이나 사찰을 둘러본 뒤에 평면 배치도를 그려 보는 연습을 하게 되면 답사의 재미와 가치가 배가 될 것이다. 자신이 가장 좋아하는 절을 선택하여 〈봉정사 배치도〉와 같은 평면도를 한 번만이라도 완성해 보면 그 절에 관해서는 평생 언제 어느 곳에서든 누구에게나 자신 있게 이야기할 수 있을 것이다. 나아가 마음에 드는 건물을 하나 골라 그 건물의 평면도와 입면도를 그릴 수 있게 되고, 가구도架構圖까지 기억할 수 있다면 그야말로 금상첨화일 것이다.

봉정사는 최고의 건물로 가득할 뿐만 아니라 아주 독특한 가람 배치를 보여주는 곳으로서 진정한 의미에서 '우리 나라의 보물'이니, 봉정사가 안동에 있다는 것은 참으로 안동의 자랑거리가 아닐 수 없다. 그러므로 안동 사람으로서 어찌 봉정사의 배치도를 기억하고 있지 않을 수 있으랴. 배치도와 함께 김봉열金奉烈(1957~)이 그린 〈봉정사 투상도〉를 감상해 보자.

〈봉정사 투상도〉

김봉열은 한국 고건축이 이룩한 아름다움의 한 정점은 여러 채의 크고 작은 건물들이 모여 만들어내는 '집합미集合美'라고 갈파했다. 나는 그의 견해에 전적으로 동의한다. 그런데 우리가 고건축을 볼 때 그 집합미를 감상하기란 어려운 일이다. 전체가 내려다보이는 장소를 찾아 올라가서 보아야 하기 때문이다. 그러나 고건축을 보는 훈련이 쌓이면 굳이 높은 곳에 올라가 보지 않고 경내를 한 바퀴 돌고 나서도 집합미를 감상할 수 있다. 〈봉정사 투상도〉를 보면서 우리 나라 고건축이 이루어내는 집합미가 어떤 것인가를 느껴보기 바란다.

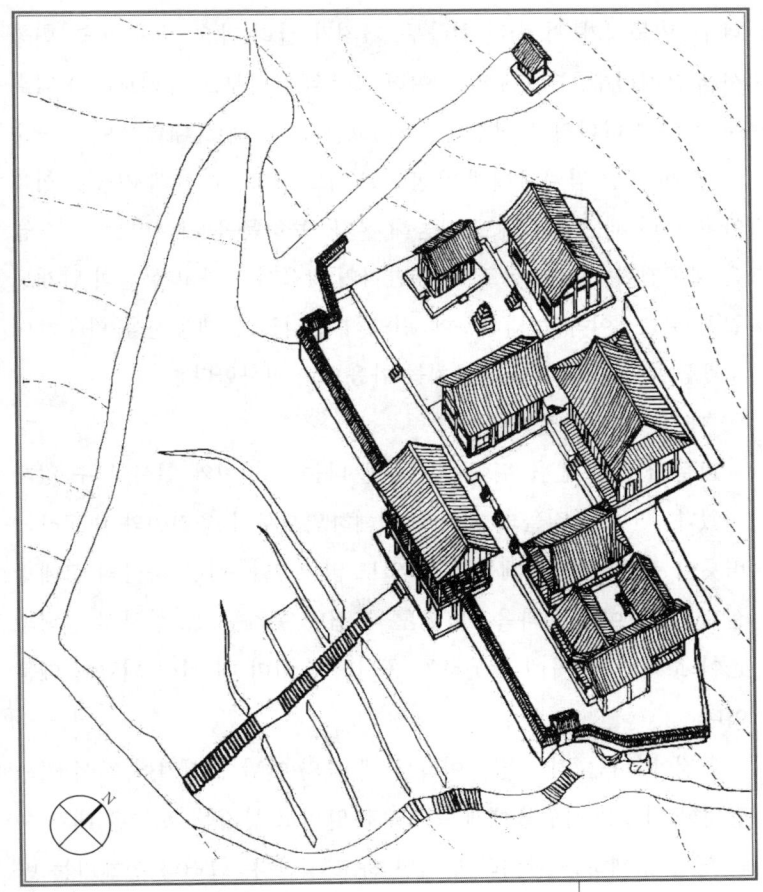

▲ 〈봉정사 투상도〉

대웅전

 봉정사 계단을 오르다가 옆으로 가서 석축을 본다. 또 고괴한 소나무, 밑둥치가 뻥 뚫린 회나무, 가지가 잘려 가슴 아픈 반송, 현등사의 은행나무, 횡대에 있는 여러 그루의 감나무도 둘러보다가 덕휘루 아래에 다다라 돌아선다. 그리고는 눈 아래로 내려다보이는 순전 끝의 키 큰 감나무에게 한번 으스대도 보고, 누 아래 기둥을 힘껏 안아 보며 세월의 두께도 가늠해 본다. 누하문을 지나면서는 '오늘은 대웅전이 어떤 얼굴로 나를 반기며 맞을까?' 하고 상상의 날개도 펼쳐 본다. 이윽고 덕휘루에 편안히 걸터앉아 대웅전을 마주하여 오랫동안 눈을 맞추며 사무치는 마음으로 인사한다.
 "내가 왔다, 웅전雄殿아!"
 많은 집들을 만난 뒤에야 이렇게 나는 웅전이와 인사할 수 있게 되었다. 만나는 집들의 기품을 이해하면서부터 웅전이와 비교하는 버릇이 생겼는데, 이제는 그럴 일도 없어졌다. 다른 사람의 고대광실高臺廣室이 두실와옥斗室蝸屋 내 집만 못하듯, 또 천하의 절색絶色이 소박한 내 아내만 못하듯 웅전이는 이미 내 것이 되었기 때문이다.
 웅전아, 나는 지금 당장이라도 네 몸의 안팎에 켜켜이 쌓여 있는 장엄한 기품을 사람들에게 큰소리로 알리고 싶지만, 오늘은 네가 사는 땅을 소개하는 날이라 인사만 하고 지난다. 그러나 언젠가는 반드시 너와 네 멋진 친구 낙전樂殿이가 품고 있는 멋을 큰소리로 이야기할 날이 있으리라.
 대웅大雄은 '위대한 사나이'란 뜻이다. 이는 기원전 556년에 카필라 왕국, 지금의 네팔의 왕자로 태어난 고타마 싯다르타 (Gautama Siddhārtha, 기원전 563?~483?)가 출가하여 깨달은 자 즉 부처가 된 뒤에 받은 석가모니, 여래와 같은 10여 개의 덕호德號 중 하나이다. 전殿은 '큰 집'이란 뜻이다. 그러므로 대웅전은 석가모니 부처를 모셔 놓은 큰 집이란 뜻이 된다.

대웅전이 있는 곳이 이른바 혈처이다. 혈처에 대한 풀이는 아무래도 묘소에서 하는 것이 제격일 듯하니, 다음으로 미루고 덕휘루 옆으로 화엄 강당을 지나 아담한 3층 석탑을 앞에 둔 극락전을 먼저 구경하자.

극락전

극락전極樂殿은, 1972년 9월에 건물을 해체하여 조사·수리할 때 종도리의 홈에서 나온 상량문을 분석한 결과 우리 나라에서 가장 오래된 목조 건물임이 판명되었다. 그러나 '최고最古'라는 사실 외에 극락전의 아름다움에 주목하는 사람은 거의 없다. 정면에서 보는 극락전은 왜소하고 볼품없어 보이지만, 봉정사에 있는 건물 중에서 가장 클 뿐만 아니라 아름다우며 탁월한 기품을 지니고 있다.

사찰의 가구식架構式 목조 건물의 위상이 크기에 의해 결정되는 것은 아니다. 가장 중요한 것이 위치이고, 다음이 도리의 수 및 면적 대비 칸의 수이다. 극락전과 대웅전에는 똑같이 아홉 개의 도리가 걸려 있지만 극락전은 열두 칸이고 대웅전은 아홉 칸이며 위상은 같다. 대웅전과 그 앞의 공간은 보신불인 석가모니불이 다스리는 '이 세상'을 상징하며, 극락전과 그 앞의 공간은 화신불인 아미타불이 다스리는 '저 세상' 즉 극락을 상징한다. 석가모니불과 아미타불은 위계가 같기 때문에 두 건물의 위치를 같은 높이의 땅에 둠으로써 위상을 같게 한 뒤, 극락전이 대웅전에 비해 상대적으로 작아 보이

▲ 현릉사에서 내려다본 극락전

는 양감量感을 상쇄하기 위해 열두 칸의 질감質感으로 균형을 잡아 놓은 것이다.

  또한 대개의 사찰은 일주문·천왕문 등의 과정 공간을 지나 관음전·약사전 등의 부공간으로 진입한 뒤, 거의 누樓에 가려져 신비감을 더하는 본전의 주공간 즉 장엄 공간으로 이어지는 종적 공간 배열로 장엄의 깊이를 더해 간다. 이처럼 여러 채의 건물을 설치하는 것은, 피라미드나 베드로 대성당 같이 하나의 거대한 건물로 장엄미莊嚴美를 드러내는 서구식 방법과는 확연히 구별되는 우리만의 독특한 장엄미 구현 방식이다.

  산 속에 사는 우리가 아무리 집을 크게 지어 본들 어찌 산만큼 클 수 있으랴! 그러므로 집을 크게 짓는 대신 산 전체를 집으로 삼는 방법을 고안해냈으니, 이것이 우리 나라 고건축이 자연과 일체가 되는 소이연이다. 사찰의 건축 공간은 대개 일주문부터 시작하여 본존불을 모신 법당에서 끝나는데, 그 과정 공간이 전부 서양 건축의 내부 공간에 해당한다는 것을 인식할 수 있어야 사찰 건축을 비롯한 우리 고건축의 의미를 제대로 이해할 수 있다. 건물을 크게 짓는 것은 특별한 경우가 아니면 우리 땅과 풍토에 맞지 않다. 우리 선조가 집을 크게 지을 줄 몰라서 여러 채의 집을 지은 것이 아니다. 담도 벽도 쌓지 않은 우리네보다 더 크게 집을 짓는 방법을 고안해 낸 민족은 이 세상 어디에도 없을 것이다.

봉정사는 명당의 보국이 좁기 때문에 일체의 과정 공간과 부공간을 생략하고 동등한 위상의 주공간 둘을 나란히 배치함으로써 협소한 공간적 제약을 극복해내는 동시에 탁월하고도 빛나는 감각의 장엄 공간을 구현한 독특한 곳으로서, 이 점에서 불국사와 비슷하다. 그러나 불국사와는 달리 과정 공간에 해당하는 건물들을 과감히 생략해도 봉정사의 장엄에 아무런 문제나 손상이 없는 것은 봉정사의 '땅과 물'이 그냥 그렇게 공간적으로 거의 완벽하기 때문이다.

봉정사가 작다고 하는 사람은 사찰 껍데기만을 본 사람이다. 주의 깊게 그 속을 들여다본 사람이라면 봉정사야말로 사찰 두 개가 한 곳에 있는 모습임을 알 수 있다. 봉정사는 좁은 공간적 한계를 뛰어넘어 더 이상 어떻게 손을 댈 수 없도록 완벽하게 짜여졌기 때문에 원형 그대로 지금까지 보존돼 온 것이다. 그러므로 '대물숭배주의'에 혼이 나간 작금의 사찰들이 저지르는 무식한 작태를 볼 때마다 '나의 작은 봉정사'는 더욱 빛난다.

가릉빈가迦陵頻伽(Kalaviṅka: 불경에 나오는 상상의 새)가 노래하는 극락은 흔히 서방정토西方淨土라 불린다. 더위와 싸워야 하는 인도 인에게는 해가 지고 난 뒤의 시원함이야말로 현세의 축복이므로 아미타불이 다스리는 피안彼岸의 땅은 당연히 해가 지는 서쪽에 있을 것으로 생각되었다. 봉정사 극락전이 서쪽에 자리잡은 뜻 또한 이러한 이유에서이다. '아미타阿彌陀'는 범어 아미타(Amitādha)를 소리나는 대로 번역한 음역이고 '무량수無量壽'는 아미타의 뜻을 의역한 것이니, 영주 부석사 무량수전에 일반적인 법당과 달리 서쪽에 아미타불을 모셔 놓은 뜻도 그러하다.

봉정사 극락전은 초기 주심포柱心包 양식으로 지어진 건물이다. 거개의 주심포 건물은 맞배지붕을 하고 있는데 맞배지붕 건물은 건물의 측면에 대부분의 구조체가 드러나기 때문에 건물의 옆부분에서 독특한 아름다움을 연출한다. 대웅전 옆 처마 밑에서 극락전의 옆면 즉 박공면의 위용과 왼쪽 아래로 보이는 맞배지붕 화엄 강당의 박공면을 비교해 보면 극락전에 기울인 정성을 쉽게 알 수 있다.

현릉사

극락전의 멋스러움을 감상하기에 가장 좋은 장소는 대웅전 옆이 아니라 따로 있다. 그곳은 바로 극락전의 오른쪽 언덕 즉 현릉弦陵의 느티나무 밑이다. 나는 봉정사에 갈 때마다 항상 그곳에 앉아 극락전을 내려다보는데 고건축과 풍수 공부에 기울인 정성이 열매를 맺는 듯하여 마냥 즐겁다.

우리는 지금 서양식도 우리식도 아닌 국적 없는 집에 살고 있기 때문에 고건축을 이해하고 감상하기 위해서는 더욱 많은 시간과 노력을 투자해야만 한다. 그러나 고건축은 우리네 삶의 문화를 통째로 간직하고 있는 '보물섬'과도 같으니, 그 섬으로 항해하는 것을 주저하지 않기를 바란다. 안동은 보물섬의 서울이라 부를 만하며 봉정사야말로 그 섬의 보물 창고다.

현릉이란 '활의 시위처럼 생긴 능선' 이란 뜻이다. 와혈은 중앙이 사방보다 낮아서 우묵한 땅이다. 두 손으로 물을 떠먹을 때의 손바닥 모양과 흡사하다. 오른손을 자연스럽게 펼치고 손바닥을 살펴보면 중앙이 우묵하다. 그 상태에서 손가락이 없다고 가정하면 바로 그것이 와혈의 모습이요, 손가락이 없어진 부분이 횡대이다. 그러므로 와혈을 별칭하여 '손바닥 중심' 이라는 뜻의 장심掌心이라고도 하는 것이다. 조금 더 설명해 보자. 손바닥을 살펴보면 엄지 위쪽과 손날에 두툼한 부분이 있다. 엄지 위쪽 부분을 '어복魚腹' 이라고 부르는데 어복과 손날이 두툼한 상태로 뻗어 이어지는 형태의 능선이 현릉이다. 현릉이 선명하면 저절로 중앙은 우묵해진다. 봉정사 당판은 오른쪽에만 현릉이 있기 때문에 우묵한 느낌이 적을 뿐이다.

와혈 당판의 현릉사를 본신용호사本身龍虎砂로 착각하면 안 된다. 본신용호는 혈을 만든 주산에서 직접 용호가 뻗어 나와 당판과 떨어져 혈의 바깥을 감싸는 호위사이다. 그러나 현릉사는 어디까지나 와혈 당판과 붙어 있는 '한몸' 이다. 다시 말하면 현릉은 당판에 붙어 있고 용호는 당판에서 떨어져 있다.

동시나무

나는 봉정사 현릉의 느티나무 밑에 앉아서 눈이 시리도록 극락전을 내려보다가 잊혀지지 않는 유년의 추억 속으로 잠겨들곤 한다. 우리 나라도 어느새 산업화되어 도시가 우리 삶의 무대가 되어 버렸지만 마음의 고향은 언제나 시골이다. 시골의 고향을 떠올리면 누구나 느티나무에 얽힌 추억이 하나씩 있기 마련이니, 나 역시 그러하다. 내 고향은 상주의 진산鎭山인 천봉산天鳳山(436m)의 왼쪽 즉 청룡 자락에 안겨 있는 첫 번째 마을로 용 모양의 뒷산이 두 팔을 열어 50여 호의 집을 품고 있으며 남쪽을 향해 편안히 앉아 있는 곳이다. 마을 오른쪽 너머로 토성土星인 일자문성一字文星 천봉산이 겨울의 북서풍을 막아 주어 한겨울에도 따뜻한 기운이 갈무리되며(藏風), 마을 앞에서 바로 문전옥답이 펼쳐져 멀리 상주 들판까지 이어지는 아늑하고도 정겨운 비산비야非山非野의 농촌이다. 여느 농촌 마을이 그렇듯이 우리 마을 어귀에도 마을의 역사만큼이나 오래된 굴참나무 한 그루와 느티나무 두 그루가 길을 사이에 두고 삼각형으로 서 있다. 그 느티나무 밑 동구洞口야말로 어린 시절의 추억이 고스란히 배어 있는 사진첩이라 할 수 있다.

　고향의 동구에 서 있던 느티나무의 이름도 몰라 그냥 '동시나무'라고 불렀던 그 나무 밑에서 어릴 적 우리는 밤낮으로 모여 온갖 놀이를 하며 즐거운 날을 보냈다. 그곳은 동신洞神이 계신 곳으로 동고사를 지내는 신당神堂이었는데, 동시나무가 마을의 수호신목守護神木임을 안 것은 나중의 일이었다. 몇 번이나 동고사의 제관으로 선정되셨던 아버지를 따라가 한번은 처음부터 끝까지 동고사를 구경할 기회가 있었다. 정월 열나흗날 아침, 아버지는 왼쪽으로 꼬아 문종이를 끼운 새끼로 금줄을 쳤다. 보기 좋게 쌓아 올린 돌무더기(神堂) 위에 있는 기자석祈子石 모습의 동신에 여러 겹으로 금줄을 감고 동시나무와 동구 밖으로 금줄을 친 뒤, 길 양옆을 따라 점점이 황토를 놓아두면 그때부터 외부인外部人은 마을로 들어올 수 없을 뿐더러 놀이터에 불과하던 동시나무 밑은 아연 엄숙함이 감돌았다. 해가 질 때쯤에 조그마한 종지에 참기름을 담아 불을 피웠는데 참기름 타는 고소한 냄새가 지금도 코끝에 남아 있지만 가장 신기했던 것은 심지였다. 아버지께서 직접 한지로 만드신 심지는 어떻게 만드셨는지 아래쪽은 ＋자 형인데 교차점에서 심지가 올라와 참기름 위에 동동 떠다녔다. 읍내에서 사이렌 소리가 울리고 난 뒤 고사를 지냈는데 고사의 앞부분은 전혀 기억이 나지 않는다. 아버지께서는 마을 사람들의 이름을 부르며 오랫동안 소지를 올리셨는데 나는 추위에 떨면서 시간이 지날수록 아래로 내려가는 참기름 종지의 심지만을 홀린 듯이 바라보았다.

동신제는 재앙으로부터 마을을 보호하고 풍요와 안녕을 빌며 마을 사람들로 하여금 운명 공동체의 깊은 유대감으로 일체를 이루고 서로 도우며 살게 하는 역할을 하였다. 그러나 그러한 동신제는 값싼 노동력을 손쉽게 공장에 공급하기 위한 새마을 운동 곧 자급 자족의 농어촌 '마을 공동체 파괴 운동'으로 인하여 한 곳 두 곳 이 땅에서 그 명맥이 끊기어 갔다. 아직도 이 땅의 농어촌에 '마을'이 남아 있는가?

'나의 살던 고향, 아기 진달래 꽃 피는 대궐'도 90년대 초까지 동신제를 지냈지만, 그 후 벌써 몇 해째 제사를 거르고 있다. 이제는 시멘트 위에 얹혀 있는 동신과 큰 가지마저 죽어 가고 있는 동시나무 밑을 지나가노라면 교회가 점령해 버린 고향의 앞날을 보는 듯하여 슬픈 마음을 가눌 길이 없다.

"아버지, 남아 있는 제 삶의 어디쯤에서 다시 고향으로 돌아가 당신이 올렸던 소지를 제 손으로 사를 수 있겠습니까?"

수구초심首邱初心이라 했는데, 과연 고향에서 내 삶을 마감할 수 있을까?

느티나무 세 그루

　고향의 동구에는 길을 따라 느티나무 세 그루가 나란히 서 있었다. 가운데 나무가 양쪽 가에 있는 나무에 비해 작고 길 아래의 논 쪽으로 비스듬히 기울어져 있어 손쉽게 올라갈 수 있었다. 마을 아이들은 너나없이 그 나무에 올라가는 것이 마치 나날의 일과인 듯했으며 오늘은 누가 나뭇가지 끝에 좀 더 가까이 가는가 하는 것이 그 날의 관심사였다. 마을의 개구쟁이들은 대추나무에 연 걸린 듯 한꺼번에 느티나무에 올라가 놀곤 했다. 그래서인지 몰라도 중간 나무는 양쪽 나무에 비해 점점 작아지고 기울어져 볼품이 없어져 갔고, 급기야는 베어 내야 한다는 말까지 나오게 되었다.

　그러나 아무도 감히 느티나무를 건드릴 엄두를 내지 못했는데, 우리 앞집에 사는 이의 친척 되는, 다른 마을에 사는 목사님이 과감히 나무를 베어 버렸다. 이후 한 달이 못 되어 그 목사님과 사모님이 연이어 세상을 떠나고 말았다. 우연이겠지.

　봉정사에 있는 여러 그루의 느티나무가 저절로 자란 것인지 심어서 가꾼 것인지는 알 수 없지만 고향에 있는 느티나무는 분명 심어서 정성껏 가꾼 것이다. 느티나무는 우리 나라 어느 시골에 가더라도 마을에서 흔히 볼 수 있는 나무이며, 일부러 심고 가꾸어 치성을 드리는 나무이다.

　"왜 많고 많은 나무 중에 하필이면 느티나무를 그렇게 많이 심었을까?"

　이것은 나의 오랜 의문이었다. 느티나무는 느릅나무과에 속하는 낙엽성 교목喬木으로 아주 크게 자라는 나무라 여름철 더위를 식히는 데 제격이고, 초봄의 연둣빛 신록이나 가을의 단풍도 비할 데 없이 아름다운데다 거기에 더하여 오랫동안 사는 나무이니 사람들이 좋아할 수밖에 없다. 또한 살아 있을 때의 느티나무는 잎과 껍질이 먼지를 타지 않아 항상 깨끗하고 벌레도 먹지 않으니 관상용으로도 더할 나위 없이 좋다. 무엇보다 느티나무는 죽어서 더욱 대접받는 나무이다. 죽은 느티나무 목재는 벽사辟邪의 붉은 색상, 나이테와 옹이가 만들어 내는 무늬가 참으로 아름다우며, 목질도 매우 단단하여 골재骨材로든 판재板材로든 최상급이니, 죽은 뒤의 쓰임이 더 특별한 나무이다.

그래서 마을마다 느티나무를 심었을까? 나는 이러한 느티나무의 덕성에도 불구하고 이런 점들 때문에 마을마다 느티나무를 심었다고는 생각하지 않았다. 옛적에 우리가 몹시 궁핍했을 때에도 제비를 잡아먹지 않은 것은 『흥부전』의 강남 갔다 돌아온 '제비' 때문이요, 성균관·향교·서원·마을에 은행나무를 심은 뜻은 공자孔子(기원전 551~479)가 노나라 곡부曲阜에 있는 '행단杏壇'에서 제자들을 가르치신 뜻을 기리고 이어받기 위해서이듯이, 느티나무를 심은 데도 이러한 의미가 있을 것 같았다. 내 짐작은 틀리지 않았다.

몇 해 전에 『고문진보古文眞寶』를 공부하다가 동파東坡 소식蘇軾(1036~1101)의 「삼괴당명三槐堂銘」을 읽으면서 사람이 느티나무와 맺은 인연을 비로소 알 수 있었다. 그 글은 송宋(960~1279)나라 초기에 많은 은덕을 쌓아 뒷날 삼괴왕씨三槐王氏라 불렸던 왕호王祜를 칭송한 것인데 여기에 그가 삼괴왕씨로 불리게 된 사연이 씌어 있었다.

'삼괴당三槐堂'은 왕호의 집 이름이며, '명銘'은 한문 문체의 하나인데, 횡거橫渠 장재張載(1020~1077)의 『서명西銘』이 널리 알려져 있다. 우리가 일상적으로 볼 수 있는 명으로는 묘비명이 있는데 산소와 관련된 글에서 풍수를 생각할 때마다 거의 어김없이 묘비를 언급하게 될 것이므로 명에 대한 자세한 설명은 그때 하기로 하고, 여기서는 「삼괴당명」의 한 부분을 살펴보도록 하자.

> 국방부 차관을 지냈고 뒤에 진국공晉國公에 봉해진 돌아가신 왕호는 후한後漢(947~950) · 후주後周(951~959)의 말기에 이름을 드러내었고 우리 송나라의 태조太祖(960~976) · 태종太宗(977~997) 임금을 연이어 섬겼다. 공은 문무를 겸비하고 충성스럽고 효성스러워 천하 사람들이 재상 되기를 바랐으나 끝내 곧은길을 지켜 시류에 용납되지 못했다. 일찍이 공은 뜰에 느티나무 세 그루를 손수 심고 말하기를 '내 자손 중에 반드시 삼공이 될 자가 있을 것'이라 하였다. 얼마 지나지 않아 위나라의 공에 봉해진 그의 아들 문정공이 경덕景德(1004~1007) · 상부祥符(1008~1016) 연간에 진종황제眞宗皇帝(998~1022)의 재상이 되니 조정이 청명하고 천하가 무사한 때에 복록과 영예로운 이름을 누린 것이 열여덟 해이다.[18]

왕호가 세 그루의 느티나무를 심으면서 자손이 삼공三公이 될 것이라 예언했는데, 도대체 느티나무와 삼공은 무슨 관계에 있는 것인가? 그 해답은 『주례周禮』「추관秋官 · 조사朝士」에 "삼괴는 삼공의 자리"라 한 것에서 연유한다. 주周(기원전 1122~249)나라의 삼공은 태사太師 · 태부太傅 · 태보太保를 가리키는 것으로 최고위직의 벼슬이다. 삼공의 명칭은 시대가 흐르면서 바뀌었지만 항상 최고의 지위를 뜻하였다.

조선의 정궁인 경복궁의 정전이며 법전法殿인 근정전 뜰에는 문

---

18) 蘇軾,「三槐堂銘」, "故兵部侍郞晉國王公, 顯於漢周之餘, 歷事太祖太宗, 文武忠孝, 天下望以爲相, 而公卒以直道, 不容於時. 蓋嘗手植三槐於庭曰, '吾子孫, 必有爲三公者.' 已而, 其子魏國文正公, 相眞宗皇帝於景德祥符之間, 朝廷淸明, 天下無事之時, 享其福祿榮名者, 十有八年."

무백관의 조하朝賀를 비롯한 국가 의식과 외국의 사신을 접견할 때 정일품에서 종구품에 이르는 신하들이 도열하는 자리를 지정해 놓은 품계석이 있다. 주나라 때에는 그 품계석의 자리 중 삼공이 서야 할 곳에 느티나무를 심었다. 그러므로 느티나무는 곧 삼공의 지위를 상징한다고 하겠다. 왕호가 느티나무를 심은 뜻이나 우리가 마을에 느티나무를 심는 뜻이 모두 그러하지 않겠는가?

공손수

끝없이 이어지는 상념에서 깨어나 현릉사 끝에 있는 우람한 은행나무를 본다. 은행나무를 보노라면 풀리지 않는 의문 하나가 나를 괴롭힌다. 그것은 은행나무를 뜻하는 한자漢字가 왜 한 글자가 아니고 '은행銀杏' 두 글자인가 하는 것이다. 은행나무는 지구에서 가장 나이를 많이 먹은 나무이다. 은행나무는 지금으로부터 아득한 중생대中生代(약 2억 3천만 년 전~약 6천 500만 년 전)에 번성한 식물이다. 중생대의 식물들은 기상 이변으로 간신히 두 종류만을 남기고 모두 공룡처럼 지상에서 사라져 석유로 남게 되었지만 은행은 그 혹독한 시련을 견디고 아직까지 정정하다. 그렇게 오래되고도 큰 나무에 왜 중국 사람은 밤 '률栗', 버드나무 '류柳', 소나무 '송松'처럼 자기만의 이름을 붙여주지 않았을까? 나는 한 글자로 된 은행나무 글자를 찾아보겠다고 큼직한 자전에서 나무 목 부수를 다 뒤져보았지만 실패했다.

왜, 은행銀杏 즉 은빛 나는 살구라 하는지를 알게 된 것은 몇 해 되지 않는다. 살구와 은행이야 어릴 때부터 익히 보아온 나무이지만 그 모양과 쓰임이 너무 달라 서로 연관지어 생각하기 어려웠다.

물론 책에는 은행나무의 열매가 살구와 닮았는데 은빛이라서 은행이라 부른다고 씌어 있다. 하지만 이것은 순서가 틀린 것이 아닌가? 후배인 살구는 행杏이란 자신의 이름이 있는데 엄청난 선배인 은행은 자기 이름도 없이 게다가 후배와 닮았다니, 은행이 그렇게 푸대접을 받아야 할 정도로 변변치 못한 나무란 말인가? 나는 지금까지도 그 사연을 알 수 없다.

은행나무를 '공손수公孫樹'라 부르는 것은 『휘원彙苑』의 풀이에 따르면 '은행은 오래되어야 열매를 맺으니 공공이 심으면 손자가 바야흐로 먹는다'고 하여 그렇게 부른다고 한다.

'증자온신'

새봄에 온갖 식물이 싹을 틔울 때 잎이 돋는 것을 유심히 지켜보노라면 참으로 놀랍기 그지없다. 그 잎은 아무리 작아도 다 성장했을 때의 잎의 모습을 고스란히, 한 점의 손상도 없이 온전히 갖추고 있다. 나는 몇 해 전에 현재 근무하고 있는 학교의 은행나무 잎에서 그 사실을 소름끼치는 전율로 새롭게 깨달았다. 그 순간 바로 뒤를 이어 떠오른 것은 『효경孝經』의 한 구절, "몸과 머리털과 살은 어버이에게서 받은 것이니 감히 헐게 하여 상하게 하지 않는 것이 효도의 시작"[19]이라는 증자曾子(기원전 505?~?)의 말씀이었다. 증자의 그 말씀이 왜 그때 떠올랐는지는 설명할 수 없지만 그 말씀만은 내가 고등학교 때부터 익히 외우던 것이었다.

대학 시절 선생님께서 '증자온신曾子穩身'과 함께 증자의 또 다

---

19) 『孝經』, "身體髮膚, 受之父母, 不敢毁傷, 孝之始也."

른 일화인 '역책易簀'을 들려주실 때, 나는 그것이 무엇을 의미하는지 이해할 수 있었으나 실감이 나지는 않았다. 그 뒤 한참의 세월이 흐른 뒤『논어論語』를 공부하다가 '증자온신'의 이야기를 직접 접했을 때, 무엇보다 기뻤던 것은 일화에 담긴 뜻이 과거에 비해 훨씬 더 진한 감동으로 새롭게 다가왔기 때문이었다.『논어』「태백泰伯」에 다음과 같은 일화가 나온다.

> 증자께서 병이 깊어지시자 제자들을 불러 말씀하셨다. "(이불을 걷고 무슨 상처가 있는지) 내 발과 내 손을 살펴보아라. (이윽고 제자들이 살펴본 뒤 '없습니다'라고 답하자 증자께서 말씀하시기를)『시경詩經』에 '두려워하고 경계하고 삼가, 깊은 연못가에 위태롭게 서 있는 듯이 하고, 얇은 얼음을 밟고 있는 듯이 하라'고 일렀다. (내 손과 발이 온전하니) 이제야 나는 (자식으로서 몸을 온전히 간직해야 하는 책임을) 면했음을 알겠구나. 너희들이여!"[20]

이 일화는 사람들에게 '증자온신'이라는 말로 널리 회자되고 있다. 그 뒤『예기』에서 '역책'의 일화를 다시 보면서 증자가 왜 성인으로 추앙받았는지 알 것 같았다.

그러나 내가 가슴 벅찬 감동으로 '온신'의 참된 뜻을 깨달은 것은 내 나이 마흔이 넘어서 얻게 된 둘째 딸 해인海仁이를 통해서였다. 무럭무럭 커 가는 해인이의 몸을 보면서 나는 '온전하다'는 말이 무슨 뜻인지를 통렬하게 깨달았다.

"그 팔, 그 손, 그 손가락, 그 손톱……. 아, 하늘이시여! 망극하옵니다. 부디 이 아이가 자신의 온전함을 간직할 수 있도록 도와주소서."

---

20)『論語』,「泰伯」, "曾子有疾, 召門弟子曰, '啓予足, 啓予手. 詩云. 戰戰兢兢, 如臨深淵, 如履薄氷, 而今而後, 吾知免夫, 小子!'"

하지만 이 무슨 불효인가! 지금 무척이나 온전하지 못한 이 내 몸은. 그리하여 여든이 넘으신 아버이께서, 순간의 부주의로 심하게 다친 내 눈을 바라보시며 당신의 잘못이라고 흐느끼시니 내 어찌 이 생에서 다시 효도를 말할 수 있으리오.

외백호 안산

현릉사에서 내려와 다시 극락전 앞을 지나 삼층탑을 뒤로 두고 정면을 바라보면 아주 우뚝한 봉우리를 볼 수 있다. 그 봉우리가 봉정사의 안산이다. 안산은 혈장의 앞으로 보이는 산 중에서 가장 가까이 있는 산을 가리키는 풍수 용어이다. 또한 책상 안案 자가 가리키듯 혈처를 사람으로 비유했을 때 앞에 놓인 책상과 같은 산이다. 그러므로 안산은 대부분 혈보다 낮은 위치에 있으면서 작고 아름답다.

그런데 봉정사 안산은 언뜻 보아도 지나치게 높아 보인다. 즉 봉정사가 자리한 곳에서 볼 때의 안산의 특징인 낮고 작은 자태를 띠고 있지 않다. 그러므로 봉정사 안산은 안산으로서의 역할보다는 오히려 우백호의 역할에 가깝다고 할 수 있다. 장풍국의 명당 중 특히 보국이 좁을 경우에는 용호가 혈장을 감싸 호위하면서 안산의 역할을 겸하게 되는데, 이것을 '본신안산本身案山'이라 한다. 우리가 앞으로 살펴볼 유성룡의 산소에서 그 명확한 모습을 보게 될 것이니 안산案山과 조산朝山의 역할과 그 의미에 대해서도 그때 자세히 살펴보겠다.

봉정사 명당의 유일한 약점은 앞에서 지적했듯이 내백호가 약하여 내명당의 수구水口가 조금 약하다는 것이다. 이 때문에 '수구막이' 역할의 조산을 설치한 것이다. 내백호를 보호하고 봉정사 혈장의 전체적 균형을 잡으면서 외수구外水口를 관쇄關鎖하여 거의 완벽한 장풍국의 명당을 완성하는 것이 바로 외백호 안산이다. 우뚝한 기상의 외백호가 어떠한 불손도 용납할 수 없다는 듯이 멀리서 봉정사 혈장을 호위하고 있다. 그것은 마치 말을 탄 장수가 전장에 나선 군주의 어가御駕를 호위하는 것과 흡사하다. 우뚝 솟은 외백호가 너무 안온하여 자칫 나약할 뻔한 봉정사 땅에 굳센 기상을 불어넣으니 금상첨화란 말이 제격이다.

덕휘루 앞의 계단을 지나 대웅전의 왼쪽을 돌아 지금은 토관土管을 묻고 흙을 쌓아 청룡과 연결시킨 계단을 오르다 돌아서서 눈을 들어보면 멀리 봉정사 외백호의 웅장한 자태가 한눈에 들어온다. 여러분은 그 자리에 서서 봉정사를 호위하는 위풍당당한 외백호와 이야기를 나누어보기 바란다.

우화루

영산암으로 오르는 계단에서 외백호의 당당한 자태를 마음껏 감상한 뒤 계단을 올라서면 지금까지 본 봉정사와는 매우 다른 정다운 광경을 보게 된다. 오른쪽의 작은 채마밭과, 낮고 탁 트여 있어서 위압적이지 않은 왼쪽의 누가 함께 빚어내는 공간은 참으로 정겹다. 그곳에는 사람이 사는 냄새가 물씬 풍기는데, 나는 그런 곳을 아주 좋아한다. 우선 그 누부터 구경해보자. 누 정면에 걸려 있는, 초서草書로 씌어진 현판의 대책 없는(?) 글자가 '우화루雨花樓'이다. 나는 그 현판을 볼 때마다 아련한 추억 하나가 그림처럼 떠올라 가만히 웃음짓곤 한다.

아주 따뜻한 봄날 오후, 나는 아무도 없는 영산암을 독점한 채 우화루에 홀로 앉아 봄의 기운을 마음껏 즐기고 있었다. 그러다 깜빡 잠이 들려 할 때 영산암으로 오르는 계단 쪽에서 말소리가 들렸다. 얼른 우화루를 내려와 누 문 밖으로 나오니 줄잡아 예순은 한참 넘긴 듯한 노인 두 분이 막 우화루 쪽으로 다가오고 있었다. 가볍게 고개를 숙이고 지나치면서 보니 한 분은 머리가 하얗게 세었고 다른 한 분은 흰머리가 별로 없었는데, 나누는 대화로 보아 친구 사이임이 분명했다. 나는 따로 해야 할 일도 없기에 돌아서서 다정해 보이는 두 분의 뒷모습을 멍하니 바라보고 있었다. 그때 우화루 아래의 현판을 보던 검은머리 어른의 말소리가 들려왔다.

"이보게, 이게 도대체 무슨 글자인가?"
"글쎄, 앞의 것은 비 우雨 잔데 중간 글자가 어렵네. 잘 모르겠지만 아마 꽃 화花 자인 듯한데……. 우화루라, 좋구먼."
"아니, 이게 꽃 화花 자라고? 이렇게 쓰는 법도 있는가?"
"있지. 초선데, 한자는 획을 덧붙이면 안 되지만 빼는 것은 별 문제가 없지."
"하긴, 자네가 그렇다면 그렇겠지. 나야 뭘 아나."

나는 그때 어찌어찌 하여 그 현판의 글자가 우화루라는 것은 알고 있었지만 초서를 알고 있었던 것은 아니다. 그 뒤 초서를 배우겠다고 마음을 굳힌 나는 임노직林魯直 군에게 그 방법을 물었는데, 그때 그는 다음과 같이 말했다.

"초서는 문리文理가 절반이라, 글자를 안다고 해결되는 게 아닙니다."
나는 그가 해 준 말을 시간이 지나면서 점점 더 실감하고 있다. 초서는 한문을 공부하는 사람이 넘어야 할 완강한 벽이다. 언제쯤 내가 그 벽을 넘을지 모르지만, 넘는 정도가 아니라 반드시 부수고

▲ '우화루'라고 씌어 있는 현판

걸어서 지나갈 것이다. 봉정사 우화루 현판의 꽃 화花 자는 초서 중에서도 기자奇字에 속하는 독특한 글자로 명明(1368~1644)나라의 장준張駿이 처음 이런 형태로 썼다.

'우화雨花'는 '하늘에서 꽃이 비처럼 내렸다'는 말이다. 석가모니 부처가 영취산靈鷲山에서 일생 동안 깨달은 바를 최종적으로 정리하여 설법할 때 '하늘이 꽃비를 내려서 축복했다'는 데서 유래하였다. 이때 한 설법의 내용을 책으로 엮은 것이『묘법연화경妙法蓮華經』이다.

이 이야기는 그 뒤 여러 형태로 변용되었으며, 그 중의 하나가 중국 남조南朝 가운데 양梁(502~557)나라를 개국한 무제武帝(464~549)와 관련된다. "양 무제가 남경南京의 남쪽에 있는 취보산聚寶山의 높직한 대臺 위에서 운광법사雲光法師를 모시고 불법을 강론할 때 하늘이 감동하여 '꽃비'(雨花)를 내렸는데, 그 뒤로 그 대를 우화대라고 했다"는 고사는 우화가 연꽃처럼 부처의 진리와 영광을 상징하는 말이 되었음을 말해준다.

양 무제는 남조南朝 양梁의 제1대 황제이자 독실한 불교 신자로서 재위 기간(502~549) 동안 불법을 구하고 선양하다 급기야는 사원의 노예가 되기를 자청한 인물이다. 선사禪師들이 깨달음을 구하는 치열한 정신의 모습을 리얼하게 보여주는『벽암록碧巖錄』의 첫 번째 공안公案, '달마확연무성達磨廓然無聖'에 달마達磨와 함께 등장하는 인물이 바로 그 양 무제이다.

김용옥이『벽암록』의 일부를 풀어『신동아』에 6개월 동안 연재한 것을 묶어 출간한『화두話頭, 혜능과 셰익스피어』(통나무, 1998)라는 책이 있다. 탁월한 책이므로 일독一讀을 권한다.

영산암

고개 숙여 우화루 문을 지나 영산암靈山庵 마당으로 들어서는 순간 받게 되는 느낌을 나는 어떻다고 표현할 수가 없다. 그곳은 참으로 독특한 공간이다. 공자께서도 '많이 듣고 보되, 의심나고 위태로운 것은 빼 버리고 삼가라'[21]고 하셨으니 각자 선입견 없이 영산암의 느낌을 접해보기 바란다.

다만 한 가지 주장하고 싶은 것이 있으니 이 기회에 언급하는 것이 좋을 듯하다. 그것은 공부를 위해서든 구경하거나 놀기 위해서든 어디에 가게 되면 '오래 있는 습관'을 들여야 한다는 것이다. 우리는 어느 곳을 가든지 번갯불에 콩 볶아 먹듯 다녀가는 잘못된 습관을 가지고 있다. 그러다 보니 첫눈에 신기하고 이상하고 우렁차야만 구경 잘했다고 생각한다.

---

21)『論語』,「爲政」, "多聞闕疑, 愼言其餘則寡尤, 多見闕殆. 愼行其餘則寡悔."

▲ 영산암

　그러나 그렇지 않다. 신기하고 이상한 곳은 사람이 머물며 살 수 있는 곳이 아니다. 또 만약 한 사람의 일생이 영화처럼 드라마틱하고 파란만장하고 우렁차다면 구경꾼에게는 재미있을지 몰라도 본인에게는 대단한 불행이다. 우리가 가꾸어가야 하는 땅과 삶은 신기하거나 우렁찬 것이 아니라 매우 평범한 것이다. 주위의 하찮은 것에서 혹은 자신의 범용凡庸한 일상에서 삶의 가치를 발견하지 못한다면 그 삶은 허망하다고 할 수 있다. 보고 듣고 말하며 일어서서 걸을 수 있다는 이 평범한 것들이 바로 진정한 행복이라는 것을 깨닫지 못한다면 그 삶은 아무런 가치가 없다.

　그러기에 나는 여러분에게 봉정사 영산암에서는 그냥 아무 마루나 뜰, 마당가에 걸터앉거나 우화루에 올라가거나 혹은 응진전應眞

殿 툇마루에 오랫동안 앉아 있기를 권한다. 그러다 지겨워지면 응진전 뒤쪽의 산이나 밭, 우화루 앞의 청룡 위로 다니다가 다시 영산암으로 돌아와 자리를 바꾸어 앉아 영산암을 바라보도록 하라. 어느 때 어느 곳이든 좋다. 바라건대 오랫동안 편안히 앉아서 영산암과 이야기를 나누기 바란다. 영산암은 〈달마가 동쪽으로 간 까닭은?〉의 촬영 장소로도 유명하지만 안마당의 바위 위에 있는 멋들어진 반송 한 그루도 볼 만하다.

봉정사 부도

봉정사를 다녀가는 사람들을 크게 두 부류로 나눌 수 있다. 한 부류는 절 구경이 주된 목적인 사람들이고, 다른 한 부류는 등산이 목적인 사람들이다. 물론 두 가지를 함께하는 사람들도 많은데 어떤 목적이든 봉정사와 천등산에 실망하지 않을 것이다. 그런데 대부분의 사람들은 봉정사에 부도가 있다는 것을 알지 못한다. 나 역시 봉정사에 부도가 있다는 이야기를 누구에게서도 들은 적이 없고 책에서도 읽은 적이 없다. 내가 봉정사 부도를 알게 된 것은 얼마 되지 않는다. 나는 아직 부도의 형태만을 보고 그 시대를 짐작하는 능력이 없는데다가 그에 대한 설명도 접해 본 적이 없어 지금도 봉정사의 부도가 누구의 것이며 언제쯤 세운 것인지가 궁금한데, 딱히 그것을 물어 볼 곳이 없어 안타깝다.

영산암을 나와 우화루 앞에 서서 살펴보면 채마밭을 끼고 왼쪽 산으로 올라가는 오솔길이 보이는데 그 길을 따라가면 개목사開目寺를 지나 천등산 정상에 다다른다. 그 가파른 산길을 20여 미터 올라가면 다시 오른쪽으로 보일 듯 말 듯 흔적조차 희미한 길이 있다.

사람이 거의 다니지 않아 겨울이 아니면 찾기조차 쉽지 않지만 유심히 보면 무언가 다닌 길이라는 것을 알 수 있다. 그 쪽으로 10여 미터 가면 각기 완전히 다른 모양이지만 아담하고 예쁜 부도 세 개가 나란히 한 곳에 서 있다.[22]

부도浮屠(浮圖, Buddha)는 부처와 같은 말이다. 즉 불타가 곧 부도이므로 부처를 외형적으로 나타낸 불상이나 불탑이 부도이며 승려까지도 부도라 일컬었다. 그러나 우리 나라에서는 신라新羅(기원전 57~935) 하대부터 승려의 묘탑墓塔을 뜻하는 것으로 그 뜻이 한정되었다. 부도 여러 개가 한 곳에 모여 있는 곳을 흔히 '부도밭' 이라 부른다. 봉정사 부도는 세 개뿐이라 부도밭이라는 이름이 어울릴지 모르겠지만, 나는 '봉정사 부도밭' 이라 부르고 싶다.

스님들이 열반하면 화장으로 육신을 태운 뒤에 남은 유골 즉 사리舍利(śarīra)를 수습하여 사리탑 곧 부도를 세워 사리를 봉안한다. 그런데 유골(사리)을 빻아 물에 흘려 보내거나 산에 뿌리지 않고 땅 어딘가에 부도를 세운다면 당연히 아무 곳에나 세우지 않을 것이다. 즉 풍수적 관념이 있든 없든 나름대로 양명陽明하고 좋은 느낌을 주는 곳을 찾아 부도를 세울 것이다. 이는 지극히 당연한 일이다. 그러므로 풍수학인은 절에 갔을 때 부도가 있는 자리를 유심히 살펴보기 바란다.

---

[22] 1999년 7월부터 봉정사에서는 입장료를 받기 시작했다. 그래서인지 매표소에서 안내문을 주고 절 주변도 열심히 정화하고 있는 중이다. 무성했던 잡목들을 베어 내어 주변의 나무들이 시원하게 모습을 드러내게 되었다. 부도 안내 표지판도 설치했고 부도 주변도 손을 보아 누구나 손쉽게 부도를 찾을 수 있다. 한 가지 건의한다면 경내의 주차장을 제발 없애 주었으면 하는 것이다. 나아가 돈이 아무리 많이 들어오더라도 제발 佛事를 일으켜 봉정사의 절묘한 모습을 해치지 말았으면 한다. 빌고 또 빈다.

풍수사들이 누누이 강조하듯이 '풍수란 땅의 기운을 느끼는 것'이다. 세속적 욕심을 버리고 산 속에서 수도하는 스님보다 더 땅의 기운을 감지하기 쉬운 사람을 나로서는 생각하기 어렵다. 스님들의 수도修道 목적이 물론 지기地氣를 느끼기 위함은 아니겠지만 그냥 다가오는 좋은 땅의 기운을 물리치고 굳이 나쁜 땅에 절을 짓거나 부도를 세울 필요는 없지 않은가? 그래서일까, 스님과 관련된 풍수적 설화는 이 땅의 곳곳에 차고도 넘친다.

나는 스님들을 만나 풍수에 관한 이야기를 해 본 적이 한 번도 없어 딱 부러지게 어떻다고 판단할 수는 없지만 현대 스님들의 땅에 대한 느낌 즉 풍수적 소양에 대해서는 별로 신뢰하지 않는다. 그 이유는 여러 가지가 있지만 지금도 전국 곳곳에서 벌어지고 있는 거대 불사가 그 중 하나다. 무자비하게 산을 헐고 축대를 쌓아 짓는 거대한 불전과 탑은 내 판단으로는 돈을 쏟아 부어 일부러 땅과 절을 망치는 일이다. 그 중에서도 근래에 내가 본 가장 가슴 아픈 현장은 강원도 평창의 오대산五臺山 월정사月精寺 중대中臺에 있는 적멸보궁寂滅寶宮의 불사이다. 아직 공사를 시작하지는 않았지만 계획대로라면 심각한 훼손을 피할 수 없다. 적멸보궁의 풍수적 의미는 이미 널리 알려져 있으므로 여기서 내가 언급할 필요는 없다. 다만 조금의 안목만 가져도 그곳은 더 이상 건드려서는 안 된다는 것을 금방 알 수 있다는 것이다. 가장 바람직한 일은 하늘이 내려주신 특별한 땅을 그냥 그대로 두는 것이다.

부도를 보고 나와 산길을 따라 30여 분 올라가면 오른쪽으로 개목사開目寺가 있다. 봉정사에 대한 이야기만으로도 이렇게 긴 글이 되었으니 개목사의 풍수적 입지에 대해서는 다음 기회로 미루기로 한다. 그러나 풍수학인이라면 개목사와 봉정사를 여러 번 다니면서 계속해서 비교해 보아야 한다. 가까운 거리에 그렇게 좋은 공부 장소가 있다는 것은 우리에게 대단한 행운이다. 개목사도 와혈이므로 두 곳을 비교하다 보면 와혈에 대해 스스로 많은 것을 깨칠 수 있을 것이다. 풍수는 다른 사람의 말이나 글로 배울 수 있는 공부가 아니기 때문이다.

선유암

우화루 앞의 채마밭을 지나 청룡의 등을 타고 내려가면 크고 평평한 바위와 느티나무를 볼 수 있다. 풍수에서는 바위를 땅의 기운인 지기地氣가 뭉친 것으로 본다. 즉 바위의 형태와 위치 및 석맥은 용의 상태를 감별하는 하나의 기준이 된다. 용호에 있는 바위도 바위지만 특히 당판에 있는 돌과 바위는 주의 깊게 관찰해야 한다.

혈이나 당판에 있는 바위를 '요석曜石'이라 한다. 술가들은 요석을 귀貴의 상징으로 보기도 하였다. 그러나 요석도 요석 나름이다. 요석이 아닌 것을 요석으로 착각하는 경우도 많다. 나중에 설명하겠지만, 당판에 인위적으로 여러 가지 석물을 설치하는 것은 자랑스럽다거나 보기 좋다기보다는 오히려 해가 되기 쉽다.

우화루 앞 봉정사 내청룡은 청룡의 기세를 청룡의 등 위에서 직접 느낄 수 있는 곳이며 느티나무 사이로 봉정사의 전경을 볼 수 있는 곳이기도 하다. 대개의 사찰은 자리잡은 땅의 규모가 상당히 크고 사방이 막힌데다가 높은 곳에 자리잡고 있기 때문에 전체의 모습을 보기가 쉽지 않다. 그러므로 풍수학인은 기회를 만들어 사찰 전체를 조망할 수 있는 장소를 찾아보는 노력을 해야 한다. 풍수학인은 반드시 여러 곳을 다녀 보아야 하지만 한 곳을 자세하게 관찰하는 것도 그만큼 중요한 일이다.

한여름에 우화루 앞 청룡의 등 위에서 시원한 바람을 맞으며 편하게 앉아서 쉬는 기분은 그만이다. 어디쯤에 앉아서 쉬어야 할지는 가서 보면 금방 알 수 있다. 언제 봉정사에 가거든 그 바위에 앉아 쉬면서 바위에 새겨 놓은 '선유암仙遊岩'이란 글자를 찾아보기 바란다. 자기 이름을 새겨 바위를 훼손하는 암각서巖刻書는 역겹기 짝이 없지만, 삶의 자취와 생활의 멋과 꿈을 나타낸 암각서를 만나보는 정취는 참으로 각별하다.

아무려나, 신선이 어디 저 세상에 따로 있을소냐? '마음 자리' 털어 내면 내가 곧 신선이고, 여기 이곳이 바로 선계仙界이니 우리 모두 신선이 되어 노닐어 보자. 앞 신선이 노닐던 이곳 선유암에서!

장풍국

봉정사는 장풍국藏風局의 명당이다. 풍수란 '장풍득수藏風得水'의 줄임말이라는 것이 정설이다. 국局이란 씨름판처럼 어떤 일을 할 수 있는 '판'이다. 보국保局이 이루어진 명당을 크게 두 가지로 나눌 때는 '장풍국'과 '득수국'으로 분류한다. 장풍국은 '바람을 갈무리한 일정한 구역'이라는 뜻으로, 여름에는 시원하고 겨울에는 따뜻한 기후를 간직한 땅을 형용하는 풍수적 표현이다. 즉 사람이 거처하기 좋은 땅의 형태를 한마디로 압축하여 나타낸 것이다. 그러한 곳은 외부의 기후 변화에 급속히 반응하지 않고 일정한 상태의 기온을 유지하기 때문에 외기外氣의 침범이 상대적으로 적어서 사람을 비롯한 온갖 것들이 건강하게 살기 쉽다.

우리가 흔히 쓰는 배산임수背山臨水란 표현이 바로 장풍국을 의미하며, 이는 또한 우리 나라 마을의 일반적 입지 조건을 나타내는 적확的確한 표현이기도 하다. 득수국에 대해서는 득수국의 땅을 소개하는 곳에서 살펴보도록 하자.

교쇄명당

『인자수지』에서는 수많은 장풍과 득수의 땅을 아홉 가지 형태로 나누어 「명당길격구식明堂吉格九式」에 정리해 놓았다. 여기서 제1식이 '교쇄명당交鎖明堂'으로 이것은 전형적인 장풍국인데, 봉정사 형국과 정확히 일치한다. 먼저 『인자수지』에 나오는 교쇄명당의 그림과 설명을 살펴본 뒤 봉정사와 비교해 보자.

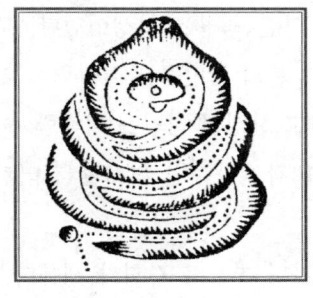

◀ 교쇄명당도

교쇄란 명당 중에 양변사兩邊砂가 교쇄(서로 엇갈리게 막는 것)한 것을 말한다. 경經에서 "명당은 주름과 같이 왼쪽으로 맺히고 오른쪽으로 맺혀야 귀하니, 혹 산각山脚(산의 가지)이 전롱田壟(밭과 언덕)과 더불어 이같이 관란關攔(빗장처럼 막는 것)되면 참으로 기쁜 일이다"라 하였고, 또 "뭇 물이 모이는 곳이 곧 명당이니 좌우가 엇갈려야(交牙) 지기를 가둘 수 있으므로 진실로 귀하게 된다"고 하였으니, 교쇄는 매우 귀한 형국이라 하겠다.

처음 『인자수지』를 보았을 때 나는 책의 그림과 설명을 도저히 이해할 수 없었을 뿐 아니라 무엇을 취하고 버려야 할지 전혀 감을 잡을 수 없었다. 더욱이 산을 그린 명당도를 볼 때는 '이것은 사기다' 라는 생각만 들었으니 다른 풍수 책은 말할 필요도 없다.

직접 현장에서 보는 산의 모습은 책과 닮은 구석이 조금도 없었다. 아무리 눈을 크게 뜨고 유심히 살펴보아도 지금 우리가 보고 있는 교쇄명당 비슷한 곳도 찾을 수 없었을 뿐더러 도대체 산이란 것이 그림처럼 생겨먹지를 않았다. 그럼에도 불구하고 포기하지 않고 버틴 것은 거의 오기에서였다.

'분명히 무엇인가는 있다! 그렇지 않다면 어떻게 그 오랜 세월 동안 풍수가 인간 삶에 영향을 끼치면서 오늘까지 살아 남을 수 있단 말인가?' 라는 생각에 흡사 미친놈처럼 산을 쏘다녔다. 믿음이 흔들리고 절망스러울 때마다 힘을 주신 분은 최창조 선생이었다. 모든 풍수 책을 사기라고 치부하더라도 그 분의 글만큼은 설득력이 있었으며, 계속해서 책을 펴내는 것을 보고 선생의 신념을 이해할 수 있었다. 나아가 선생의 사회적 지위를 감안한다면 회의할 건더기는 아주 없는 것이나 마찬가지 아닌가.

지금 봉정사 명당도를 그리고 있자니 참으로 감회가 새롭다. 바라건대 풍수학인은 대다수 엉터리 풍수 책을 보고 미리 겁을 먹거나 사기라고 지레짐작하지 말고 꾸준히 정진하기를 바란다. 명당도를 이해할 수 있다면 풍수 공부는 그야말로 '순풍에 돛단배' 라 할 수 있다.

명당도明堂圖는 사람을 그리는 데 비유하면 옷은 없고 피부와 살도 생략한 채 골격만을 그린 것인데, 그 뼈도 불필요한 부분은 과감히 생략하고 또 필요한 부분은 과장한 그림이다. 예를 들면 엑스레이 사진과 비슷하지만 그보다 훨씬 더 생략되어 있다고 생각하면 된다. 그러나 엑스레이 사진은 직접 골격을 볼 수 있지만 초심자가 명당도를 들고 현장에 가더라도 보이는 것은 어지러운 여러 갈래의 능선과 구릉뿐이다.

더구나 일반적인 명당도는 풍수 공부에 별 도움이 되지 않는다. '일정한 지역을 나타낸 명당도'를 가지고 현장에서 확인하는 것이 가장 좋지만 그런

▲ 〈봉정사 교쇄명당도〉

좋은 명당도를 만나기란 쉽지 않다. 명당도를 보고 처음부터 대번에 알 수 있으리라고 기대하는 것은 지나친 욕심이다. 포기하지 말고 계속 답산踏山하다 보면 서서히 주룡主龍과 호위룡護衛龍, 빈룡賓龍을 구별하게 되고, 나아가 간룡幹龍과 지룡支龍 및 용의 사활과 강약의 상태도 느낄 수 있을 것이다.

위의 〈봉정사 교쇄명당도〉는 내가 중앙고등학교 김만동金晩東 선생의 손을 빌려 그린 그림이다. 그런데 이 그림을 들고 봉정사에 간 사람들은 봉정사 주위의 형태가 이 그림과 전혀 닮지 않았다고 말할 것이다. 그것은 어쩌면 당연하다. 그러나 여러분은 내가 그림을 엉터리로 그려 놓고 사람을 현혹시켰다고 비난하지 말고 여러 번의 답산을 통해 이 그림과 현장이 비슷하다고 생각될 때까지 노력하기를 바란다. 나는 앞으로 답사하는 곳을 가능하면 명당도로 남기도록 노력할 것이다.

지금까지 나는 누누이 봉정사를 '천하의 명당'이라 극찬했다. 그것은 안동에 이렇게 훌륭한 곳이 있는데도 불구하고 아무도 그 땅의

진면목을 말한 사람이 없었기 때문이다. 그러나 결점이 없는 땅은 없는 법이며, 또한 내가 생각하는 진정한 명당은 봉정사 같은 곳이 아니다. 이렇게 독자들과 풍수 여행을 함께하다 보면 내가 생각하는 진정한 명당이 어떤 곳인지 말할 기회가 있을 것이다.

이제 우리의 봉정사 풍수 여행이 거의 끝날 때가 되었다. 아쉬운 점도 있지만 그것은 다른 곳에서 채우기로 하고, 봉정사와 같은 장풍藏風·환포環抱·교쇄交鎖의 땅이 갖고 있는 문제점에 대해서는 최창조의 『한국의 풍수지리』(민음사, 1993)에서 알아보도록 하자.

장풍국은 산세가 환포環抱 위요圍繞하여 편안하고 안온함을 주는 것은 분명하지만, 그런 터가 항용 갖기 쉬운 시공적 단절감 때문에 잘못하면 아집과 독선 나아가서는 권위주의적 의식을 고취할 우려가 다분하다.

천등산 봉정사

우리가 절 이름을 부르거나 기억할 때 절 이름만을 기억하고 부르는 것이 아니라 대체로 그 절이 있는 산 이름을 같이 말하게 된다. 다시 말하면 봉정사라고만 하지 않고 봉정사가 있는 산 이름을 포함하여 '천등산 봉정사'라고 한다. 그래서 마치 산과 절이 하나인 듯이 느끼게 된다.

왜 그럴까? 그 절이 그 산에 있기 때문일까? 아마도 그럴 것이다. 다시 말해 산과 절이 서로 떨어질 수 없을 정도로 밀접한 관계를 맺고 있기 때문일 것이다.

그렇다면 그 밀접한 관계의 실질적 내용은 무엇인가? 여러 방면에서 말할 수 있겠지만 아무래도 산과 절이 서로 맺고 있는 '관계'가 가장 중요한 내용일 것이다. 어느 절이 어떤 산에 있다고 할 때, 그 산 전체로 보아 절이 있는 자리의 중요성은 어떠한가 즉 절이 자리잡고 있는 땅이 그 산에서 어떤 곳인가 하는 것이 절과 산의 관계를 규정하는 핵심인 것이다.

각자 상상을 해보자. 돈에 전혀 구애받지 않고 산도 내 마음대로 골라서 절을 짓는다고 가정을 해보자. 먼저 자리를 잡아야 한다. 어느 산, 어느 곳에 지을 것인지를 결정해야 한다. 어떤가? 어떤 기준으로 한 장소를 선택할 것인지 절이 들어설 자리를 선정할 자신이 있는가?

생활의 목적에 맞는 땅을 선택하는 기준이 지리地理이다. 그러므로 지리적 사고는 누구나, 언제, 어디서나 하는 인간의 보편적 사고방식이다. 풍수는 지리에 '풍수적 사고'가 더해진 것이다. 지리적 사고가 땅을 쓸모 즉 효용성의 관점에서 바라본다면 풍수적 사고의 핵심은 땅을 살아 있는 생명으로 대하는 것이다. 그리하여 궁극적으로는 땅과 땅 위의 것들이 조화롭게 함께 사는 방법을 추구하는 것이다.

〈봉정사 지형도〉를 보면서 천등산과 봉정사가 어떤 관계이기에 '천등산 봉정사'로 불리는지를 짐작해보고 나아가 봉정사를 답사하면서 땅과 봉정사가 함께 살고 있다는 사실을 느끼기 바란다. 아울러 선인이 어떤 안목으로 땅을 골랐으며 그 땅에 어떤 집을 어떻게 지어 집과 땅과 자연이 하나가 되어 있는지를 깨닫기 바란다. 봉정사와 같은 절은 결코 흔하지 않기 때문이다.

〈봉정사 지형도〉

천등산과 봉정사가 어떤 관계인지 〈봉정사 지형도〉를 통해 살펴보도록 하자. 〈봉정사 지형도〉는 축척縮尺 1:5,000 지도를 조금 축소하여 등고선과 필요한 부분을 그린 것이다. 우선 지형도를 보기 위해서 기본적으로 알아야 할 점은 등고선과 능선 그리고 계곡이다.

등고선은 표준이 되는 바다 표면으로부터 같은 높이에 있는 지점들을 연결한 곡선이다. 그러므로 등고선을 살펴보면 지형의 높낮이와 기본적인 형태를 알 수 있다. 즉 등고선 사이가 좁아서 빽빽한 부분은 경사가 급한 지점이고 반대로 등고선 사이가 넓은 부분은 평평한 지점이다. 등고선은 주곡선과 간곡선으로 나뉜다. 어떤 축척의 지도이든 주곡선과 간곡선의 사이는 다섯 칸이며 주곡선은 조금 굵게, 간곡선은 주곡선보다 가늘게 되어 있다. 1:5,000 지도의 등고선 한 칸은 실제 땅에서의 5미터 높이 차이를 나타낸다.

능선稜線은 산의 봉우리에서 봉우리로 이어지는 산등성이의 선이다. 지도에서는 등고선이 산의 정상 쪽에서 아래로 내려오는 형태를 띠는데 〈봉정사 지형도〉의 A에서 B로 이어지는 흐름이 바로 능선이다. 능선은 산줄기의 가장 높은 부분으로 하나의 능선은 양쪽에 두 개의 계곡을 거느린다.

계곡은 물이 흐르는 골짜기로 산의 가장 낮은 부분이며 등고선이 산의 정상 쪽으로 올라가는 형태를 나타낸다. 〈봉정사 지형도〉에서 점선으로 표시된 부분과 같은 곳이다. 두 개의 능선 사이에 한 개의 계곡이 있다. 나머지는 지도를 살피다보면 저절로 알 수 있다.

〈봉정사 지형도〉를 살펴보면 봉정사와 천등산이 글자 그대로 한 마음 한 몸의 일심 동체라는 사실을 실감할 수 있다. 천등산은 자신의 가장 순수한 기운을 오직 봉정사 혈장穴場을 향하여 힘차게, 정

▲ 〈봉정사 지형도〉

말로 힘차게 불어넣는다. 이는 천등산 정상에서 A, B를 거쳐 봉정사로 들어오는 등고선 즉 능선의 형태에서 한눈에 알아볼 수 있다.

이렇게 혈처로 들어오는 산줄기의 흐름을 '내룡來龍'이라고 한다. 내룡이 변화하면서 혈장으로 들어오는 과정이 바로 용이 혈처로 머리를 들이민다는 뜻의 '입수入首'이다. 입수에 대해서는 나중에 상술하기로 한다. 봉정사 내룡은 너무 큰 까닭에 실제 봉정사에서는 거의 살필 수가 없다. 하지만 등고선 지도를 보면 내룡의 흐름과 힘을 느끼고도 남음이 있다. 봉정사 내룡처럼 힘차게, 곧바로 혈장으로 들어오는 용을 가리켜 '입수오격入首五格' 혹은 입수육격 중 '직룡입수直龍入首'라 한다.

1:5,000 지도를 자주 보게 되면 와혈이 형성되는 내룡의 모습을 짐작할 수 있다. 봉정사 내룡은 옆으로 넓다. 다시 말하면 능선이 넓적하게 내려온다. 유혈乳穴이나 돌혈突穴의 능선은 반대로 좁게 내려온다. 물론 땅의 규모에 따라 그 사실을 느끼기 힘든 곳도 있지만 작은 절이나 집터, 산소 같이 좁은 자리는 선명하게 구분할 수 있다. 앞으로 자주 볼 기회가 있으므로 유심히 그 차이를 기억하기 바란다.

봉정사 내룡이 봉정사에 가까이 오면서 기운을 옆으로 펼쳐 자리를 넓게 잡으니 절이 들어설 수 있는 공간이 형성된다. 그 공간이 좁으면 대개 묘터가 된다. 천등산이 만든 혈처에 봉정사가 자리잡고 있는 모습을 가만히 들여다보면 천등산과 봉정사의 관계가 어떠한지 알 수 있을 것이다. 천등산과 봉정사는 하나다. 천등산이 용이라면 봉정사가 바로 용의 '여의주'인 것이다. 천등산의 여의주, 그곳이 바로 천하의 명당 즉 봉정사이다. 천등산이 봉황이라면 봉정사가 바로 봉황이 품고 있는 알이라는 느낌이 들지 않는가?

봉정사 당판을 중심으로 점선으로 표시된 것이 물길이다. 두 개의 물이 봉정사 앞에서 합수合水하여 수구水口를 이루고 있는 모습이 선명하다. 합수처가 수구인데 수구의 안쪽이 내명당이다. 수구가 당판 가까이 형성되는 것은 당판을 호위하는 용호가 당판의 앞 가까운 곳에서 서로 교차하면서 막고 있다는 뜻이다. 이렇게 된 곳이 바로 '교쇄명당'이다. 그러므로 수구가 잘 짜여져 있는 안쪽에 지기가 갈무리되어 있다고 판단할 수 있다.

개목사 좌우의 능선인 a와 b가 바로 와혈의 현릉弦陵이다. 실제 개목사에 가서 보면 더욱 확실하게 느낄 수 있겠지만 지도의 능선에도 선명하게 나타난다. 그러므로 봉정사 내룡의 B 지점에서 양쪽으로 나뉘어 들어오는 현릉을 짐작할 수 있는데, 왼쪽은 계곡으로 빠졌지만 오른쪽은 당판과 함께 있다.

영산암이 자리한 곳을 보면 영산암 뒤쪽으로 천등산의 또 다른 내룡 하나가 힘있게 들어오는 모습을 볼 수 있다. 그 내룡이 봉정사의 내청룡內靑龍이다. 자세하게 설명한다고 좋은 것만은 아닐 것이다. 나머지는 각자 〈봉정사 지형도〉를 보면서 마음껏 상상의 날개를 펼쳐보기 바란다.

안동팔경

안동의 산천과 인물, 역사에 조금씩 눈떠 갈 무렵, 궁금했던 것 중의 하나가 안동팔경安東八景이다. 소상팔경瀟湘八景 중 소상야우瀟湘夜雨를 흉내내어 친구의 아호를 도우陶雨라고 지을 때 나는 막연하지만 이황이 도산팔경陶山八景을 읊어 놓았을 것이라는 확신에 찬 기대를 갖고 있었다. 그러나 도산팔경은 없었고, 또한 어느 책에서도 안동팔경을 찾을 수 없었다.

"아니, 이 유구한 안동에 정말로 그 흔한 팔경이 없단 말인가?"

매우 섭섭한 상태로 몇 해를 지내다가 미천眉川 안상학安相學 시인[23]으로부터 안동팔경이 있다는 이야기를 들었다. 안상학은 자신이 알고 있는 안동팔경이 대산大山 이상정李象靖(1711~1781) 선생의 고산서원高山書院 쪽에서 나온 듯하다고 말했는데 아무튼 나로서는 반가운 이야기였다.

안상학이 알려준 안동팔경은 선어모범仙魚暮帆, 귀래조운歸來朝雲, 서악만종西岳晩鐘, 임청고탑臨淸古塔, 학가귀운鶴駕歸雲, 연미세우燕尾細雨, 도산명월陶山明月, 하회청풍河回淸風이다. 즉 선어대에 오르내리는 저녁 배, 귀래정의 아침 구름, 서악사의 저녁 종소리, 임청각과 전탑, 학가산으로 몰려드는 구름, 연미원의 봄비, 도산의 밝은 달, 하회의 맑은 바람이 바로 그것이다.

안동팔경에서 귀래정·서악사·임청각·전탑은 모두 남아 있지만 주위의 경관이 워낙 바뀌어 옛 정취를 찾기는 쉽지 않으니, 예나 이제나 사람이 만든 것을 지키기란 어쩌면 허망한 도로徒勞인지도 모를 일이다. 그 뒤 나는 안동팔경을 읊은 한시도 알게 되었다.

선어대 아래에서 은어는 살찌고(暮帆)	仙魚臺下銀魚肥,
귀래정 위에는 흰 구름 노니누나.(朝雲)	歸來亭上白雲遊.
서악사에서는 어제도 즐겁더니(晩鐘)	西岳寺樓前日樂,
임청각에서는 옛적이 시름겹다.(古塔)	臨淸閣軒古時愁.
학가산 그늘은 세 고을에 드리우고(歸雲)	鶴駕山影照三郡,

---

[23] 1962년 경북 안동 출생. 1988년 『중앙일보』 신춘 문예에 시 「1987년 11월의 新川」이 당선. 시집으로 『그대 무사한가』, 『안동소주』가 있다. 眉川은 안동시 남후면 高山書院 앞을 흐르는 시내로 그의 아호이기도 하다.

연미원 이름은 만세토록 이어지네.(細雨)	燕尾院名傳萬秋.
병산 앞에는 송죽이 푸르고(河回淸風)	西厓祠前松竹綠,
도산 아래는 강물이 흐른다.(陶山明月)	退溪門下洛江流.

옛 사람들이 팔경을 정하고 시를 짓듯이 안상학은 안동팔경에 한 수씩 시를 제題했다. 그가 읊은 안동팔경 시[24]는 곧 그의 시집에 실리게 될 것이다. 나는 앞으로 기회가 닿는 대로 안상학의 시를 자주 인용할 것이다.

봉정팔경

의욕과 욕심이 지나치면 대개의 경우 실수를 저지르게 된다. 그때의 실수란 대체로 자신의 능력을 헤아리지 못한 채 일을 크게 벌여 수습 불능의 상황을 만드는 것이다. 나는 지금 그런 실수를 하려고 한다.

옛 사람들은 자기가 사는 곳 주변의 산천과 사물의 아름다움을 발견하고 천지와 함께한 정취를 기리는 글이나 시를 남겼다. 나는 문재文才가 없어 시를 쓸 수는 없지만 봉정사와 함께 나눈 정을 잊을 수 없어 천학비재를 무릅쓰고 고인의 흉내를 내어 '봉정팔경鳳停八景'을 정했다. 그것은 이제 안동 사람들에게조차 희미해진 안동팔경에 대한 안타까움 때문이기도 하다.

지금 안동 땅, 선어대에는 줄잡고 건너는 배만이 '얼음 속의 정박'으로 남아 무심한 차창 밖의 풍광으로 떠 있고, 흰 구름 노닐던 귀래정의 자태는 차라리 참담할 뿐이니 누가 있어 귀래정에서 다시

---

[24] 안상학의 홈페이지에 안동팔경 시가 실려 있다.(http://sangang.andong.net)

옛날의 그 영광을 볼 수 있으리오. 서악사에서도 더 이상 저녁 종소리 들리지 않고, 임청각은 하반신이 잘린 채 가까스로 앉아 있는데, 고탑은 왜놈 기찻길에 자꾸만 흔들린다. 영원할 것 같던 학가산도 정수리에 비수를 꽂은 채 신음하면서 돌아온 구름과 함께 울부짖는다. 오직 저녁놀 속에서 제비원 미륵만이 그나마 홀로 그윽한데 이황, 유성룡 두 분의 가르침은 오늘 이 자본의 땅에 어떤 의미로 남아 있는가?

　안동팔경을 보면서, 봉정사와 나눈 느낌을 정리해야겠다는 심정으로 '봉정팔경'을 정했으니 송야천등松夜天燈, 창암명옥蒼巖鳴玉, 노시만추老柿晚秋, 덕휘대웅德輝大雄, 현릉극락弦陵極樂, 영산모설靈山暮雪, 우화세우雨花細雨, 지조연하知照煙霞가 그것이다.

　이 글을 읽어 온 사람은 그 뜻을 대강 짐작할 수 있을 것이다. 내가 정한 봉정팔경을 차례대로 해석하면 송야천에서 바라보는 천등산, 명옥대의 푸른 바위와 맑은 물, 늦가을 봉정사의 늙은 감나무, 덕휘루에서 보는 대웅전, 현릉에서 내려다보는 극락전, 영산암의 늦은 눈 구경, 우화루의 봄비, 지조암의 이내와 노을이다. 나는 언젠가 안상학이 봉정팔경도 시로 읊으리라는 것을 예감하고 있다. 바라건대 나도 생을 끝내기 전에 봉정팔경에 한 수씩이나마 한시漢詩를 제할 수 있도록 열심히 배우리라.

천하 명당 봉정사

　나는 이제 잠시 봉정사를 떠난다. 그러나 언제 어느 때든 봉정사와 나는 한몸이다. 안상학의 시 한 수를 감상하면서 봉정사에서 다시 만나기를 기약하자. 봉정사는 천하의 명당이다.

겨울 봉정사 가는 길에는
새 한 마리 날지 않았다.
세상에 움직이는 것이라곤
내리꽂히고 쌓이는 진눈깨비뿐
흐르던 물도 얼어붙어 있었다.
갈잎을 흔들어대던 바람도
앙상한 가지 사이사이에 잠들어 있었다.

절 마당에는 스님이 보이지 않았다.
발자욱 끊긴 곳에는 흰 고무신
한 켤레 진눈깨비에 젖어 있을 뿐
따뜻한 입김은 어디에도 없었다.
다만, 눈비 긋고 선 극락전 처마 밑
한참을 가다리고 선 끝에
낙숫물 거슬러 날아오르는
맞배지붕보다 더 큰 날개를 가진
새 한 마리를 보았을 뿐이었다.

다시 세상으로 나가는 길이 보이기 시작했다.[25]

---

25) 안상학, 「봉정사」, 『안동소주』(실천문학사, 1999).

2. 가일
― 이름처럼 아름답고 밝은 땅

꿈속의 고향

쉰이나 예순 고개를 넘긴 분들에게 여생을 보내며 살고 싶은 곳을 그려보라고 하면 어떤 모습을 그릴까? 문화적 혜택과 문명의 편리함을 만끽하는 도시적 삶일까, 아니면 바람과 물과 나무와 함께하는 전원적 삶일까? 나는 후자를 좋아하지만 그 모습을 구체적으로 묘사해보라고 한다면 좀 난감할 것 같다.

우선 떠오르는 모델은 당연히 내 고향이다. 그러나 내 고향을 모델로 삼기에는 몇 가지 단점이 있다. 나는 그 단점을 보완하여 이상적 삶터를 상상해보려 하지만 그것이 그리 쉽지만은 않다. 내 상상력의 빈곤을 탓해야겠지만, '꿈속의 고향'을 설계하는 일은 생각처럼 간단한 일이 아니다.

최창조는, 전북대학교 지리교육학과 학생들이 50세 이상의 남녀 50명 가량을 대상으로 "귀하는 모든 조건이 갖추어진 상태라면 어디에서 살기를 가장 원하십니까?"라는 설문 조사를 한 결과에 자신의 생각을 보태어 '이상향'의 모습을 그려냈다. 그가 그려낸 이상향은 그의 답사 기록에서 형태를 바꿔 가며 자주 인용된다. 다음 글은 최창조의 저서 『좋은 땅이란 어디를 말함인가?』에 표현된 이상향의 내용인데, ( ) 안에 풍수 용어를 추가하여 이상적 마을이 지닌 풍수적 의미를 드러내 보았다.

마을 뒤로는 겨울의 모진 바람, 눈보라를 막아 주는 수려한 산이 우뚝 솟아 있다. 그러나 그 산(主山, 玄武)은 결코 위압감을 주지 않는 부드러움을 간직하고 있다(玄武垂頭). 그 산기슭, 경사가 급하다가 완만하게 바뀌는 곳(剝換, 龍節)에는 조상들을 모셨다. 돌아가신 조상들은 자기 자손들이 사는 마을을 언제나 굽어보고 있다(同氣感應). 마을 좌우로는 고만고만한 봉우리의 산(靑龍, 白虎)들이 병풍처럼 둘러싸(環抱, 圍繞) 온화하기 이를 데 없다(藏風局). 마을 앞 텃밭(內明堂)을 지나면 질펀한 논밭이 펼쳐지고(外明堂) 그 가운데 동동산이라고 부르는 장난감 같은 동산(案山)이 있다. 마을 앞쪽 멀리로는 비단 장막을 펼친 듯 빼어난 산(朝山)이 가물거리고 그 산 아래로는 큰 강(外明堂水)이 흘러 가뭄에도 그칠 줄을 모른다(背山臨水, 山河襟帶). 동구 밖 마을길은 이리 틀고 저리 휘어(內外龍虎) 지루하지 않고, 정자나무(洞藪)는 동동산에 가려 몸체를 드러내는 천박스러움이 없다. 여기에 미운 놈 없이 살아가는 마을이 고향, 즉 이상향이다.[1]

위의 글을 읽으면 머릿속에 아주 평화로운 그림 한 폭이 펼쳐진다. 그 그림 속에 어릴 적 뛰놀던 일들이 고스란히 추억으로 담겨 있는 사람에게 있어 '이상향'이란 바로 사람과 땅이 하나 되어 사는 곳임을 알 수 있다. 그곳은 우리가 살았고 지금도 살고 있으며 노력한다면 앞으로도 살 수 있는 곳이다.

이상적인 삶터의 모습은 풍수 용어로 간결하고 선명하게 표현할 수 있다. 과거에는 풍수적 사유 방식이 일반적이어서 굳이 풀어쓰지 않더라도 사람들이 쉽게 이해할 수 있었지만, 이제 풍수 용어는 일반인에게 낯선 것이 되었다. 그래서 최창조는 풍수적 소양이 없는 사람들을 위하여 명당의 입지적 조건을 일상 용어로 풀어 쓴 것이다. 일상적인 말로 표현된 산천이나 마을의 모습을 풍수 용어로 정확하게 대체할 수 있다는 것은 풍수적 사고 방식으로 산천을 파악하는 것이 바로 우리네 일상적 생활이었음을 의미한다.

내가 매일 보고 밟는 산과 강, 길과 마을의 모습을 풍수적 느낌과

---

1) 최창조, 『좋은 땅이란 어디를 말함인가?』(서해문집, 1990). 인용문의 괄호 안은 필자의 견해이다.

용어로 이해하는 것이 바로 풍수 공부이다. 바둑에는 바둑 용어가, 음악에는 음악 용어가 있듯이 모든 공부에는 그 공부에 사용되는 특별한 용어가 있다. 그러한 용어의 의미를 이해하는 것이 그 공부의 시작이요 끝이다. 불과 얼마 전만 하더라도 풍수는 상식이었는데, 이제는 '과학이라는 미신'에 밀려 이상한 지식으로 치부되고 있다. 하지만 우리 한국인에게 풍수는 상식이다. 풍수가 우리의 상식이었고 또 상식임을 증명해 보기로 하겠다.

성조가

성조가成造歌는 노동요勞動謠로서 집을 지을 때 부르는 노래이다. 집을 지으려면 먼저 집을 지을 자리를 정해야 한다. 이어서 터를 닦아야 하는데 터를 닦는다는 것은 곧 집터를 다진다는 말이다. 집터를 다지려면 많은 사람의 힘이 필요하다. 일례로 '달고'라고 하는 무거운 나무토막에 끈을 달아 여럿이 함께 들어올렸다가 일정한 땅에 쿵 하고 놓아야 할 때가 있다. 그러기 위해서는 일하는 사람들끼리 마음과 박자가 맞아야 한다. 그래서 일손을 맞추기 위해 노래를 부르는데 그것이 바로 노동요이다.

> 천하 명기明基 생길 적에/ 태백산 나린 용이/ 소백산에 기봉하여/ 소백산에 나린 용이/ 주마산 떨어져서/ 명승지가 되었구나./ 이 명당에 터를 닦고/ 초가삼간 지을 적에.

일하면서 부르는 노래가 갖추어야 할 조건은 무엇인가? 아마도 세 가지 정도로 요약할 수 있을 것이다. 첫째, 일의 성질과 노래의 가사가 맞아야 하고 둘째, 어려우면 안 되며 셋째, 누구나 공감할 수 있어야 한다. 그러므로 노동요에는 당시 일반 백성의 생활 양식과 사고 방식이 들어 있다. 성조가는 집터를 다질 때 부르는 노래이므로 당연히 집터에 관한 가장 대중적이고 일반적인 생각이 녹아 있을 것이다.

우리 민족에게 있어 살기 좋은 땅 즉 마을과 집터를 가리키는 말은 이상향이 아니라 '명당'이다. 명당 마을과 집터는 어떻게 형성되는가? 성조가를 보라. 다른 설명이 필요없다. 성조가에는 풍수적 관념이 확연히 드러나 있다. 그렇다면 어떤 자리가 명당이고, 명당 터에 집을 지으면 어떻게 되는가? 다음을 살펴보자.

이 터에다 집을 짓고/ 백호 청룡 둘러놓고/ 건너 봉은 학자봉이요/ 학 두 쌍이 노닐 적에/ 한 날개 툭툭 치면/ 이리 만석, 저리 만석이요.

이 댁 성주를 둘러보니/ 대명기지大明基地가 분명쿠나/ 한편을 바라보니/ 노적봉이 비쳤으니/ 거부 장자 날 자리요/ 또 한편을 바라보니/ 문필봉이 비쳤으니/ 대대 문장 날 자리요/ 또 한편을 바라보니/ 동자봉이 비쳤으니/ 만고 영웅 날 자리요/ 또 한편을 바라보니/ 장군봉이 비쳤으니/ 오호대장 날 자리요.

성조가는 집을 지을 때 부르는 노래이다. 그러므로 집을 짓는 과정과 해야 할 일이 노랫말 속에 자세하게 들어 있다. 터 고르기, 터 다지기, 재목 마련하기, 나무 깎기, 기둥 세우기, 목수 고르기, 집의 겉모습, 평면 형태, 방위, 터주 등등.

오늘날에는 성조가를 부르며 집을 짓는 곳은 없다. 그러나 우리가 전통 마을을 살펴볼 때는 마을이 위치한 입지 즉 풍수와 집을 앉힌 자리인 방위를 염두에 두고 보아야 한다. 그것들은 아무 뜻 없이 그 자리에 있는 것이 아니라 나름의 의미와 가치를 가지고 있다. 그리고 그 의미와 가치 중 일부분은 고스란히 풍수에 담겨 있다. 그런데 성조가에 나오는 것처럼 명당은 발복發福하는가? 이 문제는 뒤에서 자세하게 설명할 기회가 있을 것이다.

풍산들

안동에서 이상적인 마을의 형태를 잘 갖추고 있는 곳은 어디일까? 나는 풍천면豊川面 가일 마을을 첫째 손가락에 꼽는다. 봉정사에서 나와 34번 국도를 따라 예천 쪽으로 10여 킬로미터쯤 가면 풍산읍豊山邑에 이른다. 풍산읍 우회도로의 왼쪽에서 보이기 시작하는 들판이 옛날 안동 사람들이 세상에서 제일 넓은 들로 여겼던 풍산들이다.

개화기 때의 일이다. 안동 양반이 자식을 서울로 유학 보냈는데, 방학을 맞아 고향에 온 아들이 아버지에게 말했다.
"아베요! 시상에요, 서울 가서 보이께네 풍산들보다 더 너른 데가 쎘디더."
"야가 뭐라카노? 풍산들보다 더 너른 들이 쌔빌렜다꼬? 이놈아 거짓뿔하지 마라."
"정말이시더. 풍산들보다 훨씬 더 넓은 들도 있니더. 김포만 가도……."
"예끼, 이놈아! 시상에 풍산들보다 더 너른 들이 어데 있다꼬 그카노.. 공부하라꼬 멀리 보내 노이께네 하라는 공부는 안 하고 거짓뿔만 살살 늘어가꼬 안 되겠고만. 핵교 때려 치아라, 고마."
"하이고, 아베요……."

안동 사람의 견문 적음과 고지식함에 보태어 그들의 자존심을 말할 때 자주 듣게 되는 이 이야기는 어쩌면 사실이었을 것이다. 그 점

▲ 가일 지도

을 풍자하는 이야기도 함께 전해진다.

　전라도의 어느 부자父子가 안동에 왔다가 풍산들을 보았다. 아들이 말했다.
"아버지, 여기에도 제법 들 같은 게 있네요."
"그래, 우리 집 모판만 하구나."

　모판만한 풍산들을 따라 나 있는 우회도로를 타고 가다 보면 그 끝에서 하회 마을로 가는 네거리 신호등을 만나게 된다. 신호등에서 좌회전하여 하회 마을 쪽으로 가는 916번 지방도는 방죽길로 시작되는데, 방죽 위에서 왼쪽으로 내려다보이는 풍산들은 들판다운 맛을 느끼게 해준다. 방죽길을 따라 펼쳐지는 넓은 들은 소산교

▲ 풍산들과 화산

素山橋를 건넌 뒤에도 왼쪽으로 길게 이어진다. 가을에 벼가 누렇게 익어갈 즈음 이 길을 가다 보면 풍산의 '풍'이 왜 풍족할 '풍 豊' 자인지를 실감할 수 있다. 이때의 풍산들을 보면 누구나 넉넉한 마음을 갖게 될 것이다.

나는 벌써 몇 해째, 가을이 되면 단풍 구경은 제쳐두고라도 우선 풍산들로 달려갔다. 시월 한 달 동안 풍산들은 나날이 그 색깔과 모양이 새로워지는데 중순이 되면 그야말로 황금빛 일색이 된다. 갈대가 무성한 방천을 따라가다가 들 가운데 농로로 들어서면 세상이 온통 황금으로 바뀐다. 나는 황금의 땅에서, 황금의 몸으로, 황금의 마음이 되어 세상에 무엇 하나 부러울 것 없는 풍족한 사람이 된 기쁨을 맘껏 누린다.

소산교를 건너자마자 바로 오른쪽으로 보이는 마을이 안동에서 소산 김씨로 통용되는 안동 김씨의 세거지世居地 중 하나인 소산동 素山洞이다. 이 글 뒤에서 이곳의 유혈乳穴 산소와 돌혈突穴 정자를 한꺼번에 구경하며 소산에 관해 자세하게 설명할 기회가 있으니, 지금은 소산동의 위치만 눈에 익혀 두고 곧장 가일로 가자.
　소산동을 지나면서 길의 바로 왼쪽으로부터 멀리까지 들판이 펼쳐지는데 들판의 끝에는 수려한 산이 시선을 편안하게 막아준다. 그 산이 하회河回의 주산인 화산花山(321m)이다. 언뜻 보아도 아주 단정하고 아름다워 마치 한 송이 꽃을 보는 듯하다. 가일의 주산인 정산井山(300m)에 올라서 내려다보는 화산과 풍산들의 경치는 가히 일품이다.
　소산교에서 우리의 목적지인 가일까지는 2.5킬로미터쯤 된다. 이 5리 남짓한 길에서 보는 풍산들이 가장 풍산들답다. 들길의 끝쯤에서 오른쪽으로 굽어 가일로 들어가는 마을 진입로는 가벼운 오르막으로, 차도에서는 마을의 모습이 전혀 보이지 않는다. 보이지 않는 정도가 아니라 거기에 마을이 있다는 것을 미리 알고 있지 않다면 자주 그 길을 지나다녀도 그 위에 마을이 있다는 것을 짐작하기 어렵다. 사람이 빈번하게 다니는 길에서 마을의 모습이 보이지 않는다는 데는 중요한 의미가 있다.
　길가에 차를 세우고 천천히 왼쪽의 못 둑을 보면서 걸어 올라가 보자. 가일에 들어서는 순간의 느낌은 풍산들을 볼 때와는 매우 다르다. 탁 트인 풍산들의 광활함에 길들었던 눈앞에 확 다가서는 가일의 주산 정산과 그 산의 품에 안긴 아늑한 마을이 주는 대조적인 느낌이 무척 신선하다.

동수

이름처럼 아름답고 밝은 가일 마을을 구경하기 전에 먼저 이 마을에 대한 『경상북도지명유래총람』(경상북도교육위원회, 1984)의 설명을 보자.

옛날에는 가일을 '지곡枝谷'이라 칭했다. 가일은 안동 권씨의 집성촌으로서 권權은 가지가 많아야 번성한다는 뜻에서 붙인 이름인데 뒷날 가佳로 바꾸어 말하게 되면서 지금은 '가일' 혹은 '가곡'으로 부르게 되었다. 마을 뒷산에 당이 있어 마을의 안일과 풍년을 기원하는 뜻에서 정월 보름날 당제를 지내며, 큰마 · 웃마 · 아랫마로 나뉜다.

차도에서 가일로 올라가는 길 옆에는 이름도 듣기 싫은 버즘나무(플라타너스)가 서 있다. 이것은 필시 왜인들이 우리 나라에 심은 것일 터, 하루라도 빨리 베어 버리고 다른 나무를 심을 일이다. 더구나 마을 쪽 못 가에 있는 버즘나무는 한시가 급하다. 버즘나무 몇 그루를 지나면 못 둑 끝에 장대한 고목이 있는데, 그 나무가 회나무이다. 회나무는 30여 미터까지 크는 교목으로 흔히 '학자수學者樹'라고 부른다. 가지가 일률적으로 뻗는 것이 아니라 조금은 질서 없이 뻗으며 크는데, 우리 선인은 그 약간의 무질서에서 스승에게서 배우되 스승을 넘어서는 자기만의 학문 세계를 회나무의 가지처럼 구축하라는 뜻을 읽어 냈던 것이다.

가일의 동구에는 회나무 바로 옆과 길 오른쪽에 마치 대문처럼 서 있는 두 그루의 고목과 마을 쪽 못 가에 회나무만큼 크고 또 그만큼 나이를 먹었을 고목 한 그루가 아직도 정정한데, 특이하게도 그 나무는 마을의 입구에서는 좀처럼 보기 힘든 버드나무이다. 이곳에 버드나무가 있는 것은 왼쪽의 못과 관련이 있을 것이다. 왜냐하면 버드나무는 특히 물가에서 잘 자라기 때문이다. 버드나무를 먼저 심어 놓고 못을 만들지는 않았을 것이니, 가일못이 비록 지금 같지는 않을지라도 그곳에 못을 만든 시기는 나무의 나이로 미루어 짐작해 볼 수 있다.

또한 마을의 정면에 큰 못이 있는 것도 흔하게 볼 수 있는 일은 아니다. 물론 그 못은 아래에 있는 논에 물을 대기 위한 것일 테지만 이러한 쓰임 외에 '풍수적 의미가 많다'는 것이 내 판단이다. 가일 못이 가지고 있는 풍수적 의미는 이 글의 결론 부분에서 밝히기로 하겠다. 우선은 동구의 나무가 가지고 있는 풍수적 의미에 대해 알아보자.

마을 외부의 어느 지점이나 마을 진입로 즉 동구에 심는 나무를 풍수에서는 '동수洞藪' 또는 그냥 '쑤'라고 한다. 수藪는 수풀(林)이라는 뜻으로, 동수를 실제 수풀처럼 조성한 곳도 있고 그냥 상징적으로 한두 그루 심어 놓은 곳도 있는데 그 형태와 크기는 매우 다양하다. 그러나 어떤 형태이든 그 역할은 모두 같다.

동수는 마을의 기운이 밖으로 나가는 것을 막기 위해 심은 나무로서 외부인의 시선으로부터 마을을 차단하여 주민들의 심리적 안정감을 이루는 역할까지 한다. 나아가 마을 전체의 대문 역할을 수행하여 마을을 드나들 때 공간 이동에서 오는 심리적 불안감을 해소해 주는 중요한 풍수적 장치 노릇을 하기도 한다. 이러한 동수를 현대 언어로 표현하면 '마을 완충緩衝 공간'이 된다. 즉 성질을 달리하는 두 개의 공간 사이에서 공간 이동으로 말미암은 심리적 충격을 완화시켜 주는 공간인 것이다.

지금까지 안동 주변에 남아 있는 동수 중에서 역사, 규모, 보존 상태, 의미 등으로 보아 손꼽을 수 있는 곳은 하회河回의 만송정萬松亭, 임하면 천전리의 백운정白雲亭과 개호송開湖松, 의성군義城郡 점곡면點谷面 사촌리沙村里의 동수 등이다.

삶의 공간은 어떠해야 하는가?

세상의 모든 존재는 일정한 공간을 점유하고 있다. 그리고 공간은 존재의 삶에 막대한 영향을 끼친다. 그러므로 모든 존재는 자신의 생존에 유리한 쪽으로 움직이게 마련이다. 만물의 영장인 사람이 자신의 삶에 유리한 공간을 찾아서 이동하거나 그것을 변형시키는 것은 당연하다. 더구나 한 곳에 붙박고 살아가는 농경 사회에서는 거주지로서의 삶의 공간이 갖는 의미가 자주 거처를 옮기는 유목 사회에서와는 확실히 다르다.

삶의 공간은 그 형태와 종류가 다양하지만, 크게 보아 내부 공간과 외부 공간으로 나뉜다. 대체로 내부 공간은 쉬는 곳이며 외부 공간은 일하는 곳이다. 이처럼 두 공간은 뚜렷이 구별된다. 물론 내부와 외부의 공간 구별이 모호하거나, 개인이나 일의 종류에 따라 공간의 쓰임이 다를 수는 있다. 그러나 일반적으로 쉬는 공간은 폐쇄적인데 반해 일하는 공간은 개방적이다.

일정 시간 일하고 난 뒤에는 휴식을 취해야 한다는 것은 불문가지의 사실이다. 휴식을 취하는 것은 정신적 안정과 신체적 편안함을 구하는 일이다. 그러므로 휴식 장소는 외부 공간에 비해 타인의 시선으로부터 자신의 행동을 가릴 수 있는 내부 공간이 상대적으로 유리하다. 어떤 사람이 외부 공간에서 힘껏 일하고 난 뒤, 안온한 내부 공간에서 충분한 휴식을 취하고 다시 일하는 공간으로 나간다면 활기찬 삶을 영위할 수 있을 것이다. 그러므로 일하는 공간과 쉬는 공간이 적절히 구분되지 않는 삶은 특별한 경우가 아니면 인간적 삶이라 부르기 곤란하다.

인간다운 삶을 누리기 위해서 개인적으로 만드는 내부 공간이 바로 가족이 거처하는 '집'이며, 여럿이 만드는 내부 공간이 공동체적 삶을 위한 '마을'이다. 마을은 기본적으로 휴식 공간이자 놀이 공간이라고 할 수 있다. 더욱이 농경 사회의 마을은 자급자족의 생활 공동체이자 운명 공동체였다. 가일은 그러한 공동체의 모습을 잘 간직하고 있는 삶의 공간 즉 명당이다.

〈가일 지형도〉

〈봉정사 지형도〉와 〈가일 지형도〉가 주는 느낌은 확연히 다르다. 그것은 사찰이 주는 느낌과 마을이 주는 느낌이 서로 다른 것과 마찬가지다.

봉정사는 산 속의 좁은 땅에 자리한 절로서 가파른 산들에 둘러싸여 있다. 그러므로 〈봉정사 지형도〉는 조밀한 등고선으로 나타나며 그 선들이 봉정사를 에워싸고 있다. 그러나 〈가일 지형도〉는 다르다. 넓은 지역에 위치한 가일 마을은 지금도 약 150여 가구가 사는 큰 마을을 형성하고 있다. 비록 마을 뒷산이 높기는 하지만 가일 마을은 산이 끝나는 지점에 자리잡고 있으며 정면으로는 넓은 들을 마주하고 멀리 낙동강을 바라보고 있다. 그러므로 〈가일 지형도〉는 등고선의 간격이 넓은 느슨한 모습을 보여준다. 낮고 평평한 땅일수록 등고선의 간격이 넓어지는데, 느슨한 등고선으로는 땅의 형태를 제대로 표현하기 어렵다.

▲ 〈가일 지형도〉

그러나 지형도에 익숙해지면 실제 땅을 쉽게 머릿속에 그릴 수 있다. 직접 가일에 가서 지형도를 놓고 살펴보면 지형도 없이 보는 것과는 확실히 다른 맛을 느끼게 될 것이다. 〈가일 지형도〉를 참고 삼아 가일의 땅을 살펴보자.

정산

가일의 완충 공간인 마을 앞 정자나무 밑에 서서 앞을 바라보면 참으로 정다운 농촌 풍경이 그림처럼 펼쳐진다. 마을의 주산인 정산은 그냥 그대로 '山'자의 모습이다. 정산은 높이 · 넓이 · 두께 · 크기 · 맵시 · 기세 · 느낌 등 거의 모든 면에서 마을의 주산이 갖추어야 할 덕성을 가지고 있다. 정산 같은 느낌을 주는 주산현무主山玄武는 귀하다.

산이 옷을 벗은 겨울에 정산을 살펴보면 산 여기저기에 암석이 노출되어 있는 것을 볼 수 있다. 암석이 보기 싫을 정도로 박혀 있는 산은 용이 사람을 품에 안을 준비가 완전히 되어 있지 않음을 나타내는 것이니, 이 점이 바로 가일의 주산으로서 정산이 가지고 있는 조그마한 약점이라면 약점이다. 그러나 암석은 강기剛氣를 나타내므로 강한 지기地氣를 견딜 만한 인물은 그런 곳에서 오히려 더 큰 성취를 이루는 법이다.

땅이 사람을 낳는다. 좋은 땅에서는 좋은 사람이 나고 나쁜 땅에서는 나쁜 사람이 난다는 '인걸지령人傑地靈' 사상은 믿거나 말거나 자유이다. 그렇지만 한 가지 분명한 것은 땅의 성격이 그곳에서 성장하는 사람에게 알게 모르게 깊은 영향을 준다는 점이다. 풍수에서는 이를 '인물풍수론'이라고 한다.

▲ 가일못 둑에서 바라본 마을과 정산

　가일에서 정면을 바라보면 여러 산들이 보인다. 안산案山이나 조산朝山으로 표현되는 그 산들 역시 사람의 심성에 영향을 미친다. 가일에서 보이는 화산의 서쪽과 하회의 남산, 마늘봉 등이 그려내는 형상은 마치 여러 개의 깃발이 도열해 있는 듯하다. 풍수에서는 이런 형태의 산들을 '돈기사頓旗砂' 혹은 '탁기사卓旗砂'라고 한다. 정산과 가일 마을의 조안朝案을 살펴보면서 가일 출신 중에 강인한 기질의 선비와 무반이 많으리라는 짐작을 해보는 것도 풍수를 공부하는 또 다른 즐거움이다.

　그러나 완전한 곳은 없는 법. 이 무슨 하늘의 시새움인가? 정산 서북쪽에 있는 검무산劍舞山(331m)이 '규봉窺峰'이 되어 칼춤을 추면서 빤히 가일을 건너다보고 있으니……. 규봉은 규산窺山 또는 탐봉探峰으로도 불린다. 규규窺는 '엿본다'는 뜻이다. 혈장 바깥 즉 주로 옆이나 뒤쪽에서 혈장을 몰래 살피는 듯한 모습의 봉우리가 규봉인데, 그 이름에서 짐작할 수 있듯이 사람들이 꺼리는 산이다.

정산을 구경한 뒤 마을의 왼쪽 청룡으로 올라서면 가일의 생김새를 더욱 선명하게 조망할 수 있다. 청룡의 적당한 지점에서 가일을 내려다보면 대뜸 눈에 띄는 것이 정산의 중앙에서 마을의 중간쯤으로 곧장 뻗어 내린 산줄기와 그 끝에 있는 산소 및 언덕 밑의 골기와 집인데 그 어름이 바로 가일의 혈처穴處가 된다. 〈가일 지형도〉의 A능선과 a이다. A능선의 끝에 산소가 있고 a는 시습재時習齋이다.

마을 구경을 하고 나서 정산에 올라 보면 아주 좋다. 300여 미터에 지나지 않으므로 등산을 자주 하는 사람은 한 시간 남짓이면 거뜬히 주파할 수 있다. 그래서 등산을 좋아하는 사람들은 정산 같은 가벼운(?) 산에는 잘 다니지 않는다. 그러나 풍수학인은 다르다. 풍수학인에게 있어 명산名山은 바로 정산 같은 산이다. 왜냐하면 풍수에서 말하는 명산은 산 사람을 보듬어 안고 죽은 사람을 편히 쉬게 하는 산, 즉 사람과 떨어져 있는 산이 아니라 삶터를 품에 안고 있는 산이기 때문이다. 이제 정산으로 올라가 보자.

〈가일 지형도〉를 보면 마을 안에 삼거리가 있다. 시습재 쪽으로 가지 말고 오른쪽 길로 접어들어 얼마쯤 가면 그 길이 끝나는 어름에서 오른쪽 산 능선으로 가는 밭길이 있다. 그 길로 가면 정산의 오른쪽 능선을 타고 정상으로 갈 수 있다. 산길이 가파르지 않고 넓어서 한여름에 반바지 차림으로 산행을 해도 다리를 긁힐 염려가 없다.

8부 능선쯤에 아주 특이한 형태의 당집이 있다. 방이 두 개 있고, 기둥은 없으며, 기와로 얽은 지붕을 바로 벽 위에 얹어 놓았다. 벽체가 모두 돌로 되어 있으며 양쪽 벽이 앞으로 쭉 나와 마당 부분을 마치 성벽처럼 감싸고 있다. 예전에 가일에서 동제를 지낼 때면 이곳에서 신내림을 받았다고 하는데, 이제는 동제를 지내지 않은 지도 제법 오래되었다.

정산에 오르면 아주 즐거운 일 두 가지가 있다. 하나는 산성山城의 망루望樓라 짐작되는 지점과 산의 정상에서 풍산 일원을 바라보는 일이다. 정산에서 내려다보면 안동에서 가장 넓은 풍산들이 눈 앞에 쫙 펼쳐지는 것이 참으로 장관이다. 그곳에서 보는 들판은 사람으로 하여금 가슴이 탁 트이는 시원함을 안겨 준다. 안동이 고향인 사람이라면 아마 여러 가지 감회에 젖게 될 것이다.

다른 하나는 하회河回의 주산인 화산花山(321m)을 정면으로 내려다보는 일이다. 정산으로 이어져 온 용맥龍脈이 풍산들로 들어간 뒤 마지막 힘을 불끈 모아 솟구친 산이 화산이다. 이렇게 용맥이 땅속으로 들어가는 것을 '은룡隱龍' 또는 '은맥隱脈'이라고 하는데, 이에 관한 자세한 이야기는 또 다른 기회에 하회의 내룡來龍을 서술할 때 하기로 한다.

하나 더 덧붙이자면, 정산의 정상에서 뒤쪽으로 내려다보이는 풍산읍 오미동五美洞의 모습이 일품이며, 검무산의 품새를 살피는 것 또한 아주 즐거운 일이라는 점이다. 이 곳 정산에서, 안상학 시인이 정산에 올라 읊은 시 한 편을 음미하고 가자.

> 정산에서 샘을 찾지 못하고 돌아온 날은
> 꿈에서도 낙타 걸음으로 정산을 뒤졌다.
> 무너진 봉화대에선 불이 솟고
> 지붕만 뎅그런 당집에는 촛불이 일렁거렸다.

하산길에 보았던 흰수염풀
누군가 계집아이 댕기머리처럼 땋아 그것을
머리도 없는 귀신이 쓰고 놀았다.
도라지꽃을 단 댕기머리

정산에서 샘을 찾지 못하고 돌아온 날은
도라지꽃이 된 어느 처녀의 사연
믿지 못할 그 얘기를 내가 들려주고 있었다.

꿈속에는 도란도란 도라지꽃 지천이었다.[2]

박환

정산에서 내려와 다시 마을을 둘러보자. 우선 정산에서 마을 뒤쪽으로 내려온 언덕부터 살펴보면, 그 언덕은 정산에 비해 훨씬 부드럽고 또 아주 맑고 밝은 기운을 뿜어내고 있음을 느낄 수 있다. 분명, 그 산줄기는 정산의 일부인데도 정산과는 아주 다른 느낌을 준다. 그러면서 어린아이 같은 천진하고 티없는 발랄함을 풍기니, 이런 용을 '눈용嫩龍'(어린 용)이라 부른다. 눈용은 이제 막 태어나서 성장하는 어린 용을 가리킨다. 그러나 아무리 어리더라도 용은 용이므로 나름의 기세는 있다. 정산 눈용은 너무 작아서 눈용으로 부르기 뭐하지만 달리 적합한 용어가 없으므로 그냥 눈용이라고 하자.

이처럼 용이 자신의 모습을 바꾸는 것을 풍수 용어로 '박환剝換'이라고 한다. 박환이란 '용이 허물을 벗고(剝) 새로운 용이 되었다(換)'는 뜻이다. 『인자수지人子須知』에서 박환에 대한 설명을 찾아

---

2) 안상학, 「井山」(미발표작 全文).

▲ 권항 묘소에서 본 가일못

보았다.

박환은 변화되는 것을 말한다. 용의 형체는 노老에서 눈嫩으로, 조粗에서 세細로, 흉凶에서 길吉로 변하는 것이니 바로 조화의 묘다. 박환은 좋은 의상으로 바꾸는 것과 같고, 누에가 껍질을 벗는 것과 같고, 나비가 번데기에서 벗어나는 것과 같다.

"명산名山에 명당 없다"는 말이 있다. 유명한 산은 대부분 기암절벽을 품고 있어서 경치가 뛰어나다. 그러므로 명산은 구경하고 보는 산이지, 머물며 살 수 있는 산은 아니다. 다시 말하면 박환이 덜 되어 용이 거칠고, 아직 사람을 품에 안을 준비가 되어 있지 않은 산이 흔히 말하는 명산인 경우가 많다. 그리고 일반적으로 명당은 마을이 아니라 무덤을 가리키는데, 무덤은 산수가 빼어난 곳에 위치하기보다는 대체로 아늑하고 편안한 땅에 자리잡는 법이다.

와중유혈

안동 권씨 14파 중 복야공파伏射公派의 한 갈래인 가일 권씨 입향 시조 권항權恒(1403, 태종 3~1461, 세조 7)의 묘소가 눈용嫩龍의 끝에 있다. 공의 자는 변지變之로 세종 23년(1441)에 문과에 급제하여 공조·호조의 정랑正郎을 거쳐 영천榮川 곧 지금의 영주榮州 군수로 재임在任 중에 돌아가시니 그의 나이 쉰아홉이었다.

권항의 묘소가 자리하고 있는 땅이 '혈형사대격' 중 유혈乳穴이다. 산소가 있는 언덕을 멀리서 보면 정산의 왼쪽 젖가슴 같은데, 이 젖가슴의 끝인 젖꼭지 부분에 산소가 있다. 그곳이 바로 A눈용의 혈처가 된다.

지금 우리는 봉정사와 같은 '와혈의 땅'을 답사하는 중이므로 유혈에 대한 자세한 설명은 유혈의 땅을 답사할 때 하기로 하겠다. 다만 여기서 한 가지 기억해 둘 것은 가일의 전체적 형국은 '와혈'이며, 와혈 안에 유혈이 있는 것을 '와중유窩中乳'라 하여 귀하게 여긴다는 점이다. 드물게도, 가일에는 그런 와중유가 두 군데나 있다. A눈용의 오른쪽에 A눈용보다 더 긴 정산의 오른쪽 젖가슴이 내려와 있으니 바로 B능선이다. 그 용도 눈용이며 그곳에는 여러 기의 산소들이 있다.

용(井山)이 품을 열어 두 손(龍虎)으로 감싸안은 땅의 안쪽(佳日)이 소위 명당이니, 산 사람이 편안히 거처할 수 있는 곳이다. 정산이 가일 명당을 만들어 사람을 품에 안아준 뒤, 죽은 자가 영면을 취할 수 있는 젖가슴을 품안에 두 개나 만들어 주었으니 가일이 부여받은 복이 예사롭지 않다. 풍수적으로 산 자와 죽은 자가 거처해야 할 땅은 엄연히 다르다. 그 생사의 공간이 하나의 품속에 있다는 것은 그곳에 사는 사람들에게는 더할 나위 없는 축복이거늘 지금 가일 마을에 살고 있는 사람들이 그러한 축복을 얼마나 느끼면서 살고 있을까?

세상이 바뀌어 삶의 방식과 의식의 구조도 많이 변화하였다. 하지만 자기가 살고 있는 땅의 신령스러움을 느끼고 그 땅을 사랑하여 아늑한 삶의 공간으로 가꾸고 보전해 가는 것이 바로 풍수의 마음이니, 사람이 땅 위에서 살진대 어찌 풍수의 마음을 외면할 수 있겠는가? 이제는 가일의 동수의 의미도 점점 잊혀져 가고 있다. 불필요한데 무성해지기만 하는 버즘나무와 자꾸 헐벗기만 하는 청룡의 등을 보면서 허전한 마음을 금할 길 없다.

시습재

권항의 묘소 왼쪽 바로 아래에 있는 고택이 가일 권씨의 종택인 시습재時習齋이다. 시습재는 『논어論語』 첫머리의 "(바른 생활을) 배우고 본받아서 그것을 그때그때 몸에 익히는 것이야말로 (진정한) 기쁨이 아니겠는가?"[3]에서 따온 말인데, 학식과 덕행으로 불천위不遷位에 제향된 병곡屛谷 권구權榘(1672, 현종 13~1749, 영조 25)의 당호堂號이기도하다.

권구는 조선 후기의 학자로 숙종 16년(1690), 열아홉의 나이에 당대 영남학파의 태두인 갈암葛庵 이현일李玄逸(1627~1704)의 손녀

---

3) 『論語』, 「學而」, "學而時習之, 不亦說乎."

▲ 시습재

　와 혼인한 뒤 그 문하에서 수학하였다. 권구는 벼슬길에 뜻이 없어 일찍이 과거를 단념하고 학문 연구와 후진 교육에 전념하였으며, 사창社倉을 열어 빈민들을 구휼하고 향약鄕約을 보완하여 미풍 양속을 진작하였다. 영조 4년(1728)에 이른바 '이인좌의 난'으로 알려진 '무신지란戊申之亂'에 연루되어 한양으로 압송되었으나, 권구의 인품에 감동한 영조의 특명으로 곧 석방되었다. 이는 그의 학식과 인격을 증명하는 일화로 지금껏 전한다.
　성재性齋 허전許傳(1797~1886)이 쓴 권구의 묘갈명墓碣銘에 나타난 삶의 흔적을 대강 더듬어 보면 권구는 그의 나이 스물다섯 되던 숙종 23년에 모친상을, 이듬해에 부친상을 당했다. 부친이 병중에 계실 때 단술을 드시고자 했으나 의원이 '좋지 않다' 하여 감히

올리지 못했는데, 이 일로 권구는 죽을 때까지 단술을 먹지 않았다. 권구의 효심과 입지의 견고함을 짐작할 수 있는 일화이다.

권구는 다재다능한 인물로 천문天文·산술算術·복서卜筮·병가兵家 등 다방면에 능통하였으며 많은 저술을 남겼다. 권구는 "배우는 자는 모름지기 먼저 뜻을 세워야 한다", "이치를 궁구함에는 스스로 터득하는 것을 귀하게 여긴다"라며 자발적인 공부 자세를 중시하였다. 또한, 이황의 적통을 이은 이현일의 제자답게 '경敬'(四端의 도덕심에 마음을 오로지 하여 마음이 흩어지지 않게 하는 것)을 수양의 요체로 삼았으니, 다음 문장은 그의 배움이 지향하는 바가 무엇이었는가를 짐작케 해준다.

> 마음은 본래 밝고도 밝은 법이니 깨끗이 다스리는 방법은 경일 따름이다. 도의 본모습이 비록 크다고 하나 진실로 내 마음에 다 갖추어 있으며, 사물이 비록 많다고 하나 참으로 내 몸을 근본으로 한다. 앎이 치밀하지 못하면 곡진히 이해하여 하나로 꿰는 신묘함에 이를 수 없고, 인륜의 길을 힘써 실천하지 않으면 사람됨의 길에 사는 것이야말로 편안함인 것을 알아 그 길에서 힘입는 것이야말로 깊고도 원대하다는 것을 깨닫는 경지에 도달할 수 없다.[4]

철종 10년(1859), 사림에서 권구의 도학과 충절을 헤아려 주실 것을 주청하자 임금이 그에게 사헌부 지평持平을 제수하였다. 뒤에 노동서사魯東書社를 건립하여 권구를 제향하고자 하였으나 뜻을 이루지 못하고 건물만이 퇴락한 채 가일에 남아 있으니, 〈가일 지형도〉에서 볼 때 풍서초등학교 북쪽의 c지점이 바로 그곳이다. 권구

---

4) 『許傳全集』(아세아문화사, 1979), "心本光明 澄治之術 敬是已. 道體雖大 實具於吾心, 事物雖夥 實本於吾身. 知之不精則無以致融會貫通之妙, 行之不力則無以臻居安資深之域."

는 예나 지금이나 가일 권문의 자랑이건만 이제 후손이 살지 않는 시습재는 날로 무너져 내리고 있으며 '노학자' 한 그루만이 처연한 낯으로 담도 문도 없는 종택을 지키고 있다.

불천위

권구는 '불천위不遷位'의 영광을 입었다. 불천위란, 큰 공훈이 있는 사람의 신주를 묻지 않고 사당에 영구히 두면서 제사를 지내는 것이 허락된 신위를 가리킨다. 또한 신주를 조매祧埋하지 않고 계속 제사를 받든다고 하여 '부조위不祧位'라고도 부르는데, 불천위를 두는 사당을 '부조묘不祧廟'라고 한다. 조매祧埋란 제사를 지내는 4대의 수가 다 되어 혼백을 무덤에 묻는 일을 가리킨다.

불천위에는 나라에서 정한 국불천위國不遷位와 유림에서 발의하여 정한 유림불천위儒林不遷位가 있다. 당연히 국불천위가 유림불천위에 비해 그 권위가 높은데, 조선시대 국불천위에는 왕, 왕자, 부마 등 왕실의 불천위와 공자孔子를 모신 사당인 문묘文廟에 배향된 18위가 있다. 유림불천위는 그 수가 대단히 많은데 서원에 배향된 사람들은 일단 유림불천위로 간주된다.

불천위는 그 자손이 있는 한 분묘에서 지내는 시제時祭와는 별도로 사당에 신위를 모시고 제사를 지내는데, 이 제사를 불천위 제사라고 한다. 불천위 제사를 지내는 방법은 지방과 문중에 따라 조금씩 다르지만 대체로 기제사에 준한다.

불천위는 국가나 유림에서 정하는 훌륭한 공훈이나 덕행과 학식이 있는 사람에게 주어지는 것이므로 한 문중에 불천위가 있다는 것은 그 문중의 대단한 영광이다. 그러므로 불천위 제사에는 많은 문중 사

▲ 가일못 가에 있는 권구 산소

람과 유림들이 참석하여 조상의 업적을 기리는데, 문중 사람들은 그 영예를 이어가기 위해 문중의 단결과 동질감을 강화시킴으로써 정체성을 확립해간다. 나아가 불천위의 후예라는 자부심은 스스로의 행실과 교우 및 생활을 반성하는 지침이 되어 나쁜 길로 빠지는 것을 막아주는 힘이 된다.

권구 산소

권구의 산소는 〈가일 지형도〉의 '다' 지점으로 마을 앞의 서쪽 언덕에서 저수지를 바라보는 곳에 있다. 향토사학자 소극小極 서주석徐周錫(1925~1997)이 편찬한 『안동의 분묘』(안동문화원, 1994)에는 권구의 산소를 연화부수형蓮花浮水形 즉 땅의 생김새가 물위에 떠 있는 연꽃 모양이라고 소개하고 있다. 서주석은 풍수학인이 아니므로 전해 오는 이야기를 옮겨 적은 것이겠지만, 그곳은 연화부수형의 땅이 아니다. 흔히 물가에 있는 땅을 연화부수라고들 말하지만 물 옆이라고 모두 연화부수가 되는 것은 아니다. 연화부수의 이름에 걸맞은 땅은 매우 드물다. 이에 대해서는 우리 나라의 대표적 연화부수형 땅으로 잘 알려진 하회를 설명할 때 자세히 살펴보기로 하자.

권구의 산소에서 보이는 저수지는 자연적인 소沼나 늪을 저수지로 만든 것이 아니다. 지형상 가일 마을의 물이 모이는 곳은 분명하지만 물을 그냥 자연스럽게 흐르도록 두었다면 늪이 형성되지 않고 그냥 아래로 흘러 내려갔을 것이다. 가일의 못은 바로 가일의 비보에 해당한다. 비보는 비보일 따름으로 인위적 비보가 자연적인 땅이나 물을 완전히 대신할 수는 없다. 인위적 저수지가 묘소 앞에 있다고 하여 그 땅이 곧 연화부수가 되는 것은 아니다. 더구나 그곳에 원래부터 자연적인 소가 있었다 하더라도 그곳은 연화부수형의 땅이 아니다. 다만 연화부수라는 땅이 갖는 좋은 느낌을 간직하여 그 땅에 대한 사랑과 교감을 이루는 데에는 아무런 문제가 없을 뿐이다.

또 서주석은 일반 산소와 달리 권구의 묘전비墓前碑를 봉분 앞에 설치하지 않고 산소 아래에 세운 것 역시 풍수설의 영향이라고 하였는데, 그 이유에 대해서는 설명하지 않았다. 연화부수의 땅이므로 무거운 돌로 물 위의 꽃을 눌러서는 안 된다는 것을 염두에 둔 듯한데, 사실 그곳이 연화부수의 땅이 아니니 그 짐작은 어긋난 것이다. 묘전비를 아래에 설치한 까닭은 아마도 당판이 너무 부드러워 무거운 돌을 얹기에 부적합하고 나아가 와혈의 느낌마저 들기 때문일 것이다.

융취명당

『인자수지』의 「명당길격구식明堂吉格九式」 중 제4격이 '융취명당融聚明堂'이다. 그 책에서는 "융취명당은 명당의 물이 혈 앞의 주머니(天心)와 같은 못(池)에 밝게 모이는(融聚) 것으로 대단히 귀하다"고 설명하고 있다.

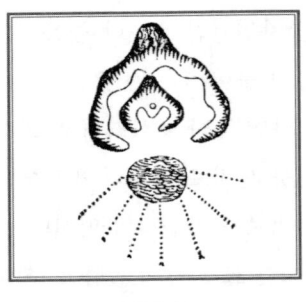

▲ 융취명당도

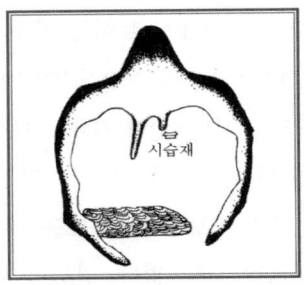

▲ 가일명당도

풍수의 대전제 중 하나가 『금낭경錦囊經』에 나오는 "기는 바람을 타면 흩어지고 물을 만나면 멈춘다"[5]는 것이다. 그러므로 명당의 물길은 지기地氣의 모임과 흩어짐을 판별하는 중요한 기준이 된다.

봉정사 와혈은 혈(당판)의 앞을 용호가 완전히 감싸 안았기 때문에 자연적으로 명당수가 혈 앞을 막아 지기地氣의 누설을 막으니, 이런 곳을 '닫힌 와혈' (藏口窩穴)이라고 한다.

그러나 가일은 다르다. 눈용에 있는 권항의 묘소를 중심으로 보면 가일 양쪽의 언덕 즉 〈가일 지형도〉의 '가'와 '나'는 청룡과 백

---

5) 『錦囊經』, "氣乘風則散, 界水則止."

호이지만, 가일 전체의 입장에서 보면 그 용호는 용호라기보다는 차라리 와혈의 현릉사에 더 가깝다. 가일은 명당 밖으로 당판을 호위하는 용호가 약하며 안산도 없이 그냥 앞이 툭 터져 있다. 이런 와혈을 '열린 와혈'(張口窩穴)이라고 한다.

열린 와혈에 대해서는 자세히 설명할 기회가 있으므로 이만 그친다. 가일 명당의 앞이 조금 허전한 것을 인위적으로 보완한 것이 비보인 못과 동수이다. 가일의 못은 명당 앞을 인위적인 물로 막음으로써 지기地氣의 누설을 막았으며, 전형적인 '융취명당'과는 상당한 거리가 있지만 그런 대로 '융취명당'의 형태로 만든 것이다. 나아가 큰 나무로 동수를 조성하여 안온한 삶터를 만들었으니, 그 땅에 기울인 선인의 마음씀이 참으로 깊다고 하겠다.

만약 가일 앞에 넓은 들이 없어 물을 대기 위한 저수지가 필요 없다면 마을 앞에는 울창한 소나무 숲이 조성되었을 것이다. 다시 말하면 '가'와 '나'의 능선 사이, 가일 못의 제방이 있는 자리가 숲이 되었을 것이다. 그러면 마을을 볼 때 지금보다 훨씬 포근하고 아늑한 느낌을 받을 수 있었을 것이다.

나는 지금이라도 가일 마을 앞에 동수가 더 있는 것이 현재 상태보다는 나으리라고 생각한다. 못 둑에는 나무를 심을 수 없다. 그러므로 마을 길 쪽에 심으면 될 것이다. 너무 큰 나무를 심으면 농사에 지장이 있고, 또 답답한 느낌이 들 수도 있으므로 흔히 나무백일홍이라 부르는 배롱나무가 제격일 듯하다. 한여름 백일 동안 붉게 피어나는 꽃이 일품인데다가 나무가 크게 자라지 않으므로 농사에 아무런 지장이 없을 뿐만 아니라 마을의 품위도 한결 나아질 것이다. 배롱나무가 싫다면 산수유도 그에 못지 않다.

가일과 비슷한 맥락에서 연못을 만든 경우는 많다. 그 중에서 나름대로 의미를 밝히고자 한 곳이 풍산읍 소산리 서쪽 역동嶧洞에 있는 '창평반월연화부수지蒼萍半月蓮花浮水池'이다.

〈가일 지형도〉의 b는, 권구의 셋째 아들로 평생토록 도학에 전념했던 수곡樹谷 권보權補의 수곡종택이다. 마을의 서쪽 초등학교를 지나면 언덕이 있고 언덕 너머 논길을 따라 오른쪽으로 들어가면 화산花山 권주權柱(1457~1505)의 신도비와 재사齋舍인 선원仙原 강당 및 권보의 산소가 있다. 화산의 묘소 앞에는 같은 날 돌아가신 정부인貞夫人 고성 이씨의 묘소가 있으며 주변에 여러 기의 산소가 있다. 권주는 성종조의 학자로 연산군이 등극하여 학정을 펼치자 그 부당함을 직간하다가 1504년 갑자사화에 연루되어 사형을 당했다. 퇴계退溪 이황李滉(1501~1570)이 그의 손녀 사위이다.

옥정남근

가일 구경을 웬만큼 했으니 다시 한번 생각을 해보자. 왜 정산井山이라고 하는가? 산 어디에도 샘이 있을 것 같지 않은데 정산이라 하고, 그 산의 정상을 옥정봉玉井峰이라 한다. 마을 주민의 말에 의하면, 지금은 거의 메워졌을지 모르지만 분명히 산 중턱에 샘이 있었다고 한다. 그래서 정산일까? 그러나 내 생각은 다르다.

우물은 여성을 상징한다. 더욱이 옥정玉井이란 여근의 미칭美稱이다. 와혈은 두 손으로 물을 떠먹을 때의 손바닥처럼 '우묵한 곳'이다. 양혈陽穴이지만 우리가 인식하기 쉬운 형상은 오히려 음陰이다. 마치 박쥐가 날개를 펴고 나는 듯한 모습의 정산 아래에 자리잡은 가일 마을의 전체적 형태는 여근 모양이다.

여근이 열려 있으면 남근이 달래 주어야 한다. 가일못 안쪽의 버드나무 옆에는 크고 작은 남근석 두 개가 붙어 서있다. 오가는 사람들이 거기에 기대어 쉬면서도 그것이 무엇인지, 왜 거기에 서있는지를 모른다. 마을에서 만난 노인 한 분의 말에 따르면 그런 모양의 돌 세 개가 마을 안쪽에 있었는데 지금 있는 곳으로 하나를 옮기면서 나머지는 없어졌다고 한다. 그러나 남근석과 관련된 가일의 풍수적 설명은 어느 누구에게서도 들을 수 없었다. 풍수는 더 이상 마을 사람들의 관심사가 아닌 듯하다. 어떻든 뽑아 버리지 않았으니 그나마 천만다행이다.

가일의 남근석은 풍요와 다산의 상징인 여근이 남근을 만나 음양교회陰陽交會의 창조를 이루어 조화로운 땅으로 완성되기를 기원하여 세워진 것이다. 풍수란 다른 무엇이 아니라 땅의 성질을 알고 땅과 함께 조화를 추구하는 삶의 태도를 말한다. 이렇듯 사려 깊은 태도를 지닌 선인들의 삶이 정녕 우리에게 아무런 의미도 감동도 주지 않는가?

풍수와 지리

땅을 보는 마음가짐은 풍수적으로 보는 것과 지리적으로 보는 것으로 대별된다. 이 두 가지가 확연히 구분되는 것은 아니지만, 어디에 중점을 두느냐에 따라 땅을 대하는 자세도 판이하게 달라진다.

풍수적으로 땅을 대한다는 것은 땅을 살아 있는 유기체로 보고, 생명을 낳아 기르는 땅과 만물의 영장인 사람을 서로 정을 나누는 관계로 파악하는 것이다. 이러한 사고 방식에는 사람의 삶이란 땅과의 정적情的 교감을 통해 땅 위의 여러 생명들과 조화를 이루며 살아가야 한다는 생각이 바탕에 깔려 있다. 어부는 바다, 농부는 땅,

미술가는 빛, 음악가는 소리, 조류학자는 새, 석수는 돌, 도예가는 흙과 교감을 하며 생활하듯이 풍수사는 산과 교감하며 생활한다. 음악이 태아에게까지 영향을 미칠 수 있다며 이른바 '태교 음악'이 유행이다. 음악도 그러할진대 삶의 터전인 땅은 어떠하겠는가?

지리적으로 땅을 대하는 것은 땅을 생산의 현장으로 보아 어떤 땅이 사람이 살기에 나은가를 살피는 것이다. 그 지방의 지형·생산물·특산품·인구 등에 관심을 갖고서 땅이 주는 현실 생활의 이익을 살피는 것이다.

오늘날 우리들의 관심사는 대체로 지리적 관점에 치우쳐 있으며, 이제 그 폐해는 심각한 국면을 넘어섰다. 천지를 신령스럽게 대하던 조상의 슬기를 버리고 지리적·과학적 관점으로만 땅을 대한 현대인의 오만함과 무지의 소산이 바로 환경 오염과 파괴이다. 물론 땅이란 것이 풍수만으로 이해될 수 있다고 주장하는 것은 아니다. 풍수와 지리를 함께 살필 때라야 그 땅을 비로소 제대로 본다고 할 수 있다. 좋은 땅·좋은 삶터란 땅과 인간의 정적인 교감을 통한 심성의 도야를 중시하는 '풍수風水'와 땅이 주는 현실적 이익을 중시하는 '지리地理'가 동시에 만족되는 곳이다. 이런 곳을 '가거지可居地'라 칭하는데, 가일이 바로 그런 곳이다.

3. 지보리
— '옥녀단좌'의 형국

명당발복에 관하여

온대계절풍 지역에 속하는 우리 나라는 산과 물이 아름답고 깨끗하기로 유명하다. 여기에다 산수山水의 어울림이 마치 펼쳐 놓은 비단 위에 수를 놓은 듯하다고 하여 일찍부터 '금수강산錦繡江山'이라 불렸다. 또한 북반구 중위도에 위치하여 사계절의 구분이 뚜렷하고, 계절 따라 만물이 다투어 피어나는 참으로 살기 좋은 자연 조건을 갖춘 땅이다. 이런 자연 환경을 한마디로 표현하면 이렇다.

"한반도는 천하 명당明堂이다."

한편, 유라시아 대륙의 동안東岸에 자리하고 있기 때문에 여름에는 북태평양 기단의 영향을 받아서 30도가 넘는 무더위가 한동안 지속되고, 겨울에는 세계 최강의 한랭 건조한 시베리아 고기압 기단의 세력권에 들어가 기온이 영하 20도 아래로 떨어지는 등 연교차年較差가 심지어는 50도 이상 나는 때도 있다. 이에 사람들은 자연히 기온 변화의 영향을 상대적으로 덜 받을 만한 장소를 골라 살 곳을 정하게 되었고, 그런 장소를 구별해내는 방법 또한 따라서 발달하게 되었던 것이다. 명당이란 바로 사람이 살기에 좋은 땅을 말하며, 명당을 찾는다는 것은 살기에 더없이 좋은 땅을 구별해내는 것이다.

여름의 무더위와 겨울의 강추위, 그 둘을 동시에 해결하기 위한 곳으로 우리 나라 마을이 자리잡게 된 곳이 배산임수背山臨水와 전저후고前低後高의 지형이다. 북서쪽의 산이 겨울철의 차가운 북서 계절풍을 막아 온기溫氣를 유지하게 하고 남동쪽은 트여 있어 여름철에 남동 계절풍을 받아들여 시원함을 갈무리한다. 명당은 삶에 유리한 환경 조건을 갖춘 곳을 가리키는데, 우리 나라의 경우는 그에 더하여 남향집을 지을 수 있는 곳을 의미한다. 즉 명당은 자연적 환경 조건에 적응하기 좋은 곳 중에서도 다른 곳에 비해 상대적으로 겨울에는 따뜻하고 여름에는 시원하여 건강하게 삶을 영위할 수 있는 땅이라고 할 수 있다.

기후는 땅을 만들고 땅은 인간 삶을 지배한다. 인간 삶의 궁극적 목표는 행복에 있으며, 행복에 있어 무엇보다 중요한 필수 조건은 '건강'이라는 데에는 대부분의 사람들이 동의할 것이다. 사람도 건강한 사람이 있고 그렇지 못한 사람이 있는 것처럼 땅 역시 그러한데, 건강한 땅이 바로 다름 아닌 명당이다. 사람 역시 자연의 일부이므로 명당에서 건강한 지기地氣를 받아야 건강하게 살 수 있다. '명당발복明堂發福', 이 말은 참으로 만고불변의 진리이다.

건강한 땅을 찾아 그곳에 깃들이고자 하는 것이 '풍수風水'다. 그리고 풍수에는 풍수 나름의 고유한 개념어가 있다. 그런데 이 개념어 중에 늘 문제를 일으키는 것이 땅이 가지고 있는 기운을 뜻하는 '지기地氣'라는 단어다. 여기서 지기地氣에 대해 이러쿵저러쿵 말하고 싶지는 않다. 다만, 좋은 기운을 가지고 있는 땅도 있고 나쁜 기운을 가지고 있는 땅도 있으니 좋은 기운을 가지고 있는 땅에서 그 기운을 받으며 살아야 한다는 것이 풍수의 가르침이라는 것만을 분명히 말해두고자 한다. 그 가르침을 따르면 심신이 모두 건강한 복을 받을 수 있다. 왜냐하면 명당은 발복하기 때문이다.

지금까지 설명된 명당발복의 내용은 삼척동자라도 이해할 수 있고 또 수긍할 수 있는 것이다. 그러나 명당발복의 의미는 이에 그치지 않는다. 여기에는 명당에 살거나 명당에 묘를 쓰면 뛰어난 자손이 난다는 믿음이 자리하고 있다. 이는 이제, 현재의 내 삶에 관한 문제일 뿐 아니라 미래의 내 자손에 관한 문제이기도하다. 하지만 이것은 경험하고 추리하는 사실의 문제가 아니라 오직 희망하고 의지하는 믿음의 문제일 뿐이다. 믿음이 사실과 완전하게 분리되는 것은 아니지만 믿음을 굳이 사실로써 증명할 필요는 없다. 부처를 믿으면 극락에 가며 예수를 믿으면 천국에서 부활한다는 것을 증명할 수도 없을뿐더러 증명할 필요도 없듯이, 조상을 숭배하면 후손이 복을 받고 명당에 살거나 명당에 묘를 쓰면 자손이 훌륭하게 된다는 것을 증명해야할 이유도 필요도 나는 느끼지 않는다.

명당은 발복한다 - 동기감응

풍수서風水書 가운데 경經으로 존중받으며 풍수의 고전으로 꼽히는 책이 동진東晉의 곽박郭璞(276~324)이 쓴 『장서葬書』이다. 당나라 현종(685~762)이 풍수승風水僧 홍사泓師에게 지리地理에 대한 자문을 구하였는데, 그때마다 홍사가 『장서』를 거론하므로 현종이 그 책을 보기를 원하였다. 홍사는 『장서』를 바치면서 다른 사람에게 함부로 보여서는 안 되는 귀중한 비보서秘寶書라고 하였다. 이에 현종은 그 책을 애지중지하여 비단주머니에 넣어 장롱 깊이 감추어 두고 아꼈는데, 이로부터 『장서』는 『금낭경錦囊經』이라는 애칭을 얻게 되었다. 『장서葬書』라는 이름에서 알 수 있듯이 이 책은 죽은 자를 어떤 곳에 묻어야 하는가를 소략하게 기술해 놓은 책이다. 그 책의 시작 부분인 「기감氣感」편의 첫머리에 우리가 흔히 '동기감응同氣感應'이라 하는 주장이 나타나 있다.

죽은 사람을 땅에 묻는다는 것은 생생한 땅의 기운을 탈 수 있게 하는 것이다. 오행의 기운은 땅 속에서 흐르며 사람은 어버이에게서 몸을 받으니 어버이의 유골이 땅의 생기를 얻으면 자손이 음덕을 받는다. 그러므로 『청오경靑烏經』에서 "땅의 기운이 부모의 유골과 감응하면 복록이 자손에게 미친다"고 하였다. 이 때문에 구리 광산이 서쪽에서 무너지거늘 영험한 종이

동쪽에서 울리고 나무가 봄에 꽃을 피우면 밤돌도 방안에서 싹을 틔운다.[1]

『금낭경』에는 당나라 연국공 장열張說[2]과 홍사泓師와 일행一行 두 스님의 해설이 붙어 있는데 '동산서붕銅山西崩 영종동응靈鐘東應'에 대한 장열의 설명을 들어보자.

한나라 때, 어느 날 저녁 왕궁인 미앙궁에서 아무런 이유 없이 저절로 종이 울렸다. 이에 동방삭이 "반드시 구리 광산이 무너졌을 것이다"라고 하였는데, 과연 얼마 있지 않아 서촉西蜀 진령산에 있는 구리 광산이 무너졌다는 소식이 전해졌다. 날짜를 헤아려 보니 바로 미앙궁의 종이 저절로 울린 날이었다. 괴이하게 여긴 임금이 동방삭에게 물었다.
"그대는 구리 광산이 무너졌음을 어떻게 알았는가?"
"전하! 헤아려 보건대, 구리는 구리 광산에서 나온 것이니 같은 기氣가 서로 감응을 한 것입니다. 이것은 마치 사람이 부모에게서 몸을 받은 것과 마찬가지입니다."
"오호라! 한낱 물건도 그러하거늘 하물며 사람과 귀신에게 있어서는 어떻겠느냐?"
내가 생각하건대 구리는 구리 광산에서 나온 것이니 구리 광산이 무너지고 구리 종이 저절로 울린 것은 부모의 유골이 자손과 '동기同氣'라서 자손이 복을 받는 것과 같으니 저절로 그렇게 되는 이치가 있는 것이다."[3]

---

1) 최창조, 『청오경·금낭경』(민음사, 1993), "葬者乘生氣也. 五氣行乎地中, 人受體於父母, 本骸得氣, 遺體受蔭. 經曰, '氣感而應鬼, 福及人.' 是以, 銅山西崩, 靈鐘東應, 木華於春, 栗芽於室."

2) 張說(667~730)의 자는 道濟이며 낙양 출신이다. 미천한 집안 출신으로 23세에 賢良方正科에 합격하여 여러 관직을 거치고 재상이 되었으며 '燕國公'에 봉해졌다. 文才가 뛰어나 許國公 蘇頲과 함께 '燕許大手筆'로 칭송되었다.

3) 최창조, 『청오경·금낭경』, "漢未央宮中, 一夕無故而鐘自鳴. 東方朔曰, '必有銅山崩者.' 未幾西蜀秦嶺銅山崩, 以日揆之正, 未央鐘鳴之日. 帝問朔, '何以知之?' 朔曰, '蓋銅出於銅山, 氣相感應, 猶人受體於父母.' 帝歎曰, '物尙爾, 況於人乎, 況於鬼神乎?' 又曰, '銅出於銅山之, 山崩而鐘自鳴, 亦猶本骸同氣子孫蒙福, 自然之理也.'"

명당은 발복한다. 나는 이 사실에 동의한다. 명당이 발복하지 않는다면 도대체 좋은 땅을 골라서 살 이유가 없다. 어떤 일이든 모든 사람에게 공통적으로 똑같이 일어나는 법은 없다. 그러므로 명당발복을 경험하지 못했다고 해서 그것이 발복을 부정할 수 있는 증거가 되지는 못한다. 명당발복을 경험한 사람도 있기 때문이다. 그러므로 내가 발복을 믿지 않는다고 해서 발복을 믿는 사람을 비방할 수는 없는 일이다.

그러나 장열은 발복을 바라고 땅을 살피는 것은 어리석고 천한 무리나 하는 일이라고 통박하였다. 당연히 발복은 아무에게나 일어나지 않는다. 어떤 사람이 복을 받는가? 장열의 생각을 들어보자.

효자가 어버이를 산과 물이 상서로운 곳에 장사 지내는 것은 부모님을 마지막으로 모시는 곳이기 때문이다. 어버이의 유골이 편안하다면 효자의 마음도 또한 편안할 것이다. 만약 복이 후손으로 흘러가 음덕이 살아 있는 사람에게 모이는 것이라면 효자가 아니라도 복을 넘보는 일이 만에 하나 있을 수도 있다. 그러나 비록 그러할지라도 일에는 지극한 이치와 본디부터 그러함이 반드시 있는 법이다. ……대대로 이어지는 효자는 진실로 음덕을 받으리라는 생각은 감히 싹도 틔우지 않는데, 용렬하고 천한 무리는 음덕을 받는 것을 지극한 이치로 알아 좋은 땅을 구하는 것에 급급히 함을 살아 있는 사람이 도모해야 할 일이라고 여긴다. 부모의 유해가 다시 편안함을 얻게 하는 것이 풍수의 뜻이니 그 보람은 어버이의 안위를 근심함에 있다.[4]

---

4) 최창조, 같은 책, "孝子之於父母, 要求吉山吉水, 以爲父母送終之所也. 父母之遺骸得安, 卽孝子之心亦安之. 若福流後嗣, 蔭注生人, 非孝子所敢覬覦萬一也. 雖然事有必至理有固然.……世之孝子, 固不敢萌福應之念, 而庸瑣之儔, 知有蔭注必然之理 汲汲求佳地, 以爲生人之計. 父母遺骸, 亦復得安, 風水之理, 其功博矣."

오늘날까지 동기감응의 음택명당발복을 주장하는 사람들은 거의 가 이 '산붕종응山崩鐘應'을 근거로 든다. 현대의 자연 과학적 지식을 추가하여 설명하는 사람도 없지 않은데, 그 가운데 형산衡山 정경연鄭景衍(1960~)의 주장을 들어보자.

혈의 발음發蔭은 묘지를 쓴 후 태어난 자손이 가장 많이 받고, 어린 자손이 그 다음이며 나이를 먹어 갈수록 영향력이 적어진다는 것이 일반적인 동기감응론同氣感應論이다. 동기감응이란 조상과 후손은 같은 혈통 관계로 같은 유전인자를 가지고 있기 때문에 서로 감응을 일으킨다는 이론이다. 동양 철학에서 기氣는 우주의 본원으로 어느 곳이든 없는 곳이 없고(無所不在), 새로 생기지도 없어지지도 않으며(不生不滅), 시작도 끝도 없는 것으로(無始無終) 불변형질不變形質이라고 하였는데, 이것이 17세기 영국의 물리학자 뉴턴(Newton)의 에너지 불변 법칙과 일치한다.
존재하는 모든 사물은 존재를 위한 에너지(氣)를 갖고 있으며 이 에너지는 고유의 파장을 갖고 같은 파장과 반응하고자 하는 특성이 있다. 비록 유골이라 할지라도 존재하는 한 에너지를 가지고 있으며 파장을 일으켜 반응하려는 작용을 하는데 반응의 상대는 자신과 유전인자가 같은 자손이다. 방송국의 주파수와 라디오나 TV의 채널은 같은 주파수(전자 파장)끼리만 송신과 수신이 가능하듯이 조상의 유골도 동일한 유전인자를 가진 자손에게만 파장으로 작용한다. 유골이 좋은 환경에 있으면 좋은 기를 발산하여 그 자손이 좋은 기를 받으며, 유골이 나쁜 환경에 있으면 그 자손 역시 나쁜 기를 받는다는 것이 동기감응론이다.
혈에 따라 유골이 오래 보존되고 빨리 쇠골衰骨되는 차이는 있지만 인체의 유골은 시간이 지남에 따라 퇴화되어 가는데 퇴화의 진행 정도에 따라 감응의 정도는 떨어진다. 혈통이 가까울수록 시간이 짧아 감응의 정도는 강하고 혈통이 멀수록 세월이 지나 감응의 정도는 약해진다. 그러나 동기감응을 받아들이는 속도와 용량은 어릴수록 강하고 나이가 들수록 약하다. 마치 감수성이 예민한 어린이들이 사물을 받아들이는 속도와 양이 빠르고 많듯이 유전인자가 같은 염색체인 정자나 난자는 거의

100% 조상 에너지를 받아들이고, 어린아이는 많이, 노인은 적게 받아들이는 것이 발음론發蔭論이다.[5]

명당발복은 없다

『서울대의 나라』(개마고원, 1999)를 쓴 전북대학교의 강준만 교수는 우리 나라의 왜곡된 교육 구조의 주범이 서울대라고 하였다. 그는 서울대에 대한 비판은 서울대 출신이 하는 것이 가장 바람직하다고 했는데, 생각해 보면 금방 그 뜻을 알 수 있다. 풍수에 대한 비판이야 어제 오늘의 일이 아니다. 비판 정도가 아니라 학계에서는 거의 고사枯死가 되었으니 비판을 할 필요조차 없다.

그러나 음택발복을 믿음으로 가진 사람과 거기에 영합하여 풍수의 본질을 흐리고 개인의 잇속을 추구하여 문제를 일으킨 사람은 적지 않다. 좋은 묏자리를 찾는 것은 왕왕 부모에 대한 효도이며 조상에 대한 후손의 도리라고 미화되곤 한다. 조상 숭배와 효도가 국가의 통치 이념인 듯이 보였던 때가 조선 시대이다. 조선 왕조를 살았던 인물의 음택발복의 풍수 비판은 서울대 출신의 서울대 비판과 다를 바 없다.

초정楚亭 박제가朴齊家(1750, 영조 26~1805, 순조 5)는 조선 후기의 대표적 실학자로 시와 경학은 물론, 그림과 글씨에도 뛰어났다. 그는 1778년 사은사 채제공蔡濟恭을 따라 청나라에 다녀온 뒤 보고들은 것

---

[5] 형산은 전북 순창 출신의 풍수학인이다. 그는 풍수 전반에 걸쳐 탄탄한 실력을 갖추고 있다. 더욱이 그 지식을 남김없이 공개하고 있으며 곧은 마음으로 이 땅의 풍수 발전을 위해 노력하고 있다. 풍수에 관심 있는 사람은 꼭 그의 인터넷 사이트(http://www.poongsoojiri.co.kr)를 방문하기 바란다.

을 정리하여 『북학의北學議』 내·외편을 저술했다. 외편의 「장론葬論」은 짤막한 글이지만 당시 음택풍수의 폐단을 간명하게 밝히고 있다. 이를 발췌하여 요약해 보았다.

사대부들이 개장을 효도로 여기고 산소 가꾸기를 일삼으니 백성들도 사모하여 그것을 본받는다. 생각해 보건대 이미 뼈가 된 어버이로 자기의 길흉을 점치니 그 마음이 매우 어질지 못하다.[6]

지금 사람들이 개장을 함에 물이 드나든 흔적과 곡식 껍데기, 관이 뒤집혀 있거나 시신이 없어진 일을 두고 영험하게 생각하지 않는 사람이 없다. 그러나 이런 일은 땅속에서 보통 있는 일이며 화복과는 조금도 관계가 없다는 것을 전혀 알지 못한다. 오늘에 이르도록 영화롭고 부귀한 집안은 다만 그 선조의 묘를 파보지 않았을 따름이지 (만약 파서 본다면) 반드시 이러한 몇 가지 근심이 있음을 볼 수 있다. 또한 빈한하고 후손이 없는 무덤도 파 본다면 왕왕 이른바 상서로운 기운이 뭉쳐서 흩어지지 않음이 있다.[7]

요절과 장수, 궁함과 현달함, 홍함과 망함, 가난함과 부유함은 천도가 저절로 그러한 것이며 사람 사는 일에 꼭 없다고 할 수는 없지만 그것을 장사 지낸 땅에서 논해서는 안 된다. 요동과 계주의 들을 살펴보면 모두 밭에다 매장하여 만리 평원에 겹쳐진 것이 서로 비슷하니 애당초 청룡, 백호와 사와 혈이 다르지 않다. 시험 삼아 우리 나라의 지사地師로 하여금 자리를 고르라고 한다면 아득하고 아득하기만 하여 평소에 알고 지키는 것을 바꾸어야 할 것이니 장사를 지냄에 있어 어느 한 가지로 주장할 수 없음이 이와

---

6) 『北學議』,「外篇·葬論」, "士大夫, 以改葬爲孝, 治山爲事, 小民慕效. 夫以旣骨之親, 卜自己之休咎, 其心已不仁矣."

7) 같은 책, 같은 곳, "今人莫不以改葬潮痕穀皮飜棺失屍之事爲靈驗, 殊不知此地中之常事, 而少無關於禍福. 至今, 榮華尊富之家, 特不能盡視其祖墓耳, 視必有此數者之患何也. 以貧寒無后之塚發之, 則往往有所謂吉氣葱蘢而不散焉耳."

같다.[8]

　명당발복은 없다. 나는 이 사실에 동의한다. 살아 있는 부모도 자식의 장래를 결정할 수 없거늘 도대체 죽은 어버이의 시신이 어떻게 자손에게 복을 내릴 수 있단 말인가? 그것은 삼척동자도 아는 일이다. 세상에는 우리만 사는 것이 아니다. 화장火葬도 있고 풍장風葬·수장水葬도 있다. 무해무득無害無得이니 무해지지無害之地니 하는 말들은 모두 다 교묘하게 꾸며 낸 이야기에 지나지 않는다. 보통 사람의 상식으로 이해할 수 없는 것은 결코 진리가 될 수 없다.

주술

　그러하나, 명당발복은 없을지라도 명당은 분명히 있다. 명당발복의 심리는 자연 숭배 사상에서 나온 것으로서 일종의 주술呪術(Magic)이다. 초자연적·초인적 힘을 자기 편으로 유도하고 조작함으로써 증식增殖과 제액除厄을 기원하는 것이다. 음택풍수陰宅風水는 거기에 조상 숭배가 더해진 것이다. 주술의 종류는 헤아릴 수 없이 다양하며 인류의 기원과 함께 출발하여 인간이 존재하는 한 지속될 것이다. 현대의 고등 종교도 모두 주술이 세련되게 발전한 형태일 뿐이다.
　풍수 사상 중 동기감응은 '접촉주술接觸呪術'이며 명당형국론은 '유감주술類感呪術'이다. 접촉주술은 한 번 접촉한 사실이 있는 것은 실질적인 접촉이 단절된 뒤에도 시간과 공간을 초월하여 상호 작용을

---

[8] 같은 책, 같은 곳, "天壽窮達興亡貧富者, 天道之自然, 而人事之所必無者, 非所論於葬之. 觀于遼薊之野 悉葬之于田, 平原萬里, 累累而相似者, 初無龍虎砂穴之異同. 試使吾邦之地師卜之, 茫茫乎, 易所守矣, 葬之不可一槪論也如此."

계속한다는 원리에 의한 주술로서 '감염주술感染呪術'이라고도 한다. 유감주술은 '모방주술模倣呪術'이라고도 하며, 유사한 것은 유사한 것을 발생시키고 또 결과는 원인과 유사하다는 원리에 바탕을 두고 있다.

독일에서 철학 박사과정을 밟고 있는 후배에 따르면 그 나라에서는 12월 31일이 되면 남녀노소를 가리지 않고 대부분의 국민이 거리로 나와 폭죽을 터뜨린다고 한다. 그래야만 한 해 동안 있었던 재수 없는 일이 날아가고 새 해에는 좋은 일이 일어난다는 것이다. 폭죽 값으로 드는 돈을 계산하면 가히 천문학적 숫자라고 한다. 상황이 이러한데 폭죽을 터뜨리면 재수가 좋아지는지 아닌지를 따지는 것은 대단히 어리석은 일이다. 우리는 이처럼 복을 바라는 행동을 임의로 주술이라고 부를 수 있으며, 그 행동을 무어라 부르든 현대사회에서도 주술적 사고 방식이 작용하고 있음을 이 예로도 알 수 있다.

예천군 지보면

안동군 서쪽에 바로 예천군이 붙어 있다. 예천군에는 아주 이상한(?) 지명 하나가 있어 그곳에 사는 사람들은 어릴 때부터 내남없이 놀림의 대상이 되었다. 바로 지보면知保面이 그 지명이다. 지보라니, 도대체 어디 이름을 지을 것이 없어서 지보란 말인가? 더구나 지보면에 붙어 있는 면은 또 어떠한가? 풍양면豊壤面이다. 풍양이란 이름 자체만으로야 나무랄 데가 없지만 지보면에 붙어 있다는 죄(?) 때문에 덤터기로 불명예스러운 이름이 되고 말았다.

경상도 사투리에 익숙한 사람들에게는 설명이 필요없지만, 지보

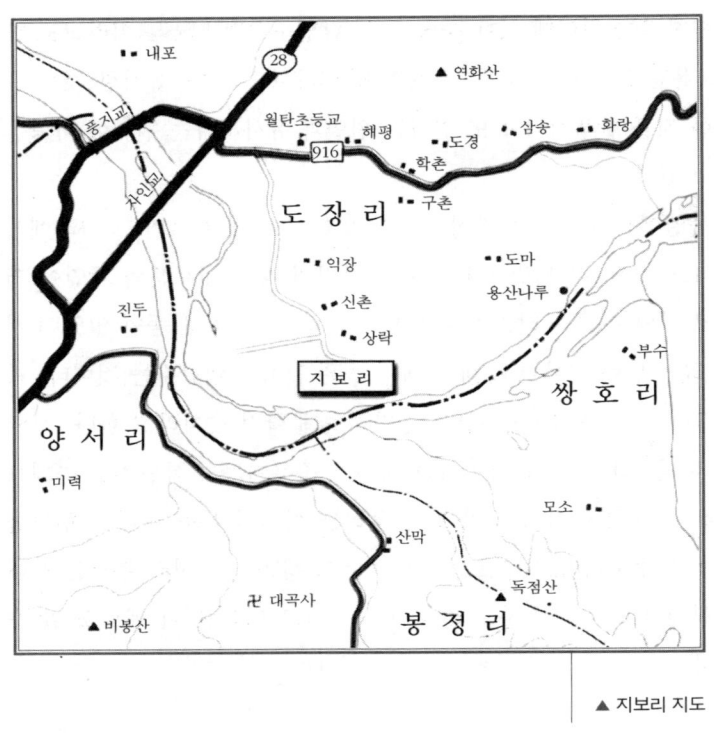

▲ 지보리 지도

를 거꾸로 해서 읽듯이 풍양을 뒷글자부터 읽으면 양풍 즉 큼직한 함지박을 가리키는 사투리가 된다. 그러므로 두 지명을 붙여서 읽으면 엄청난(?) 욕설이 된다. 지보와 풍양이라는 지명을 처음 듣는 사람들은 말할 것도 없거니와 이미 들어 알고 있는 사람조차도 들을 때마다 어른 아이 할 것 없이 낄낄거리며 웃곤 한다. 두 곳의 지명을 아는 사람이 어쩌다 외부 사람과 함께 지보를 통과할 일이 생기면 묻지도 않았는데 지보와 풍양의 관계를 친절하게 설명해 줄 정도다.

경기도 안성군에는 중부고속도로 일죽 인터체인지로 잘 알려진 일죽면이 있다. 이 일죽면의 원래 이름은 죽일면이었다. 그래서 죽일면의 면민面民과 면장面長은 '죽일 면민과 면장' 이 되었으니, 어찌 견딜 수가 있었으랴. 결국 이름을 뒤집어 일죽으로 바꾸었던 것이다.

죽일면은 이처럼 이름을 바꾸었는데 왜 지보면은 이름을 바꾸지 않고 그 엄청난 수모를 견디고 있는 것일까? 아니, 내가 듣기로는 견디는 것이 아니라 아주 자랑스럽게 여기고 있다 한다. 이름을 바꾸자는 논의가 여러 번 있었지만 지보라는 이름이 좋으니 바꾸지 말자는 의견이 번번이 우세했단다. 그 이름이 좋다는 판단 근거의 핵심은, 지보에서 예천의 인재가 가장 많이 배출되었는데 정말로 이름이 나쁘다면 인재가 그렇게 나올 리 없다는 데 있었다.

지보면이 지보라는 이름을 갖게 된 유래와, 주민들이 계속해서 지보라는 이름을 고집한 까닭이 지보리의 풍수적 형국과 그곳에 있는 산소 때문일 것이라고 추측하는 사람들도 있다. 나도 그 생각에 동의한다. 그 이유가 설득력이 있는지 없는지, 지금부터 지보리로 가보자.

태을봉

가일을 나와 우회전하여 조금만 가면 하회 마을로 들어가는 갈림길이 나온다. 그 916번 지방도를 따라 시오리쯤 가면 풍천면 구담九潭에 이른다. 구담은 안동군과 예천군과 의성군의 경계가 되는 곳으로 광산 김씨와 순천 김씨가 세거世居해 온 유서 깊은 마을이다. 구담을 지나면 예천군 지보면이다. 우리의 목적지는 이 지보면의 지보 마을과 그곳에 있는 동래 정씨의 산소이다.

　구담을 지나 계속 916번 지방도를 따라 예천군으로 들어서서 시오리(6km)를 달리면 고갯마루 아래 오른쪽으로 도화 1리뜰이 나온다. 다시 오르막길을 따라 도화 2리를 지나 고갯마루에 오르면 11시 방향으로 돌올突兀한 산 하나가 우뚝 서서 시야를 막는다. 도로가 많이 휘어져서 길가에 차를 세우기가 어렵겠지만 못 근처에서 내려 그 산, 태을봉太乙峰(185m)이 내뿜는 강건한 기상을 감상하기 바란다.

　태을봉은 그 형태가 '정상 분포 곡선'과 흡사하며 그다지 높지 않다. 그러나 산의 높이와 크기가 중요한 것은 아니다. 문제는 산이 앉아 있는 자세와 기세인데, 이처럼 작으면서도 힘있고 우뚝한 용의 자세와 기세를 하고 있는 목성木土을 만날 수 있는 기회는 흔치 않다. 지금 우리가 보고 있는 쪽은 태을봉의 등 쪽이며 앞쪽 품에 마을과 산소가 있다. 태을봉을 뒤에서 볼 때와 앞에서 볼 때 그 산의 느낌이 어떻게 달라지는지에 유념할 필요가 있다. 용의 앞뒤를 한 곳에서 이렇게 선명하게 볼 수 있는 기회도 드무니 말이다.

오성

　오성五土의 '성'은 산을 가리키는 풍수 용어다. 다음은 『인자수지』에 실린 설명과 그림이다.

   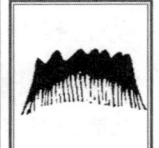

▲ 목성　　▲ 화성　　▲ 토성　　▲ 금성　　▲ 수성

오성은 오행을 말한다. 오행의 정기가 하늘에 매여 오성이 되는데 오성의 모습(形)은 땅에 근본을 둔다. 땅을 보는 법은 산형山形을 보고 오성으로 나누어 그 형태에 따라서 길흉을 짐작할 수 있다. 그러나 오성은 분별하기가 어려워 서로 비슷하기도 하고 그렇지 않기도 하니 자세히 살펴야 한다. 오성의 형체는 목木은 뻗음이니 곧음(直)에서, 화火는 불꽃이니 날카로움(銳)에서, 토土는 두터우니 모남(方)에서, 금金은 단단하니 둥긂(圓)에서, 수水는 움직임이니 굽음(曲)에서 추상한다. 그러므로 산형이 곧게 솟은(直聳) 것이 목성, 뾰족하고 날카로운(尖銳) 것이 화성, 네모지고 반듯한(方正) 것이 토성, 크게 둥근(光圓) 것이 금성, 구불구불하게 움직이는(曲動) 것이 수성이다.

산은 보는 곳에 따라 그 형태가 바뀐다. 그러므로 처음에는 어디에서 보든지 보는 곳에서 보이는 대로, 오성 중 어디에 속하는지를 판단하는 연습을 해야 한다. 산의 모습을 오성에 견주어 어느 형태에 속하는지를 따져보는 습관을 들이다 보면 산을 보는 재미가 새록새록 생겨날 것이다. 물론 처음에는 갈피를 잡지 못하겠지만 꾸준히 노력하면 자신도 모르는 새 눈이 확 트였음을 깨닫게 될 날이 올 것이다.

오행은 생生·극剋·제制·화化의 변화를 수반하므로 좌향론坐向論과 리기풍수理氣風水의 술수가 거의 모두 오행에 의지한다고 해도 과언이 아니다. 산형山形의 변화와 길흉을 오성五星(오행)이나 구성九星으로 설명하는 책을 만나게 되면 초심자初心者는 오리무중五里霧中 정도가 아니라 십리암흑十里暗黑 상태에 빠져 풍수에 대한 관심은 온통 사그라지고 만다. 더구나 패철佩鐵이라는 나침반과 명리학(사주학)의 12운성에 습합襲合된 포태법胞胎法이 결부되고, 하도河圖와 낙서洛書에 역易까지 끼어 들어 그 뜻조차 짐작

3. 지보리 153

할 수 없는 한문을 마주하고 보면 그야말로 말 그대로 절망의 나락을 경험하게 된다. 그러나 겁먹을 것 하나 없다. 일단은 그냥 싹 무시하는 것이 상책이다. 그렇다고 완전히 무시할 수 있는 일은 아니므로 자세한 내용은 좌향을 말할 때 다시 언급하기로 하겠다.

용의 배면

어느 곳에서 보는 산의 모습이 그 산의 바른 모습일까? 산의 앞쪽을 얼굴(面)이라 하고 뒤쪽을 등(背)이라 한다. 산의 배면背面을 아는 일은 매우 중요하다. 사람이 산 속이나 산밑에 깃들여 살 때, 산 등 쪽보다는 얼굴 쪽에 살아야 한다는 것은 상식이다. 그러나 세상 모든 일이 늘 그렇듯이 말은 쉽지만 행동은 어렵고, 머리로 이해하는 것은 쉽지만 실제로 느끼기는 어려운 법이다. 산의 배면을 빨리 알아내는 방법은, 내 경험에 비추어 보건대 애정을 가지고 줄기차게 보는 방법 외에 특별히 뾰족한 수는 없다. 책과 글은 참고 사항일 뿐 모든 것은 실제 산에서 직접 경험하고 느껴야 한다. 세상일이 다 그렇지 않은가? 다음은 『인자수지』의 배면에 대한 설명이다.

대개 배면은 산용의 유정함과 무정함의 구분이다. 얼굴이 열린 곳은 저절로 광채가 나고 가지런하고 단정하며, 빼어나고 아름다워 보기 좋다. 마치 사람의 얼굴을 보는 것과 같이 정情이 있으니, 이러한 곳에서 땅을 찾아야 한다. 등을 돌려 서 있는 곳은 자연히 높고 깨어지고 갈라져서 거칠고 추하며 아름답지 못하여 보기 싫다. 이는 마치 사람이 등을 돌린 것과 같이 정이 없으니 이런 곳은 살필 필요가 없다.

현재의 행정 구역상, 청량산淸凉山(870m)은 봉화奉化 쪽에 더 가까이 있다. 그러나 대개들 청량산을 봉화산이라 하지 않고 안동산이라 한다. 왜냐하면 청량산의 앞쪽인 얼굴이 안동을 향하고 있기 때문이다. 작은 산이나 산줄기 및 능선을 볼 때도 어느 쪽이 얼굴인지를 구분하는 습관을 들여야 한다. 자주 보다 보면 감이 잡히게 된다.

비봉산

태을봉을 뒤로 두고 두어 구비 돌아가면 쭉 뻗은 직선 도로 끝쯤에 이르러 왼쪽으로 지보리 표지석과 상락 교회 표지판이 나타난다. 그곳에서 지보리까지는 5리 남짓하다. 지보리로 좌회전하여 들어가면서 1시 방향으로 보이는 산이 의성군 다인면多仁面의 진산인 비봉산飛鳳山(579m)이다. 마치 스텔스 폭격기 같은 비봉산은 볼 때마다 그 느낌이 새롭다.

중국의 난세亂世 중 전국 시대를 산 장주莊周(기원전 365~270)는 매우 특이한 인물이다. 그는 실로 인간이 도달할 수 있는 정신의 극점을 훌쩍 뛰어넘은 대자유인大自由人이다. 나는 장주에게 한동안 깊이 빠져 있었으며, 지금도 그렇다. 그의 책『장자』에는 인간의 상식을 깨는 통렬하고도 아름다운 이야기들로 가득 차 있다. 그 수많은 이야기들의 처음에 바로 '대붕大鵬'이 나온다.

북녘 바다에 물고기 한 마리가 있으니 이름이 '곤鯤'이다. 곤의 크기는 몇천 리나 되는지 알 수가 없다. 곤이 변해서 새가 되는데 이름이 '붕鵬'이다. 붕새의 등 너비는 몇천 리나 되는지 알 수가 없다. 힘차게 날아오르면 날개가 마치 하늘에 드리운 구름과 같다. 이 새는 바다의 기운이 움직여 태풍이 일어날 때 그 바람을 타고 남쪽 바다로 날아가는데 남쪽 바다가 천지天池이다. 제해齊諧는 괴이한 것을 알고 있는 사람이다. 그는

▲ 비봉산

이렇게 말하였다. "붕새가 남쪽 바다로 날아갈 때면 3천 리에 걸쳐 파도를 일으키고, 태풍을 타고 하늘로 오르기를 9만 리나 하는데, 한 번 날면 여섯 달이 지나서야 쉰다." 아지랑이와 먼지는 살아 있는 것들이 서로 내뿜는 기운이다. 저 하늘의 푸른빛은 정말로 제 색일까? 멀리 떨어져서 끝이 없기 때문에 그렇게 보이는 것이 아닐까? 붕새가 아래를 내려다보면 또한 그와 같이 푸른빛만 있을 뿐이리라.[9]

장자는 대붕을 등장시켜 우리들이 사실이라고 믿고 있는 것들에

---

9) 『莊子』, 「逍遙遊」, "北冥有魚, 其名爲鯤. 鯤之大, 不知其幾千里也. 化而爲鳥, 其名爲鵬. 鵬之背 不知其幾千里也. 怒而飛, 其翼若垂天之雲. 是鳥也, 海運則將徙於南冥. 南冥者, 天池也. 齊諧者, 志怪者也. 諧之言曰, '鵬之徙於南冥也, 水擊三千里, 搏扶搖而上者九萬里, 去以六月息者也.' 野馬也, 塵埃也, 生物之以息相吹也, 天之蒼蒼, 其正色邪? 其遠而無所至極邪? 其視下也 亦若是則已矣."

대해 다른 각도로 생각해 보기를 권하고 있다. 크게 생각하는 것은 대붕이 구만리 장천長天에서 아래를 보는 것과 같으며, 작게 생각하는 것은 메추라기가 나무 사이를 날아다니는 것과 같으니, 큰 사람의 행동과 작은 사람의 행동이 차이가 난다는 것을 나타낸 것이다. 이어지는 『장자』의 여러 이야기들은 실로 흥미진진하며 계발적啓發的 암시로 가득 차 있다.

아무려나, 내가 지보리에서 비봉산[10]을 볼 때면 「소요유」의 대붕을 보는 듯하다. 아직 몸체의 대부분은 바다 속에 있지만 막 날개를 펼치며 구만 리 창천蒼天을 날아오를 듯한 봉새의 기세가 느껴지는 산이 비봉산이다.

지보의 뜻

지보리로 들어서면서 우리는 한 가지 의문을 갖게 된다. 왜 하고 많은 이름 중에 하필이면 '지보'인가? 『경북지명유래총람』(경상북도 교육위원회, 1984)의 설명을 살펴보자.

지보면은 군내에서 면적이 가장 넓고 옛날부터 인재가 많이 나는 고장으로 알려졌다. 고금을 통해 전란의 자취를 찾아볼 수 없는 평화로운 곳이며 면치面治의 중심지는 지보리이다. 태을봉 밑 큰마 동쪽에 햇마가 있는데 이 근처에서 가장 오래된 마을이다. 마을 뒤에 고려 때에 지보암이란 절이 있었는데, 이 때문에 이 일대를 지보라 했다.

그러나 지보암의 이름을 왜 그렇게 짓게 되었는지에 대한 설명은

---

[10] 최창조, 『한국의 풍수사상』(민음사, 1986)에 의하면 『新增東國輿地勝覽』에 진산이 명시되어 있는 고을은 모두 251개이다. 그 중 산 이름이 같은 경우는 거의 없는데, 비봉산의 경우에는 남양주·안성·선산·진주·정선·양구 등 6개 지역에 같은 이름이 있다.

없다. 이곳이 지보라는 이름을 얻게 된 이유는 풍수적 입지 때문이라는 해석이 설득력이 있다. 지보리의 풍수적 입지는 일찍부터 널리 알려져 있다. 최영주의 『신한국풍수』(동학사, 1992)와 최창조의 『한국의 자생풍수』(민음사, 1997)를 참고하여 재구성해보았다.

조선 세종조에 예문관 직제학을 지낸 정사鄭賜의 묘가 예천군 지보면 익장리에 있다. 이곳에 묘를 쓰려고 광중을 파니 물이 나오는 듯하여 다른 곳으로 옮기려 했다. 그때 마침 나타난 신령한 노인의 가르침대로 뒷산 너머를 파자 광중의 물이 빠져 산소를 썼다고 한다. 내룡은 태백산에서 학가산으로 뻗어 온 맥이 조골산을 거쳐 연화산蓮花山(267m)을 이뤘는데, 바로 이 산을 주산으로 삼았다. 좌향은 '정남향'(子坐午向)이고 형국은 '옥녀단좌형' 이다. 형국이 말해 주듯 혈장은 여근女根의 모습 그대로다. 지보리란 마을 이름도 여기에서 유래한다. 혈 앞의 외당수인 낙동강은 동쪽에서 흘러와 서쪽으로 빠져나간다. 강 건너 안산인 비봉산은 귀貴를 뜻하고 그 앞에는 여근을 향한 남근 형상의 긴 산등성이 곧게 뻗어 있다. 이 때문에 묘가 있는 지보리 익장 마을에서는 지보 나루에 다리를 놓지 못하게 한다. 다리를 놓으면 근친상간의 위험이 따르기 때문이라고 한다. 그래서 지금도 다리가 없다. 좌우 청룡과 백호는 여자가 다리를 벌리고 있는 모습 그대로이고 중간에는 무릎을 뜻하는 봉우리들이 각각 솟아 있다.

위의 글은 혈장 주변의 형세를 설명하고 있다. 지보리의 전체적 형국은 '옥녀단좌형玉女端坐形' 이며, 그 핵심 부분인 혈장이 여근과 흡사하여 '지보리' 라는 이름을 얻었다는 것이다. 〈지보리 지형도〉를 보면서 위의 설명을 차근차근 살펴보자.

〈지보리 지형도〉의 A 부근이 정사鄭賜의 묘소가 있는 지점이다. A 지점이 산소라면 산소의 주산主山인 현무사는 당연히 태을봉이 될 듯한데, 뒤쪽의 연화산이 주산이 된 이유가 궁금하다. 우선 주산에 대해서 알아보자.

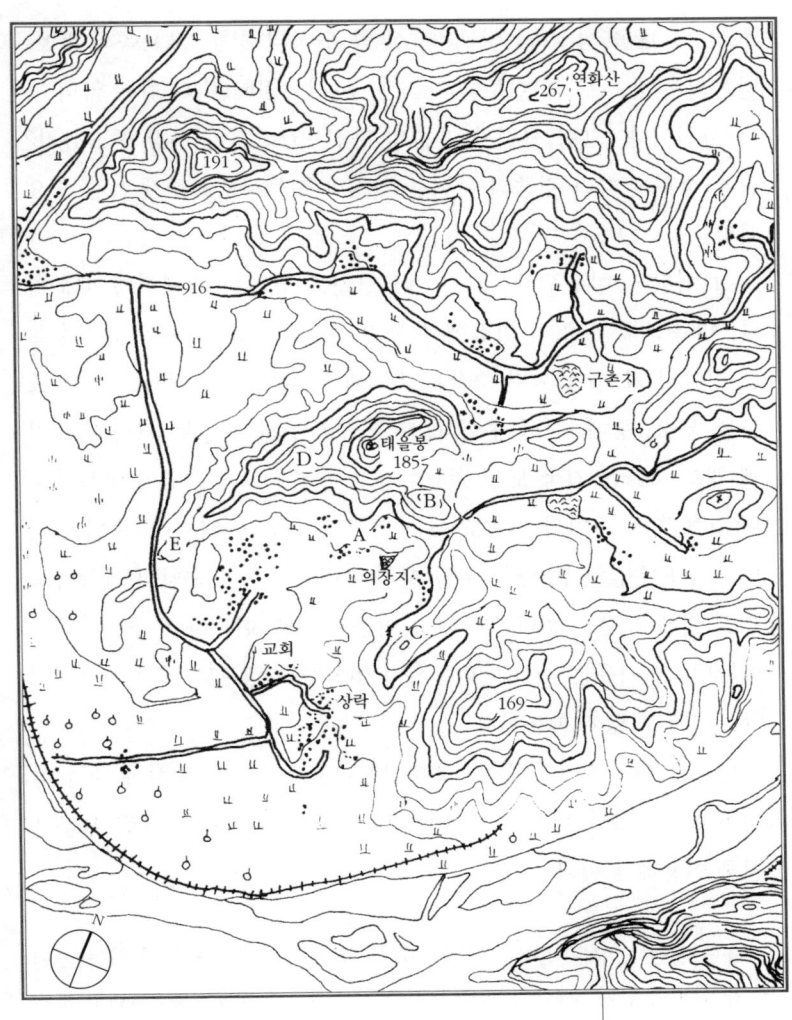

▲ 〈지보리 지형도〉

3. 지보리

주산현무

　혈장穴場을 형성하는 사방의 산 즉 왼쪽의 청룡, 오른쪽의 백호, 앞쪽의 주작, 뒤쪽의 현무를 가리켜 '사신사四神砂'라 함은 익히 아는 사실이다. 그럼 사신사 가운데 과연 어느 것이 가장 중요한가? 물론 상황에 따라 경중의 차이는 있지만 현무사玄武砂가 가장 중요하다.

　그 까닭은 현무주산玄武主山이 혈처를 만드는 주체이기 때문이다. 비유컨대, 혈처의 입장에서 보면 주산은 부모와 같고 본신용호는 형제라 할 수 있으며 주작은 손님과 비슷하다. 그러므로 그 중요도는 부모, 형제, 손님 순이다. 단적으로 말하면 현무 외의 나머지 세 개의 사砂는 결국 모두 손님이라고 할 수 있다. 손님이 아름다우면 그에 따라 주인의 체면도 서는 면이 없지 않아 있지만, 손님은 어디까지나 손님일 뿐이다. 주인 자신의 아름다움이 손님의 아름다움으로 대체될 수는 없다. 혹 어떤 이는 주산과 현무사를 구분하기도 하는데, 그 이유는 주산과 현무사가 일치하는 경우도 있지만 그렇지 않은 경우도 많기 때문이다.

　다음은 최창조의 『한국의 풍수사상』에 실려 있는 주산에 대한 설명이다. 좀 길지만 반드시 알아두어야 할 내용이므로 관련 부분을 전부 인용해 보았다.

　용을 찾는 요령은 먼저 그 용이 어디서부터 이어져 나왔는가 하는 근원을 살펴야 한다. 사람의 계보에 시조와 중시조인 파조派祖, 그리고 조·부모가 있듯이 용에도 근본이 되는 태조산과 소조산, 그리고 주산이 있다. 조종이 훌륭해야 용도 역량이 크고, 조종이 빈약하면 용도 역량이 단박短薄하다고 본다. "사람이 근본이 없으면 악인이 나오고 산이 근원이 없으면 나쁘다"는 지적도 같은 의미로 해석된다.

조산祖山은 혈장으로부터의 거리와 산의 규모에 의해 다시 몇 가지로 나누어진다. 태조산은 혈이 되는 곳에서 멀리 떨어진 산으로 고대하고 웅위하여 큰 것은 백여 리를 뻗어 나가 몇 고을의 으뜸이 되고, 작은 것은 한 지방의 으뜸이며, 더 작은 것은 한 마을의 으뜸이 되는 가장 기본이 되는 산이다.

태조산에서 행룡行龍을 떠나 사방으로 굽이쳐 뻗어 나가다가 크고 작은 지산支山을 이루면서 혈이 되려는 곳에 얼마 못 미쳐, 즉 혈장 뒤에 두어 절節 정도 떨어져 솟은 고대한 산을 소조산 또는 주산이라 한다. 태조산과 주산의 연맥連脈 사이에 중시조와 같은 높이 솟은 산이 있을 때, 이를 중조산 혹은 종산宗山이라 일컫기도 한다. 혹은 태조를 조, 소조를 종이라 하기도 한다.

주산은 혈장이 있는 명당의 뒤에 위치하기 때문에 후산後山이라 하기도 하고, 혈장을 진호한다 하여 진산鎭山이라 부를 때도 있다. 만약 혈장 뒤에 고대한 산이 있다 하더라도 그 산의 갈라진 줄기가 많아 혈장과 거리가 상당히 떨어져 있으면 주산이라 할 수 없으며, 이런 산은 '주필산駐蹕山'이라 부른다.

눈으로 보아 주산이 없는 경우에도 혈을 정하는 예가 있는데 이러한 경우는 평강룡平岡龍과 평지룡平地龍에서 볼 수 있다. 평강룡이란 평평한 등성이로 내려온 용으로 그 줄기가 비실비실하고 구불구불하게 끊기듯 이어져 내려오고 잘록잘록하게 속기束氣한 흔적을 남기면서 맥이 혈장까지 이어지면 주산이 있는 것과 마찬가지로 취급된다. 평지룡도 속기束氣됨을 요하며 맥이 내려오는 중간에 약간 높이 분수分水된 곳이 있으면 더욱 길하다. 그리고 혈장 뒤에 주사蛛絲, 마적馬跡, 초사草蛇, 귀배龜背, 우골牛骨 등과 같은 형태가 있으면 이는 속기束氣되어 생기가 모인 증거로 취급된다.[11]

위의 설명에 나온 모든 용어를 한번에 다 익히기는 어렵다. 천천

---

11) 최창조, 『한국의 풍수사상』(민음사, 1986), 58~59쪽.

히 생각을 하면서 각각의 용어가 가리키는 내용과 서로의 관계를 이해하면 된다. 하지만 글을 이해했다 하더라도 스승의 가르침 없이 혼자 깨우치기는 어렵다. 그리고 항상 그렇듯이 무엇보다도 현장에서 경험하는 것이 가장 좋다.

요약하면 '주산은 혈장을 만든 산'이다. 대체로 산소 자리는 아주 작다. 그러므로 산소를 만드는 산은 산소 뒤쪽에 있는 산이 주산이 되기 쉽다. 그런데 정사 묘의 경우에는 묘소가 있는 자리가 혈처穴處이며 묘소 뒤쪽의 태을봉과 B, C, D, E의 능선을 혈처를 호위하는 청룡과 백호로 파악한 것이다. 그러면 태을봉과 용호는 전부 혈장이 된다. 이런 경우에 태을봉이 현무사玄武砂가 되고 주산主山과 구별된다.

부연하면 정사鄭賜의 산소 자리가 일반적인 산소 자리와는 비교하기 어려울 정도로 크다는 것이다. 산소 자리가 크다는 것이 봉분封墳의 크기를 가리키는 것은 아니다. 그것은 혈처를 이루고 있는 용의 힘과 크기와 기세를 총칭하는 말이다. 태을봉 목성이 주산이 아니라 혈장이라는 사실을 알게 되면 그 자리에 서린 힘을 느끼게 될 것이다. 그러므로 용의 기세가 약하거나 성질이 부드러운 용일 경우에는 봉분을 크게 하고 석물石物을 지나치게 설치하는 일은 삼가고 또 삼가야 한다. 혈처에도 마찬가지다. 석물로 뒤덮이는 요즘의 산소를 볼 때마다 나는 안타깝기 짝이 없다.

〈지보리 지형도〉를 살펴보면 A지점의 혈처를 중심으로 태을봉과 B·C의 청룡, D·E의 백호가 서로 연결되어 혈장을 형성하고 있음을 한눈에 파악할 수 있다. 우리 조상들이 땅을 얼마나 세밀하고도 큰 스케일로 파악하고 이해했는지를 느낄 수 있다. 그러나 실제 현장은 상당히 크기 때문에 직접 산소에 가서 대번에 이러한 사실을

▲ 대곡사 가는 길에서 본 지보리 전경. 맨 뒤의 산이 연화산이고 그 앞에 '山' 자처럼 생긴 것이 태을봉이다. 태을봉에서 오른쪽으로 내려오는 산줄기의 끝 지점, 즉 교회 첨탑 오른쪽 뒤로 넓게 보이는 흰 부분이 정사의 산소이다. 사진의 아래 부분에 낙동강이 흐른다.

이해하기란 어렵다.

  태을봉이 주산이 아니라 혈장이라면 혈장을 만든 주산을 찾아야 한다. 〈지보리 지형도〉에서 태을봉으로 들어오는 용맥을 따라가면 연화산과 만날 수 있다. 연화산이 주산이라는 사실을 이해하기 바라면서, 동시에 왜 풍수에서 내룡의 흐름을 파악하는 간룡법看龍法을 가장 중요하게 여기는지에 대해서도 아울러 깨닫기를 바란다. 정사鄭賜의 산소에 얽힌 나머지 이야기들은 저절로 미루어 짐작할 수 있을 것이다.

  한 가지 더 보탠다면, 지형도에서는 연화산과 지보리의 형세를 볼 수 있지만 현장에서는 연화산이 보이지 않는다. 비봉산 자락에는 대곡사大谷寺가 있고, 대곡사 가는 길에서는 낙동강의 흐름과 지보리 전체의 모습 및 연화산까지 한눈에 볼 수 있다. 지보리에서 가까운 거리에 있으므로 대곡사 가는 길에서 직접 한번 보기 바란다. 만약 수고를 무릅쓸 각오가 되어 있다면 비봉산 정상에서 보는 것도 좋다.

정사와 그 자손들

지보 명당의 주인공은 예문관 직제학 정사鄭賜(1400, 정종 2~1453, 단종 1)이다. 그는 세종 2년(1420)에 약관의 나이로 식년문과에 합격하여 예조 · 형조의 낭관郞官과 직제학(정3품)을 거쳐 진주목사로 환로를 마친 뒤 현달한 자식에 의해 찬성贊成에 증직된 사실 외에는 별로 알려진 바가 없다.

정사鄭賜는 동래 정씨 직제학공파의 파조이다. 좌리공신으로 동래군東萊君에 봉해져 명문의 반석을 굳히고 정문鄭門을 중흥시킨 인물로 평가되는 익혜공翼惠公 허백당虛白堂 정난종鄭蘭宗(1433, 세종 15~1489, 성종 20)이 그의 셋째 아들이다. 정난종으로부터 이어지는 후손들의 위세는 가히 대단하다. 기라성 같은 그의 자손들이 조선의 동래 정문을 대표한다고 해도 과언이 아니다.

정난종의 아들 수부守夫 정광필鄭光弼(1462, 세조 8~1538, 중종 33)은 단종을 폐위시킨 원죄를 안아 유쾌하지 못한 세조 치세기治世期를 거쳐 운명처럼 닥친 연산군의 학정으로 인해 피바람이 몰아친 무오 · 갑자년의 사화와 중종반정의 회천廻天을 온몸으로 받아낸 인물이다. 또한 그는 불세출의 학식과 호연지기로 조선의 정신과 기개를 일신하여 사장詞章에 눌려 있던 주자 성리학의 도학을 중

홍시켜 조선에 요순의 왕도를 실현하고자 불철주야 침식마저 잊었으되 수구 기득권 세력의 반격으로 필생의 꿈을 접어야 했던 일세의 풍운아 정암靜庵 조광조趙光祖(1482, 성종 13~1519, 중종 14)를 영의정의 품으로 감싸안았으며, 드넓은 도량으로 어지럽던 국정을 헤쳐나가 기묘사화에 연루된 숱한 신진 사류士類의 명맥을 보존하여 문익공文翼公의 시호로 중종의 묘정에 배향된 인물이기도 하다. 임금의 묘정에 배향되는 것은 신하된 자가 누릴 수 있는 최고의 영예이다.

정광필의 손자 임당林塘 정유길鄭惟吉(1515~1588)은 문형文衡의 영예를 안았고, 그의 외아들 창연昌衍은 좌의정, 두 손자 광성廣成과 광경廣敬은 각각 형조 판서와 이조 판서를 지냈다. 광성의 맏아들인 충익공忠翼公 양파陽坡 정태화鄭太和(1602, 선조 35~1673, 현종 13)는 명말청초의 대격변기에 예조·형조·사헌부의 직책을 두루 수행하였고, 1649년 48세의 나이로 우의정에 오른 뒤 무려 다섯 차례나 영의정을 지냈으며, 현종의 묘정에 배향되었다. 정태화의 아우 치화致和와, 정광경의 아들 지화知和도 각각 좌의정에 올라 당대 동래 정문에 삼정승이 났으니 그 성세는 "이 나라를 정가鄭哥가 모두 움직인다"는 야유를 들을 정도였다. 정난종, 정광필, 정유길, 정태화 등은 정말로 대단한 인물들이다.

『성씨의 고향』(중앙일보사, 1990)에 따르면 조선조 전 기간 동안 배출된 상신相臣(좌·우·영의정)은 모두 366명이다. 그 중 전주 이씨 22명, 안동 김씨 19명에 이어 동래 정씨가 17명으로 세 번째로 많이 배출되었는데, 대개 전주 이씨는 왕족이기 때문에 제외되며 안동 김씨는 세도 정치의 허물 때문에 인정되지 못하는 경향이 강하다. 결국 상신의 숫자로 따지면 동래 정씨가 조선 제일의 명문이 되는데, 굳이 상신의 숫자를 언급하지 않더라도 동래 정씨가 명문가임은 부정할 수 없는 사실이다.

동래 정씨 가운데는 당대 최고의 학식과 덕망을 갖춰야만 오를 수 있으며 조선의 가장 영예로운 벼슬로 꼽히는 양관 대제학 곧 문형文衡이 2명, 재능과 덕성을 갖춘 젊은 인재를 뽑아 오로지 글만 읽도록 휴가를 주는 호당湖堂에 든 선비가 6명, 공신이 4명, 실질적으로 국가의 대소사를 직접 책임지고 담당하는 판서가 20여 명이 있으며, 문과 급제자는 198명에 달한다. 그런데 이렇듯 쟁쟁한 현신을 배출했으면서도 동래 정씨는 국혼國婚을 삼가서 단 한 명의 왕비도 없다.

이렇게 명망 있는 동래 정문의 17명의 상신 중 정사鄭賜의 직계 후손이 무려 13명이니, 이를 어떻게 설명할 수 있을까? 그것은 우연이다, 유전이다, 교육의 힘이다, 운이다 또는 이런 모든 것들이 섞여 그렇다는 등등의 여러 판단 중에 묘 터를 놓고 입방아를 찧는 사람들도 있다.

풍양면 우망리

정사鄭賜는 어떻게 이곳에 묻힐 수 있었을까? 이 의문에 대한 답은 그의 후손들이 집성촌을 이루어 살고 있는 풍양豊壤의 우망리憂忘里에서 찾을 수 있다. 안동 쪽으로 이주해 온 동래 정씨가 처음 자리를 잡은 곳은 구담이다. 그런데 정사鄭賜의 아버지인 삼수정三樹亭 귀령龜齡이 구담은 자손이 번성할 곳이 아니라고 하여 우망으로 옮겼다.

이곳의 지세가, 누운 소가 밝은 달을 바라보고 있는 '와우망월臥牛望月'의 형세라서 '우망牛望'이라 했는데, 그 뒤에 음이 같은 '우망憂忘'으로 고쳤다 한다. 왜 고쳤는지는 모르겠으나 내 생각으로는 분명한 실패작이다. 소는 농경 민족인 우리 민족과 가장 가까이에서 고락을 함께한 가축이다. 눈을 지그시 감고 누워서 되새김질을 하는 소의 모습은 그 자체가 바로 평화요 풍요다. 달을 보며 누운 소처럼 평화롭고 풍요하게 사는 사람들의 마을, 이보다 더 좋은 마을 이름도 흔치 않을 터인데 말이다.

실제 우망에 가보면 여느 마을에서는 느낄 수 없었던 느낌을 받게 된다. 산간 마을인데도 불구하고 마치 평야 지대에 위치해 있는 듯한 느낌을 받게 되는 것이다. 소의 잔등을 연상시키는 낮고 부드러운 능선의 언덕과, 그곳에 올망졸망 자리한 집들은 보기에도 평화롭다. 소의 여물통에 해당하는 청룡산의 소나무 숲은 왜가리 보호구역으로 지정되어 있으며, 삼수정 정자에 올라서면 500살이 넘는 회나무 너머로 낙동강의 유장한 흐름을 마주할 수 있다.

옥녀와 열린 와혈, 그리고 횡금안

지보리는 상당히 넓다. 지도에서 보듯이 낙동강이 활시위처럼 감아 도는 안쪽이 전부 지보리이다. 산밑으로 네 개의 마을이 흩어져 있는데, 마을 뒤로는 낮은 산이 병풍처럼 둘러 있고, 마을 앞에는 넓은 들이 펼쳐져 있다. 낙동강 건너 수려한 비봉산을 안고 있는 곳에 자리잡은 지보리는 예천군 내에서 가장 살기 좋은 곳으로 알려져 있다. 지금 다니는 916번 신작로는 지보리를 향해 거꾸로 들어가는 길이다. 옛날에는 지보 나루를 건너 지보리로 드나들었는데, 이처럼 나루 쪽에서 들어와야 지보리의 풍수적 형국을 제대로 살피고 이해할 수 있다.

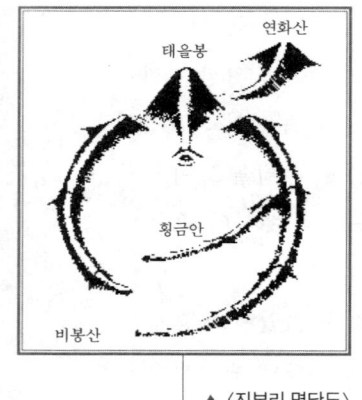

▲ 〈지보리 명당도〉

정사鄭賜의 산소가 있는 새마(新村)를 나루에서부터 찾아가는 식으로 서술해보자. 낙동강이 휘감아 도는 곳에 위치한 지보 나루를 건너 처음 만나는 마을이 햇마(火仁)이고, 다음이 큰마(大村)이다. 이어 새마와 큰마 사이에 생겼다고 하여 샛마라고도 부르는 상락上洛 마을이 나온다. 상락은 영남 기독교의 발상지다. 상락 교회가 자리잡은 언덕이 바로 지보 명당의 '안산案山'이다.

이 안산은 아주 특별하다. 그것은 '옥녀를 가리는 거문고, 즉 횡금橫琴'이다. '옥녀'라는 말에서 이미 짐작하였겠지만 풍수형국에서 옥녀라는 이름이 들어가면 땅의 모양이 여성의 하체를 닮은 곳을 뜻한다고 해도 거의 틀리지 않는데, 그 중심부가 당판인 혈처이다. 옥녀의 소응所應 곧 발복의 내용은 모성의 편안함과 생산의 풍요로움이다.

그러나 여근의 형상을 하고 있는 땅이라고 해서 다 좋은 것은 아니다. 여근이 밖으로 지나치게 노출되어 있으면 오히려 좋지 않기 때문이다. 노출이 심하면 생산의 풍요는 차치하고 풍기의 문란을 가져오는 나쁜 곳으로 바뀌게 된다. 그러므로 여근의 앞을 막아 주는 여러 가지 사砂가 필요하다. 옥녀의 소지품인 거문고·병풍·거울·비녀·빗·촛불·진주 등과 같은 형태의 산들이 아기자기하게 앞을 막으면 비로소 절묘한 명당이 되어 '옥녀단좌玉女端坐'나 '옥녀단장玉女丹粧'의 아름다운 이름을 얻지만, 그렇지 못하면 '옥녀개화玉女開花'나 '옥녀산발玉女散髮'의 형국이 되어 그 격이 떨어지게 된다.

▲ 앞쪽 능선이 횡금안, 멀리 보이는 산이 비봉산이다

이미 바람난 옥녀라면 남근석을 세워 바람기를 잠재우지만, 정숙한 옥녀라면 옥녀를 유혹할 시설물의 설치를 엄격히 금한다. 지보리 옥녀는 거문고로 자신을 가린 아주 정숙한 옥녀이다. 그래서 지보 나루에 다리를 놓지 못하게 한 것이다. 남근의 형상인 다리가 옥녀를 유혹하기 때문이다. 지금 지보리 옥녀의 거문고 위에는 상락교회의 첨탑이 세워져 있다. 글쎄, 잘 모르기는 해도 십자가는 형틀이므로 옥녀를 유혹하지 않을 것이다. 〈지보리 지형도〉에서는 안산의 형태를 구분하기가 어렵다. 그러나 현장에 가서 살펴보면 한눈에 알 수 있다.

어떻든 지보리 명당은 혈장의 중심부인 당판 곧 혈처가 주위보다 낮아서 우묵한 와혈이며, 현릉사도 용호도 열려 있는 열린 와혈이

3. 지보리 169

다. 당판의 생김새가 여근과 흡사하며 혈장의 규모도 매우 크다. 또한 그 전체적 형국은 〈지보리 명당도〉처럼 옥녀가 양다리를 벌리고 앉아 있는 모양새다. 이렇게 옥녀의 앞이 열려 있을 경우에는 그 앞을 막아 주는 안산이 더욱 필요하다.

지보리는 거문고 모양의 긴 안산이 옥녀의 앞을 높지도 낮지도 않게 막아 여근을 외부의 시선으로부터 차단하니 옥녀가 정숙하게 자신을 갈무리하게 되었다. 용이 신령하여 자신의 둥지를 이렇듯 만든 것이다. 예로부터 선인은 이렇게 신기막측한 땅을 가리켜 '옥녀단좌'(아름다운 여인이 단정하게 앉아 있는 모습의 땅)라고 이름하였다.

물형국物形局의 주체에 따라 그에 어울리는 안산의 형태를 설명하는 재미있는 비유가 많다. 그 중 몇 가지만을 살펴보면, 호랑이 앞에 조는 개(伏虎形 · 眠犬案), 소 앞의 풀 더미(臥牛形 · 積草案), 뱀 가는 데 개구리(行蛇形 · 逐蛙案), 나는 새 앞의 벌레(飛禽形 · 草蟲案), 지네 앞의 지렁이(蜈蚣形 · 蚯蚓案), 제비집에 대들보(燕巢形 · 橫梁案), 옥녀 앞의 거문고(玉女形 · 橫琴案), 금 쟁반에 옥 수저(金盤形 · 玉匙案) 등이다. 독자들은 '옥녀횡금'의 지보 안산이 주는 느낌을 현장에서 확인하기 바란다.

와중미유

지보 나루에서 상락을 지나 새마까지는 1킬로미터쯤 된다. 새마로 들어서면 마을의 뒤쪽으로 태을봉의 전체 모습이 보인다. 마을을 지나 산밑에 있는 지보 명당의 혈처에 정사鄭賜의 묘소가 있다. 그곳은 지금 증축(?)하고 개축(?)하여 본래의 모습을 많이 잃어버렸지만, 전체적인 모양은 아직 그대로 남아 있다. 산에 자리를 잡아 산소를 쓸 때 어쩔 수 없이 땅을 손봐야 할 때에는 가능하면 자연 상태를 그대로 유지하는 것이 좋다. 굴삭기로 산소를 만드는 것까지는 어쩔 수 없다 하더라도 지나치게 땅을 헤집어 산의 맥을 끊거나 해치지 않도록 조심해야 한다. 제대로 된 곳일수록 더욱 그러하다.

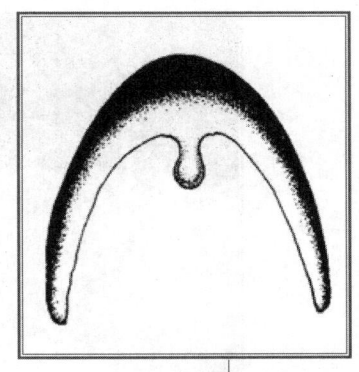

▲ 와중미유

정사鄭賜의 산소는 우묵한 가운데에 불룩하게 솟은 곳에 있다. 그곳이 혈처이다. 혈穴은 산의 꽃이요 열매요 심장이요 주인이다. 참으로 아름다운 곳이요, 기운이 뭉쳐 있는 곳이다. 가장 정채精彩로운 곳이다. 모든 사砂는 손님일 따름이다. 주인 없는 객이야 아무리 많고 아름답더라도 아무런 의미가 없다. 그것은 '빈 꽃'(虛花)일 뿐이다.

정사鄭賜의 산소 자리는 흙을 쌓아 올려 불룩해진 곳이 아니라 원래 그렇게 생긴 곳이다. 와혈 안에 또다시 유혈이 있으므로 와혈 중 가장 귀하고 좋은 곳이다. 극귀한 땅이다. 이처럼 와혈 가운데 작은 유혈이 있는 경우를 '와중미유'라 부른다. 그리고 와혈 안에 작은 돌혈이 있는 경우를 '와중미돌窩中微突'이라 부른다. 나는 이런 것은 책에서나 볼 수 있으려니 했었다. 그러했기에 이곳을 처음 보았을 때의 놀라움을 지금도 잊을 수가 없다.

그러나 지금 이곳은 산소를 단장하면서 원래의 절묘한 모습을 많이 잃어버리고 말았다. 안타깝기 짝이 없다. 봉분은 시간이 지나면 낮아지므로 때가 되면 높이는 것이 당연하다. 하지만 혈처에 쓸데

▲ 고치기 전의 정사 산소. 현릉사가 좌우에 있고 와중미유의 모습임을 알 수 있다

없이 손을 대는 것은 어리석은 일이다. 더욱이 작은 젖가슴(微乳)을 크게 하고 그 위에 육중한 석물까지 설치했으니 볼수록 안타깝기만 하다. 설마 천하의 동래 정문鄭門 찬성공파의 후손이 당대에 능력이 없어 봉분을 작게 하여 망주도 세우지 않고 자그마한 문인석과 묘전비만을 설치했겠는가? 그런데 지금 사람들은 생각이 있는지 없는지 망주며 장명등長明燈이며를 세우고, 그것도 부족해서 당판 안에 무지막지하게 크고 무거운 송덕비까지 설치해 놓았다. 찬성공이 짊어진 짐의 무게가 너무 무겁다는 생각이 들지 않는가?

　석물에 대한 언급을 한 김에 한마디만 더 하고 가자. 옛날에는 인력人力만으로 산소에 석물을 설치하는 일이 좋다 또는 나쁘다를 떠나서 대단한 재력과 각별한 정성이 없으면 엄두를 낼 수 없는 큰 일이었다. 사람 키 정도의 비석을 설치하는 데 드는 인력과 비용을 요즘 돈으로 환산하면 줄잡아도 1억 원은 가볍게 넘는다. 돈도 돈이지만 산소에 석물을 설치하고 싶다고 해서 아무나 이것저것 설치할 수 있는 것도 아니었다. 나라에서 석물의 규모와 종류를 엄격히 규제했기 때문이다.

그 중 대표적인 것이 장명등이다. 장명등은 산소 정면 한가운데에 불을 밝힐 수 있도록 돌로 네모나게 만들어 세운 등燈으로 '석등룡石燈龍', '석등石燈'이라고도 한다. 이것은 일품 품계의 재상에 한하여 나라에서 예장禮葬을 내려야만 세울 수 있는 것이었다. 예장이란 임금의 명의名義로 장사에 부조扶助가 나오는 것이다. 그러므로 산소에 장명등이 있다는 것은 그 가문의 가장 커다란 명예 중의 하나였다.

그러나 지금은 제멋대로니 거론할 필요도 없다. 옛날의 법도를 준수하면서도 당시대의 법도에 맞게 선변善變하는 것을 우리 선조들은 귀하게 생각하였다. 그런데 지금에 와서 후손들이 정사鄭賜의 산소에 장명등을 설치한 것은 조선의 선비가 가장 꺼린 것 중의 하나인 참람僭濫 즉 분수를 넘는 행동일 뿐 아니라 지금의 실정으로 보아도 올바른 일이 아니니, 그것이 어찌 조상을 기리는 일이 되겠는가? 더구나 풍수적으로도 그곳은 용의 박환이 완전히 끝난 곳으로 부드럽기 그지없는 땅이다. 고치기 전의 아담하고 아름답던 산소를 선명하게 기억하는 나는 큰 석물로 덮인 지금의 모습에서 깊은 슬픔을 느낀다.

각설하고, 와혈의 산소 자리는 드물다. 우묵한 곳에 산소를 쓰는 일은 대단한 자신이 있기 전에는 극력 삼가야 할 것이다. 유혹이 있더라도 쓰지 않는 것이 차라리 현명한 일이다. 좋은 땅은 억지로 얻어지는 것이 아니다. 고인古人의 가르침대로 '덕을 쌓는 것' 만이 좋은 땅을 얻는 유일한 길임을 풍수 공부가 깊어지면서 저절로 깨닫게 될 것이다.

4. 임청각

— 누에가 실을 뿜듯이

돌아가리라

돌아가리라.
고향의 논밭이 거칠어지거늘 어찌 돌아가지 않을소냐.
내 이미 덧없이 살아온 지 오래이건만, 어이 상심하여 홀로 슬퍼하는가?
나 이제 깨달았노라. 지나간 일이야 돌이킬 수 없지만 오는 일은 쫓을 수 있음을.
참으로 길을 잃고 방황했으되 아직은 그리 멀리 벗어나지 않았으니, 오늘 돌아가는 것이 옳을진대 지난날 머문 것이야말로 잘못임을 이제 깨달았노라.[1]

'돌아가리라', 만고절창 「귀거래사歸去來辭」는 첫 글자부터 벌써 가슴을 울렁거리게 만든다. 그렇다. 나도 돌아가리라. 나는 지금 여기서 무엇을 하고 있는가?

공도자가 스승인 맹자께 여쭈었다.
"사람들이 모두 선생님께서 논쟁하여 이기기를 좋아한다고 말하는데 정말 그러합니까?"
"내가 어찌 논쟁하여 이기기를 좋아하겠느냐. 부득이하여 그럴 따름이니라. 하늘 아래 백성들이 살아온 지가 오래되었다. 천하는 한번 다스려지면 한번 어지러워지느니라."[2]

일치일란一治一亂은 동서고금을 막론하고 불변의 진리이다. 크게 보면 치세나 난세나 다 역사의 자기 현현임이 분명하지만 왜소한

---

1) 『古文眞寶』, 「歸去來辭」, "歸去來兮. 田園將蕪, 胡不歸. 旣自以心爲形役, 奚惆悵而獨悲? 悟已往之不諫, 知來者之可追. 實迷途其未遠 覺今是而昨非."
2) 『孟子』, 「滕文公」下, "公都子曰, '外人, 皆稱夫子好辯, 敢問何也.' 孟子曰, '予豈好辯哉, 予不得已也, 天下之生久矣, 一治一亂.'"

▲ 1920년대의 임청각(『조선의 풍수』에서 전재)

개인이 짊어져야 할 삶의 무게는 그리 가볍지 않다. 누가 난세에 나서 곤고한 삶을 이어가기를 바라리오. 하지만 또한 누가 자신이 태어날 때를 선택할 수 있겠는가?

난세를 헤쳐 불멸의 공적을 쌓은 인물은 뭇 사람의 기림을 받지만 어지러운 세상을 떠나 전원으로 돌아간 인물은 왕왕 무능력과 패배의 낙인만이 뒷날 그의 이름 위에 드리울 뿐이다. 그런데 정녕, 조직에 부응하지 못 하고 사람에 부대끼는 생활을 생래적으로 견디지 못하는 사람이 있다. 오류五柳 선생 연명淵明 도잠陶潛(365~427)은 한漢나라의 치세기를 지나 난세 중의 난세인 위진 남북조 시대를 살았다. 빈한한 가정에서 생계를 해결하기 위해 수차에 걸쳐 벼슬길에 나아갔으나 번번이 견디지 못하고 물러났다. 도잠의 다섯번째

출사이자 마지막 벼슬살이는 팽택彭澤 지방의 수령이었다. 그는 「귀거래사」의 서문에서 "팽택은 집에서 거리가 백 리 정도이며 공전公田의 수입으로 생활할 수 있어 나아갔다"고 밝히고 있다. 하지만 그의 마음이 언제나 향해 있던 곳은 전원이었다. 그가 쉽게 물러난 것은 그것이 난세의 벼슬살이었기 때문에서만은 아니었다고 생각된다.

벼슬한 지 며칠 만에 고향을 잊지 못하여 돌아가려는 마음이 생겼다. 어인 까닭인가? 타고난 성품이 저절로 그러한 것은 고치고자 부지런히 힘써도 될 수 있는 것이 아니니, 굶주림과 추위가 비록 절박하다 하더라도 본성을 떠나면 온갖 병이 일어나기 때문이다.[3]

그런 법인가? 바람 부는 대로 몸을 눕히는 풀잎처럼 살 것이며, 창랑의 물이 맑은 날은 갓끈을 씻고 창랑의 물이 흐린 날은 발을 씻으면 될 것을……. 부평같은 한 세상, 무엇이 그리도 애닯아 꼭 자기 식으로만 살아야 하는가? 성인은 그 어느 것에도 얽매이지 않는 법이며 세사世事의 추이推移에 따르는 것을 그대는 진정 모른단 말인가?

이보시오! 내가 듣건대 새로 머리를 감은 사람은 반드시 모자의 먼지를 털어서 쓰고, 새로 몸을 씻은 사람은 반드시 옷을 털어서 입는다고 했소. 어찌 깨끗하고 깨끗한 이 몸으로 세상의 더럽고도 더러운 것들을 받아들일 수 있겠는가? 차라리 내가 강가에 가서 물고기 뱃속에 장사를 지낼지언정 어떻게 이 결백하고 결백한 몸으로 세속의 티끌을 뒤집어 쓸 수 있으리오.[4]

---

3) 『古文眞寶』, 「歸去來辭序文」, "及少日, 眷然有歸與之情. 何則, 質性自然, 非矯勵所得, 飢凍雖切, 違己交病."

4) 같은 책, 「漁父辭」, "屈原曰, 吾聞之, 新沐者, 必彈冠, 新浴者, 必振衣. 安能以身之察察, 受物之汶汶者乎. 寧赴湘流, 葬於江魚之腹中, 安能以皓皓之白, 而蒙世俗之塵埃乎."

도잠과 삼려대부三閭大夫 굴원屈原(기원전 343?~기원전 277?)은 그 마음 가는 곳이 여느 사람과는 매우 달랐다. 그들은 이유가 무엇이었든지 간에 세속의 티끌을 뒤집어쓰면서까지 벼슬살이를 하는 사람들이 아니었다. 도잠은 처음에 1년 정도 팽택의 수령으로 있으려고 마음먹었다. 그러나 부임한 지 겨우 80여 일이 지나자 부랴부랴 짐을 싸서 고향으로 돌아가고 말았으니, 동진東晉 의희義熙 원년(405) 그의 나이 마흔한살 때의 일이다.

이증의 산소

  이증李增(1419, 세종 1~1480, 성종 11)의 자는 자겸子謙으로 여말선초麗末鮮初에 영욕의 삶을 살다 간 철성군鐵城君 용헌容軒 이원李原(1368, 공민왕 17~1429, 세종 11)의 여섯째 아들이다. 그는 서른다섯에 사마시에 합격한 뒤로는 과거에 응하지 않았으나 음보蔭補로 진해鎭海, 영산(昌寧)의 현감을 지냈다. 일찍부터 벼슬보다는 전원 생활에 뜻을 두었는데 영산 현감으로 재직중에 수양대군이 왕위를 찬탈했다는 소식을 듣고 임기를 남겨둔 채 사직했다. 그 후, 안동이 머물러 살 만한 곳이라고 생각하여 안동부 남문 바깥, 지금의 운흥동에 복거卜居하였으니 '누에고치에서 실이 풀리듯' 반천년을 연면부절한 고성固城 이씨 안동입향조로 그 성망이 높다.
  하지만 그 생애와는 별도로 이증의 산소는 일찍부터 풍수를 공부하는 사람들의 관심 대상이 되어왔다. 일본인 무라야마 지준(村山智順)은 조선총독부의 촉탁을 받아 당시 민간에 널리 유포된 풍수 관련 이야기를 정리했는데 그것을 1931년에 총독부에서 『조선의 풍수(朝鮮の風水)』라는 책으로 펴냈다. 그리고 다시 그 책을 1990년에

민음사에서 같은 제목으로 발간하였다. 민음사판 『조선의 풍수』는 소리 소문 없이 1994년에 이미 11쇄를 찍었다. 책의 내용에 대해서는 이러쿵저러쿵 말하고 싶지 않다. 많은 사람이 풍수 지식을 그 책에서 얻고 있으며 다른 책들에 등장하는 우리 나라 풍수 관련 설화나 전설 같은 음택발복 이야기들도 대부분 그 책의 내용을 인용한 것이다. 또한 그 책에는 유달리 안동에 대한 이야기가 많이 나오는데, 이증의 산소에 얽힌 다음의 이야기도 실려 있다.

안동 미질美質의 수다산水多山(지금의 와룡산)에는 고성 이씨의 선산이 있다. 이 산은 와우형으로 무덤이 와우의 뿔에 해당하는 곳에 있다. 그리고 부인의 묘가 와우의 복부인 유방에 해당하는 곳에 있다. 이 산에 묘를 쓴 다음 5대째에 자손이 번영하고 많은 고관이 배출되었으며, 13대가 지난 현재에 이르기까지 이 일문의 자손만도 무려 오륙천 명이란 수에 달한다. 이 묘지에 관해서는 다음과 같은 전설이 있다.
고성 이씨가 이 산에 묘를 쓴 다음 6대부터 계속 대관이 배출되었는데 참배하러 오는 후손 때문에 근처 주민들이 받는 고통은 대단했다. 이때 한 중이 와서 말하기를, 실제로 묘가 좋아 대관이 속출하는 것이기에 주민들의 고통은 줄지 않을 것이므로 자기에게 많은 시주를 하면 피해를 없애 주겠다고 했다. 이에 주민들은 그 중의 제안을 받아들였다. 마침내 그 중이 말하기를, 이 산의 앞쪽에 있는 바위가 인각상籾殼狀(등겨·벼껍질 모양)을 하고 있는데 와우의 식량이 되는 곳에 묘를 썼기 때문에 대대로 현달하니 바위를 부수면 된다고 했다. 그리하여 주민들이 바위를 부숴 버렸다. 이 일을 전해들은 이씨 일문이 크게 놀라 재빨리 바위를 다시 모아 옛날처럼 해두었지만, 그 뒤로는 소관밖에 나지 않았다.

음택이나 양택이 명당으로 소문이 나는 데는 다양한 경로가 있다. 그 중 일반인에게 가장 흔하고 신빙성이 있다고 믿어지는 것은 누가 뭐라 해도 결국은 후손의 영화 즉 발복發福이다. 다시 말하면 누군가 뛰어난 인물이나 거부巨富가 되었을 때 또는 그 반대로 집안에 우환이 생겼을 때 그 원인을 조상의 산소에서 찾는 관습은 우리 생활 속 깊숙이 자리하고 있다. 그것이 맞느냐 맞지 않느냐고 따지는 것 자체가 부질없을 정도로, 그러한 관습은 완강하기까지하다. 풍수학인이 '반드시'라고 해도 좋을 만큼 맞닥뜨리게 되는 이 문제의 해결책을 나는 아직 모르겠다.

돌아왔노라!

돌아왔노라!
바라건대 고상한 모임도 즐거운 놀이도 모두 끊으리라.
나는 세상과 어긋나거늘 다시 수레에 오른들 무엇을 구하리오?
사람들과 정답게 얘기 나누다 거문고 뜯고 글 읽는 즐거움이여, 한 점 근심 없도다.[5]

'돌아왔노라!' 도잠의 포효에 옹송그리지 말자. 내 아직까지는 사세 부득이하여 이곳에서 서성거리고 있지만 언젠가는 반드시 전원으로 돌아가리라. 막돌 정호경 신부도 쉰다섯에 돌아갔으며 공자께서도 세상과 어긋난 것은 선생과 같되 일흔이 다 되어서야 돌아가셨으니, 그에 비하면 나는 아직은 여유가 있지 않은가.

스승님께서 진陳 나라에 계실 적에 말씀하셨다. "돌아가야 하지 않겠느냐? 돌아가야 하지 않겠느냐? 내 고향의 제자들이 뜻을 너무 크게 가져 행실이 뜻에 미치지는 못하지만 이미 화려하게 학문의 법도를 이루었느

---

5) 같은 책, 「歸去來辭」, "歸去來辭! 請息交以絶游. 世與我而相違, 復駕言兮焉求? 悅親戚之情話, 樂琴書以消憂."

니라. 다만 아직은 그것을 마름질할 줄을 모를 뿐이다."⁶⁾

누구든 젊을 때는 고향을 지키며 살려 하기보다는 떠나려고 하기 마련이다. 산업화와 새마을 운동으로 농촌 사회가 파괴되는 모습을 고스란히 보고 겪으며 살아야 했던 사람들은 더욱 그러할 것이다. 나 또한 그러했다. 그러나 수구초심首邱初心이라더니, 이제 나는 고향으로 가고 싶다.

노래부르리

부귀도 영원도 바라지 않노라.
좋은 날 홀로 거닐다 지팡이 세워 두고 김이나 매리.
언덕에 올라 휘파람 불고 강가에 다다라 노래부르리.
조화의 섭리에 스러지리니 하늘이 주신 것을 즐길 뿐, 다시 무엇을 생각하랴!⁷⁾

마땅히 그러할 것이다. 이미 세속의 명리를 끊었으니 어찌 소요하며 자적하지 아니하랴? 세상의 그 무엇이 이 즐거움에 짝할 수 있으리오. 정녕 속인은 모르리라. 이 가없는 평화와 드높은 정신의 경지를……. 공자께서도 그러하셨다.

"점아, 너는 무엇을 하고 싶으냐?"
"예, 저는 다른 사람과 생각이 조금 다릅니다."

---

6) 『論語』, 「公冶長」, "子在陳曰, 歸與, 歸與, 吾黨之小子狂簡, 斐然成章, 不知所以裁之."
7) 『古文眞寶』, 「歸去來辭」, "富貴非吾願, 帝鄕不可期. 懷良辰以孤往, 或植杖而耘耔. 登東皐以舒嘯, '臨淸' 流而賦詩. 聊乘化以歸盡, 樂夫天命, 復奚疑!"

"무슨 걱정인고? 각자 자기 마음이 가는 곳을 말할 따름이니라."
"늦봄에 새 옷을 마련하여 어른 아이 여남은 명이 기수沂水에서 실컷 목욕하고 무우舞雩에서 바람 쏘이다가 콧노래 부르며 돌아오기를 바랍니다."
"호오, 그렇구나. 나도 너와 함께 하리라."[8]

세상이 어지러운 까닭은 사람이 사람답지 않기 때문이다. 사람다움의 근본은 부모에게 효도하고 형제간에 우애 있게 지내는 것이다. 그러므로 인륜의 길을 굳게 잡아 지키는 것이야말로 사람의 길이다. 그리고 그 길을 통해 질서 있는 세상을 구현하고자 하는 것이 유가儒家의 꿈이다. 당연히 유가에서는 사람의 길을 추구한다.

세상이 어지러운 까닭은 사람이 사람답지 않기 때문이다. 사람다움의 근본은 스스로 그러한 하늘과 땅을 본받는 것이다. 그러므로 천지의 그러한 길을 스스로 따르는 것이야말로 사람의 길이다. 그리고 그 길을 통해 무위자연의 평등 세상을 구현하고자 하는 것이 도가道家의 꿈이다. 당연히 도가에서는 사람의 길을 추구한다.

이명

임청각臨淸閣 이명李洺은 자겸공의 다섯 아들 중 셋째이다. 그의 생몰년도와 행적에 관해서는 알려진 것이 별로 없다. 이명은 성종 17년(1486)에 사마시에 합격한 뒤 음보蔭補로 형조 좌랑에 이르렀는데, 갑자사화가 일어나 조카는 사형을 당하고 그는 형인 낙포洛浦

---

[8] 『論語』, 「先進」, "點爾, 何如? 對曰, 異乎三子者之撰. 子曰, 何傷乎? 亦各言其志也. 曰, 莫春者, 春服旣成, 冠者五六人, 童子六七人, 浴乎沂, 風乎舞雩, 詠而歸. 夫子, 喟然嘆曰, 吾與點也."

굉浤과 함께 영해에 유배되었다. 중종반정 후 복직되었지만 벼슬살이에 뜻을 잃고 형과 함께 낙향하였다. 그의 형은 낙동강 언덕에 귀래정歸來亭을 지어 풍류를 즐겼으며, 이명은 영남산 기슭에 집을 짓고「귀거래사」의 한 구절을 따 '임청각' 이라 당호하고 산수를 벗삼아 여생을 보냈다.

한 사람이 뒷날에 이름을 남기게 되는 데는 다양한 이유가 있지만 우리가 임청각 이명의 이름을 기억하는 것은 임청각 건물의 구조와 배치 및 조형의 우수성 때문이다. 나아가 그 건물의 자리매김 즉 풍수적 입지의 탁월함에 기인하는 것이라 여겨지는 후손의 영달 때문이기도 하다.

한옥의 특성

임청각은 한옥이며 살림집이다. '한옥韓屋' 은 한국의 집이란 뜻이다. 집은 사람이 거주하는 공간으로 일상의 삶이 진행되는 개방 공간인 동시에 폐쇄 공간이기도하다. 그러므로 집은 그곳에 사는 사람들의 생활을 남김없이 보여주는 박물관과도 같다. 집의 구조를 보고 왜 그렇게 지었는지를 아는 것은 우리 나라의 자연 환경과 삶의 방식 및 그곳에 사는 사람들의 가치관까지 이해할 수 있는 지름길이 된다. 다시 한번 강조하거니와 한옥에는 우리 민족의 생활과 가치관이 고스란히 간직되어 있다.

서구화와 산업화의 격류에 휩쓸려 너나없이 전통을 청산해야 할 악덕으로만 백안시하고 있을 때, 목수木壽 신영훈申榮勳(1935~)은 누구 한사람 눈길조차 주지 않던 한옥의 가치를 발견하고 30여 년 동안 전국을 발로 뛰면서 한옥을 조사하여 『한국의 살림집』(열

화당, 1986)이라는 한 권의 책으로 펴냈다. 나는 그 책을 스승삼아 공부하다가, 그 뒤 출간된 서수용의 『안동의 문화재』(영남사, 1996)[9]를 길잡이로 하여 전국에서 가장 많은 한옥이 보존된 안동의 골골을 이 잡듯이 찾아다녔다. 등잔 밑이 어둡다고 했던가? 바깥으로만 나돌다가 코앞에 있는 임청각을 처음 만났을 때의 감격은 지금도 생생하다.

　신영훈이 정리한 한옥의 특성 세 가지만 살펴보겠다.

　첫째, 구들과 마루가 한 곳에 있다. 구들은 추위를 물리치기 위한 난방 장치이다. 우리는 이 구들을 온돌로 발전시켜 효율적으로 추위를 물리친, 세계에서 유일한 민족이다. 우리 나라의 여름과 겨울의 기온 차는 때로 무려 50도 이상이 나기도 한다. 자연 환경에서 추위를 물리치는 좋은 방법은 땅 쪽으로 가까이 가는 것이다. 가능하다면 땅 속으로 들어가는 것이 가장 좋다. 땅 위에 집을 지을 경우에는 창과 문 및 방의 크기를 작게 하고, 천장과 반자의 높이도 낮추어 건물의 내부 공간을 가능한 한 폐쇄적으로 만드는 것이 좋다. 한옥, 특히 초가의 반자가 낮고 방이 작은 이유는 바로 여기에 있다. 더위를 피하는 방법은 추위를 물리치는 방법과는 반대로 하면 된다. 창과 문은 물론 방도 크게 하고 천장도 높게 하여 가능하면 넓게 개방하는 것이 유리하며 땅에서 멀리 떨어질수록 좋다. 오죽하면 나무 위에다가도 집을 지었을까?

　이처럼 연교차가 큰 자연 환경에 처하여 우리 선조가 찾아낸 방법이 바로 한옥이다. 즉, 난방 장치인 구들을 온돌로 변형시켜 낮고

---

9) 필자가 처음 안동의 문화재를 찾는 데 참고한 책은 『안동군지정문화재편람』(안동문화원, 1994)으로, 서수용의 『안동의 문화재』는 이 책을 보강한 것이다.

작은 폐쇄적인 방을 만들어 추위를 물리치고, 냉방 시설인 마루를 방 옆에 넓고 높게 설치하여 더위를 피했던 것이다.

하지만 넓고 높은 마루를 설치하는 것은 쉬운 일이 아니다. 만들기도 어렵거니와 자칫하면 난방에 결정적인 피해만 줄 가능성이 높다. 그래서 일반 상민들은 점차 냉방 설비는 포기하게 되었다. 그도 그러한 것이 큰 나무의 그늘이나 강가에서 얼마든지 더위를 피할 수 있었기 때문이다. 상민들에게 있어서는 추위를 물리치는 일이 최대 과제였고, 결국 그들의 집은 점점 폐쇄적인 공간을 형성하게 되었다.

그러나 양반의 경우는 다르다. 그들은 상민의 교육과 다스림을 담당한다. 그들은 학식으로 자신을 닦아 권위를 보존하고 행검行檢을 솔선하여 일상의 모범을 보여야 하는 상민의 지표이다. 상민들처럼 더위를 피할 수 있는 위치에 있지 않은 그들은 재력을 활용하여 집 안팎에 여름을 시원하게 날 수 있는 공간을 마련하였다. 사랑채나 안채의 대청, 곳곳의 마루, 좋은 자리에 앉은 누와 정자 등이 바로 그것이다. 이 여름 공간의 구성이 한옥의 하이라이트다. 나는 겨울철에 한옥의 여름 공간을 보고 '추워서 어떻게 하느냐?'고 묻는 사람들을 볼 때마다 안타깝다. 많은 사람들이 한옥을 보면서도 공간의 용도에 관심을 기울이지 않고 그냥 지나치기만 하니 집을 구경하는 재미가 없는 것이 당연하다.

둘째, 한옥은 단층 건물임에도 불구하고 건물 내부 공간의 바닥 높이가 다르다. 일제 시대와 새마을 운동을 거쳐 산업화된 오늘날의 우리네 집은 거의 한옥의 원형을 상실하였다. 아파트가 가장 좋은 예인데, 이른바 '입식 부엌'이라는 말이 그 실상을 단적으로 드러내주듯이 아파트는 그 건물 내부 공간이 수평으로 되어 있다.

원래 한옥의 내부 공간은 부엌 바닥이 집에서 가장 낮고 온돌은 부뚜막보다 높으며 마루는 또 방바닥보다 높아서 같은 높이의 바닥을 가진 공간은 한 곳도 없다. 천장의 높이도 마찬가지다. 원래 한옥은 아니라고 해도 변형된 형태의 한옥에서나마 한 때 생활하거나 살아 본 경험을 갖고 있는 이들이 아직도 제법 많은 것으로 알고 있다. 하지만 건물 내부 공간의 바닥 높이가 다르다는 사실과 그 이유에 대해 의문을 가져 본 사람은 거의 없을 것이다. 아마도 다들 집은 다 그런 것이려니 했을 것이다.

그러나 절대로 그렇지 않다. 그것은 한옥만의 독특한 구조로서 세계에서 유일무이한 건물 내부 공간 구성 방법이다. 이 때문에 건물의 내부에 다양한 얼굴의 공간이 존재하게 된다. 숨바꼭질을 해본 기억이 있는 사람이라면 그 공간들이 어린이의 감성 형성에 어떤 영향을 주리라는 것을 알 수 있을 것이다. 기능적 편리함을 금과옥조로 삼는 서구식 동선動線 개념은 살림집에서조차 정서 순화 기능을 몰아내었다.

셋째, 한옥에는 툇간이 있다. 낮은 부엌 바닥과 구들을 놓은 방바닥, 나무를 깐 마루바닥은 높이가 각각 다르다. 그에 따라 각각의 공간에 드나드는 출입문도 자연히 그 높이가 다르다. 이는 공간 이동에는 몹시 불편한 구조이지만, 그렇다고 그 공간들을 하나로 꿰는 내부 출입구를 만들게 되면 공간의 독립성이나 냉난방의 효율성에 심각한 문제가 생기므로 각각의 공간 외부에 출입구를 만드는 수밖에 없다. 이렇게 되면 내부 공간에서 밖으로 나온 뒤에 다른 공간으로 이동해야 한다. 이때 공간 출입구의 높이가 문제가 되며 또한 비를 피하는 번거로움도 생각해야 한다. 그래서 생겨난 것이 두 가지인데, 하나는 툇마루·쪽마루·뜰마루 등을 놓는 툇간 즉 죽담(봉당)의 설치이며, 다른 하나는 길게 앞으로 나와서 툇간을 가리는 지붕의 처마이다.

임청각과 나

　나는 비오는 여름날에 고향집 마루에 걸터앉아 처마에서 떨어지는 낙숫물을 바라보던 어릴 적 기억을 잊을 수 없다. 지금도 장쾌하게 비가 퍼붓는 여름날이면 개다리소반을 앞에 두고 마루에 앉아 낙숫물을 바라보며 술 한 잔 기울이고 싶은 마음이 굴뚝같다. 어느 해던가 비오는 여름날, 나는 아무도 거처하지 않는 임청각에 홀로 앉아 낙숫물을 바라보고 있었다. 그곳은 정침正寢의 사랑마루였는데 영천靈泉의 정기로 세 분의 정승이 난다는 우물방 옆에 있다. 그곳에서 나는 다짐하고 또 다짐했다.
　"나도 반드시 이런 식의 집을 지으리라!"
　나는 전원으로 돌아가 내가 설계한 대로 집을 지을 것이다. 그러기 위해 나는 고건축을 공부했다. 혼자서 초행길을 헤매는 것은 기본이었다. 거의 미친놈이 되어 낯설고 물선 마을에서 무너져 내리는 집을 기웃거린 것이 도대체 몇 년이던가? 행여 집주인이 있어 뭐 때문에 왔느냐고 물을 때는 대답이 궁해 머뭇거리던 내 모습이 그들에겐 얼마나 이상하게 비쳤을까? 수백 개가 넘는 고건축 부재部材 이름은 어디 물어볼 데도 없는데, 그 용도와 모양을 기억하느라 가뜩이나 둔한 머리가 빠개지는 듯한 고생을 했다. 요즘 세상에 돈도 변변히 없으면서 옛날 한옥을 짓겠다는 것은 큰 무리인 줄 나도 모르지 않기에 그 번민이 크다. 또 요즘의 건축 재료로 한옥의 특성을 살리는 집을 지으려 하니 아무래도 자재와 구조가 잡히지 않아 나는 머릿속에서 수많은 집을 짓고 또 부수기를 몇 번을 계속하였는지 모른다. 그러나 이제는 그 모든 것을 극복했으니 그 동안 기울인 노력이 아까워서라도 기필코 때가 되면 내 집을 지어내고 말 것이다.

▲ 임청각 가묘

　우리는 특별한 경우가 아니면 건축업자가 미리 지어 놓은 집을 골라 산다. 주인의 취향을 반영하는 집을 짓는다는 것은 거의 꿈같은 일이다. 그런데 막상 원하는 형태의 집을 대강이나마 설계해 보라고 하면 그 또한 난감하기 짝이 없다. 기껏 떠올리는 생각이 베란다와 정원이 있는 서양식 이층집이거나 영화 속에나 나올 법한, 현실에서는 지을 수 없는 집이 고작이다. 집을 설계하는 것은 아주 어려운 일이다. 하지만 분명한 것은 주인이 짓는 집이 '진짜 집'이라는 사실이다.

　신영훈은 집의 형태와 기능 및 아름다움을 결정하는 요소는 주인의 안목이 70%이고, 목수의 능력이 20%이며, 나머지 10%가 부재의 힘이라고 했다. 처음 그의 글을 보았을 때는 전혀 이해가 되지 않았는데 이제는 전적으로 동의할 수 있게 되었다. 가묘家廟를 모시고 군자정君子亭을 거느린 임청각을 보면서 나는 이 집을 지은 주인의 안목에 경탄을 보내지 않을 수 없었다.

〈임청각 평면도〉

집의 구조를 가장 확실하고 빠르게 이해하는 방법은 두말할 것도 없이 직접 가서 보는 것이다. 그러나 직접 가서 집을 구경하더라도 구석구석 보기는 어렵다. 더구나 문화재 급의 고건축은 상당히 크기 때문에 전문적인 소양과 상당한 훈련이 되어 있지 않다면 전체의 구조와 배치를 파악하기란 매우 어렵다. 그러므로 사전에 집의 평면도를 보아 두는 것이 좋다.

평면도는 집의 구조를 파악하는 데 가장 좋은 길잡이다. 우선 방과 마루의 위치와 크기를 알 수 있으며 마당과 전체 건물의 짜임새를 알 수 있다. 평면도를 보는 훈련을 조금만 쌓으면 부엌 · 곳간 · 담장 · 굴뚝 등을 살필 수 있다. 〈임청각 평면도〉[10]를 보면서 그 생김새가 어떨지 상상해 보자.

임청각은 세칭 '아흔아홉 칸 집'이다. 비록 지금은 철도 때문에 50여 칸의 부속채가 철거되어 50여 칸밖에 남아 있지 않지만 현존하는 살림집 가운데 가장 큰 규모에 속하는 주택이며, 보존 상태도 양호하다. 건물에 사용한 목재가 뛰어나게 좋을 뿐 아니라 결구 수법도 독특하여 볼수록 정이 가는 건축이다.

유좌묘향酉坐卯向 곧 정동향正東向의 임청각은 세 부분으로 이

---

10) 신영훈, 『한옥의 향기』(대원사, 2000)에서 전재함.

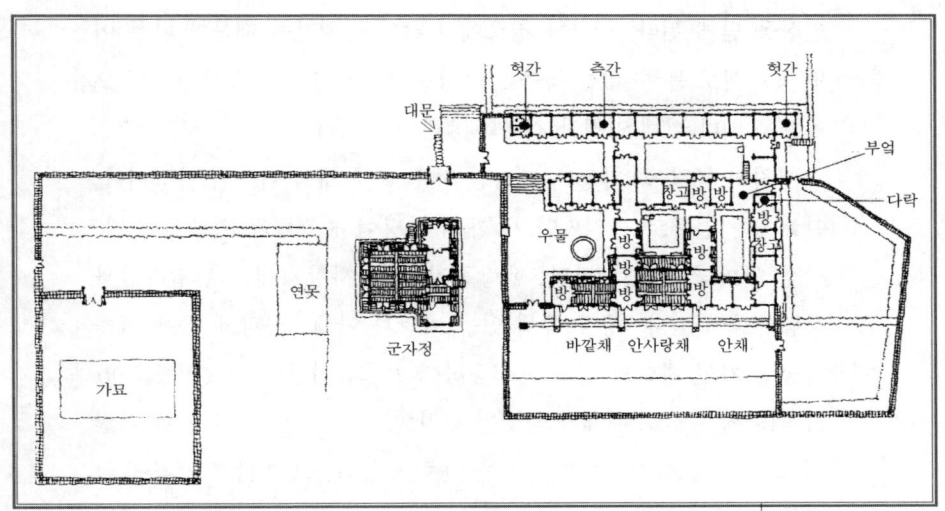

▲ 〈임청각 평면도〉

루어져 있는데, 주 건물인 정침과 바깥 사랑채이자 별당인 군자정君子亭 그리고 가묘家廟가 그것이다. 우선 정침부터 살펴보자. 평면도에서 일정한 구역을 여러 개의 직선으로 조밀하게 나눈 곳은 모두 마루이다. 그리고 정침 설명에 사용되는 용어를 일일이 설명하지 않더라도 평면도를 유심히 살펴보면 어디를 가리키는지 짐작할 수 있을 것이다.

임청각을 찾을 때마다 자꾸 눈길이 가는 곳이 전면의 길다란 행랑채이다. 벽면에 독특한 형태의 창문을 낸 행랑채는 입면 구성에 약간의 변화를 주었지만 칸살의 크기는 같다. 균일한 형태의 입면이 13칸이나 직선으로 이어져 있어 처음 보는 사람은 아주 강렬한 인상을 받게 된다. 더구나 철로에서 날아온 쇳가루 때문에 다른 어떤 곳에서도 볼 수 없는 독특한 색상을 지니고 있다. 그 색상은 호오好惡를 떠나 이제 임청각 전체의 색깔이 되었다.

정침의 특징 중 가장 두드러진 점은 다섯 개에 이르는 마당이다. 안채에는 건물로 둘러싸인 세 개의 마당이 중정中庭 형태로 있다. 각각 안마당, 안행랑마당, 행랑중정이다. 사랑채에는 진입마당과 사랑마당이 있다. 행랑 쪽에 있는 마당과 안채·사랑채 쪽에 있는 마당은 자연 지형의 경사를 이용하여 2미터 이상의 높낮이를 두었기 때문에 저절로 위계가 분명한 공간이 되었다. 한 건물 안에 이렇게 많은 마당을 설치하는 경우는 아주 드물다. 그 까닭은 정침을 설계할 때 일日 자와 월月 자를 합한 '용用' 자 형태로 만들었기 때문이다.

정침의 왼쪽에는 별당채가 있다. 군자정이라는 현판이 걸려 있지만 일반적인 정자가 아니라 제청祭廳이다. 유교 사회인 조선에서 제사의 의미는 그 무엇보다 막중하다. 그 중에서도 종가宗家에서 실시되는 갖가지 제례는 문중의 힘, 그 자체다. 따라서 많은 사람들이 한 장소에서 제례를 치를 수 있는 공간이 필요하게 되었다. 안동에 산재한 종택에는 대개 제사를 지내기 위한 제청이 있다.

안동 양반의 일생을 형용하는 말로 자주 듣게 되는 것이 조상의 제사를 받들고 손님을 접대한다는 뜻의 '봉제사奉祭祀 접빈객接賓客'이다. 양반 중에서도 종손의 일생은 '봉제사 접빈객'의 나날 바로 그것이다. 나는 가끔 군자정 넓은 제청에서 그곳에 가득했을 고성 이씨들의 모습을 떠올리며 군자정의 영광을 추념한다.

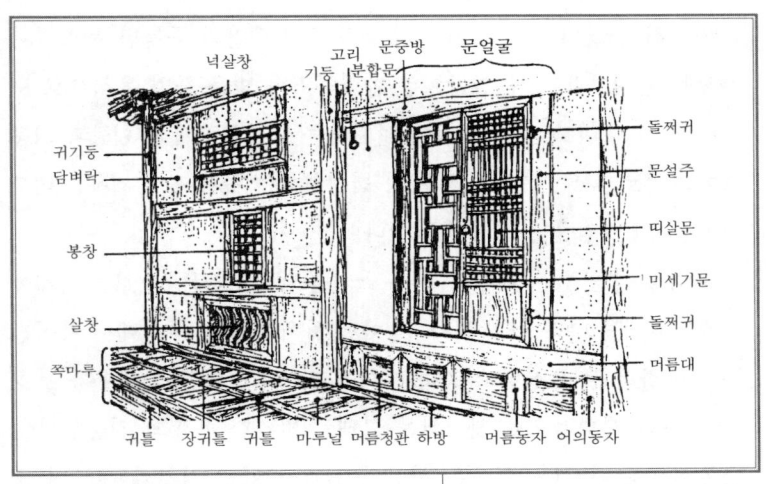

▲ 한옥의 구조(『한국의 살림집』에서 전재)

문얼굴

　임청각과 관련된 고성 이씨 일문의 자부심은 남다른 데가 있다. 건축적 아름다움이나 가치는 보물로 지정된 사실만 보아도 충분히 알 수 있다. 해처럼 총명하고 밝은 사람이 되고, 달처럼 그윽하고 정감 있는 사람이 되라는 소망을 담아 건물의 구조를 일日과 월月을 합친 '용用' 자로 만들었다. 삼정승이 태어날 방과 멋들어진 군자정이 있고, 절묘한 입지와 야무지고 강건한 매무새로 범접하기 힘든 경건함을 유발하는, 그래서—내가 판단하기에—아주 우아한 가묘도 있으니 구경하는 재미가 그저 그만이다.

임청각 구경의 재미를 높이기 위해 임청각만의 독특한 문얼굴과 가묘를 살펴보겠다. 문얼굴이란 출입하거나 빛을 들일 목적으로 문이나 창을 내려고 기둥 사이에 설치하는 수장목修粧木(기둥과 기둥 사이를 가로지르는 나무의 총칭)과 벽선壁線(기둥에 붙여 세우는 네모진 나무)의 짜임을 가리키는 말이다.

우리 나라는 밝은 햇살과 맑은 공기를 맘껏 즐길 수 있는, 세계에서 몇 안 되는 나라 중의 하나다. 이런 천혜의 자연 환경에서 지어진 우리의 한옥은, 음산하고 축축한 외기로부터 사람들의 생활을 보호하기 위해 폐쇄적으로 덮어씌운 형태로 발달한 유럽의 건물들과는 근본적으로 다르다. 한옥은 서양의 집과 달리 외부와 내부의 공간이 유기적으로 소통되는 독특한 구조를 가지는데, 그 특색이 가장 잘 드러나 있는 곳이 문얼굴이다. "집을 보려거든 그 집의 문얼굴을 보라"는 말이 있을 정도로 문얼굴의 구성은 집의 인상을 결정하는 중요한 부분이다. 임청각의 창과 문에는 문설주와 문지방을 제외하고는 벽을 가로지르는 중방이나 띠방, 상인방 등의 부재가 없어 문과 창이 마치 '벽에 붙은 액자' 같은 모습을 하고 있다. 부재를 설치한 뒤 회벽으로 감추었는지 아니면 아예 처음부터 없었는지는 알 수 없지만 나는 이렇게 문과 창을 설치한 것을 임청각 이외의 다른 곳에서 본 적이 없다.

가묘

살림집을 구경하는 사람들이 그냥 지나치기 쉬운 건축물이 가묘家廟이다. 제례祭禮 공간이라는 이유로 일반인이 드나들지 못하도록 막아 놓았기 때문이기도 하지만 대체로 집의 가장 뒤쪽에 있는 까닭에 알고서 일부러 찾지 않는 이상 가보기 쉽지 않은 곳이다.

가묘는 특별한 의미와 엄격하게 절제된 구조를 가진 독특한 건물이다. 조선 시대 사대부가 고조 이하 조상의 위패를 모셔 놓고 제사를 지내던 집안의 사당이 가묘인데, 설치된 시기는 고려말 주자학의 전래와 때를 같이한다. 조선조 세종世宗(1419~1450) 때에 이르러 가묘의 설치를 국가적으로 장려하였으며 가묘를 설치하지 않은 사대부는 문책을 당하기도 했다. 그 뒤 유교적 윤리 관념이 생활화되어 사대부 양반층에게 일반화된 시기는 대략 선조宣祖(1568~1608) 이후이다.

가묘는 대체로 정침의 동쪽(왼쪽)에 설치하며 정면 세 칸에 도리가 다섯 개 걸리는 오량가五梁架로 짓는 것이 원칙이다. 내부 구조를 아주 간략하게 설명하면, 천장은 대개 연등 천장이며 바닥에는 마루나 벽돌을 깔고 북쪽 시렁에는 네 개의 감실龕室을 설치한다. 감실마다 탁자가 있고 위에 주독主櫝을 놓으며 그 속에 신주를 모신다. 신주는 고조고비高祖考妣부터 고비考妣의 순서로 서쪽부터 차례로 모신다. 집안에 수해나 화재, 도둑이나 병화가 들었을 때 가장 먼저 살피는 곳이 사당이다. 신주와 유서를 옮기고 제기를 옮긴 후 집안의 물건들을 옮긴다. 여염집의 다른 건물에서는 단청과 공포栱包의 설치를 모두 금했지만, 가묘는 그 집안의 정신적 지주에 해당하므로 그러한 설치가 허락되었다. 하지만 대부분의 가묘가 시채施彩를 하지 않았는데 조선 시대 사대부의 검소한 생활과 자기 절제의 정신을 엿볼 수 있다.

제한된 건물 양식과 크기 안에서 신위神位를 모시는 집에 걸맞는 장엄미를 구현한다는 것은 매우 어려운 일이다. 세 칸 집의 단순 소박함으로 제례 공간의 장엄함을 연출하는 것은 지난한 일이다. 소박함과 화려함은 원래 서로 융화하기 힘든 미적 감각이다. 그렇기 때문에 그 두 가지의 서로 다른 아름다움을 조화시킨 건물이 빛나는 것이다.

나는 임청각의 가묘가 그러한 어려움을 극복한 건축물이라고 생각한다. 그 흔한 보아지도, 창방도 없으며 소로도 받치지 않아 단순하기 그지 없지만, 그 단순함은 그냥 단순함이 아니다. 부재의 아름다움과 치목治木의 섬세함에서 결구結構의 짜임과 공간의 분할에 이르기까지 단아함 속에 강건함을, 소박함 속에 위엄을 담은 아주 보기 드문 건물이다. 뒷벽은 목심木心으로 공간을 균일하게 나누었는데, 마치 열주列柱처럼 그곳이 성스러운 공간임을 암시한다. 나아가 오른쪽 박공 벽면의 공간 분할은 '환상적'이라고밖에 달리 표현할 말이 없다. 그리하여 나는 임청각에 갈 때마다 그곳의 툇마루에 걸터앉아 기둥을 쓰다듬으면서 봉정사 극락전의 단아하고 장엄한 모습이 겹쳐지는 듯한 느낌을 받곤 한다.

그러나 고성 이씨의 진짜 자랑은 이런 건물에 있지 않다. 이곳에서 태어난 영향이라고 믿어지는, 자손들의 영달이 무엇보다 큰 자랑이다. 영달도 영달이려니와 임청각의 후손은 무려 스무 대代에 이르도록 양자를 들이지 않고 종자에서 종손으로 이어져 왔다는 사실이 그들의 가장 큰 자랑이다.

이런 사실을 설명할 때 우리가 흔히 드는 것이 풍수의 명당발복론이다. '묘터발복이 더 세냐, 집터발복이 더 세냐' 하는 문제는 술사들의 소관이니 그 문제는 제쳐둔다 하더라도 풍수학인으로서 나는 임청각의 입지에 대해 풍수적 해석이 필요하다는 생각을 하게 되었다. 임청각을 보면 볼수록, 좋아하면 좋아할수록 고민은 커져 갔다. 하지만 어디에서도 그 문제를 거론하고 있는 것을 볼 수 없었

▲ 군자정

다. 눈 밝은 선인들이 왜 이 임청각을 그냥 지나쳤을까? 설마 실제로 특기할 만한 것이 없단 말인가? 미련한 내 눈으로도 보면 볼수록 뭔가 있는 것 같은데, 조그마한 단서라도 남아 있었으면 …….

군자정의 시판 하나

1995년 여름 나는 송현동에서 용상동으로 이사하였다. 그리고 매일 아침 출근길에 법흥교에서 임청각을 보는 각별한 재미를 누렸다. 그 재미가 좋으면 좋을수록 임청각의 터가 나를 괴롭혔다. 간악한 왜인들이 단맥斷脈을 하기 위하여 임청각의 하반신을 잘라 철도를 놓는 바람에 원래의 생김새를 잃은 불구의 땅이라고는 하지만,

그래도 그렇지…….
　잡힐 듯 말 듯 가물거리는 채로 그 해를 넘기고, 다시 찾은 군자정에서 벽에 걸린 시판詩板을 더듬거리며 읽다가 송강松岡(趙士秀, 1502~1558)을 만났다. '제이수재강각題李秀才江閣' 즉 이수재 강가 집에 제한다는 제목의 다음 시를 보자. 아마도 송강은 경상도 관찰사로 재직중일 때 안동의 임청각에 들러 이 시를 쓴 듯하다.

아름다운 누각과 푸른 잠두봉이	綺寮高架翠蠶頭,
검푸른 강물에 고개를 내미누나.	俯挹紺寒碧玉流.
비 따라 잉어는 쌍쌍이 뛰고	陰雨來時雙鯉躍,
구름 비낀 골짝 너머 빽빽한 산.	堅雲橫外亂山稠.
맑은 잔은 제 스스로 술을 맞고	清尊自可邀紅友,
간드러진 노래는 막수莫愁를 부르네.	豔曲應須喚莫愁.
꿈엔들 보았으랴, 이런 터전을	香土不曾吹入夢,
풍류는 제쳐두고 물새와 벗하리라.	賺他風月伴江鷗.

　첫 구의 '잠두蠶頭'에 정신이 번쩍 들었다. 아! 임청각의 뒷산이 잠두봉이란 말인가? 그렇구나, 왜 그 생각을 못했을까? 눈이 있어도 다 볼 수 있는 것은 아니라더니…….
　잠두 즉 누에머리 형상이라면 문제는 풀린 것이다. 임청각 정침은 누에의 오른쪽 '눈무늬'에 자리잡고 있는 와혈이다. 횡대橫臺가 뚜렷하고 현릉弦陵이 곤충의 입처럼 선명하다. 문제는 풀었지만 그 기쁨을 함께 나눌 사람이 없는 게 슬펐다.

늙은 누에가 실을 뿜듯이

'가파른 산밑에 살지 말고, 강가에 살지 말라.' 예로부터 내려오는 이 격언은 우리 나라의 기후 현상을 잘 반영한 말이다. 여름철 집중호우 때 일어나는 참담한 일들을 보노라면 이 말을 실감할 수 있다. 나는 어렸을 때라 기억이 전혀 없지만 사라호 태풍의 위력을 생생히 기억하시는 아버지와 형님의 말씀을 들어 보면 나무며 집이며 산과 제방이 마치 종이로 만들어 놓은 것 같았다고 한다. 그럼에도 불구하고 임청각은 상당히 가파른 산에, 더구나 강 가까이 집을 지었으니 임청각 주인의 땅을 보는 안목이 높아서일까? 아마도 산신山神의 인도를 받았으리라!

거듭 말하지만 풍수 물형론物形論은 비슷한 것은 비슷한 것을 낳는다는 '유감주술類感呪術'의 일종이며 자연 친화적 공간 인식 체계이다. 사람이 살아가는 데 가장 중요한 것이 식량이며, 아마도 그 다음은 옷일 것이다. 누에고치에서 뽑은 실이 명주실이다. 이 실로 짜는 명주明紬 곧 비단緋緞이야말로 문명의 혜택을 마음껏 누리는 지금이나 다가올 미래에도 최상의 옷감이라 할 수 있으니, 옛날에야 두말할 나위 없었다. 비단을 옷으로 입는 것은 서민으로서는 그림의 떡이었다. 당시 비단은 돈이나 마찬가지였다. 그러므로 비단옷을 입기 어렵다고 해서 누에 치는 일 자체를 치지도외할 성질의 일은 아니었다. 누에와 관련된 풍수 설화가 많은 것은 그만큼 누에가 우리 생활과 밀접한 관련을 맺고 있기 때문이기도 하지만 누에가 주는 혜택이 그만큼 많기 때문이기도 하다.

'누에와 뽕나무'로 대변되는 물형이 주는 소응昭應 곧 발복의 내용은 무엇일까? 첫째는 비단 같은 화려함과 비단옷을 입을 수 있는 부귀이고, 둘째는 자손의 번창이다. 누에를 키워 본 사람이라면 누구나 느낄 것이다. 누에가 다 자라 몸 속이 투명해지도록 말갛게 변한 뒤 입으로 실을 토하며 고치를 짓는 것을 보면 어디에 저렇게 많은 실이 들어있어 자신의 몸을 감싸는지 신기함을 느끼게 될 것이다. 그리고 우리는 '늙은 누에가 실을 뿜어내는 것'과 비슷하게 내 자손이 끝없이 이어지기를 바랄 것이다.

내가 사는 곳이 누에의 형상을 하고 있다면, 내 자손도 누에의 실처럼 끝없이 이어지며 비단처럼 세상에 유익한 사람이 될 것이라는 기대를 품게 된다. 이러한 소망을 담은 땅을 가리켜 선인은 '노잠투사老蠶投絲'라 이름 붙였다. 임청각은 누에의 머리와 비슷한 형상을 하고 있다. 게다가 앞에 흐르는 낙강과 반변천의 물길은 누에가 뿜어내는 실처럼 끝없이 흐르니, 거기 그 자리에서 살아온 사람들의 자취와 닮았다고 말할 수 있지 않은가?

법흥동 고성 이씨 종택

임청각으로 가는 길은 두 가지이다. 안동댐으로 가다 보면 길 가운데에 회나무가 서 있다. 그 회나무를 지나 50여 미터쯤 가면 오른쪽에 신세동칠층전탑新世洞七層塼塔이란 표지판이 있다. 그 지점에서 왼쪽으로 보면 중앙선 철로 밑에 굴다리가 있다. 굴다리를 지나면 바로 종택이 있는데 왼쪽으로 탑을 지나서 가면 된다. 다른 하나는 법흥교 밑의 도로에서 오른쪽으로 들어가는 방법이다.

어느 길을 선택하든지 임청각에 다다라 구경을 하는 사람은 반드시 다음 세 가지 물체를 보게 된다. 참으로 고대高大한 탑과 임청각 옆에 임청각처럼 잘 짜여진 고택 그리고 철길이 그것이다. 이왕 임청각에 왔으니 이 세 가지도 마저 살펴보겠다. 먼저 임청각과 비슷한 집부터 찾아가보자.

임청각은 주위보다 상대적으로 높은 지점에 자리잡고 있다. 그런데 임청각의 왼쪽 옆에는 땅이 푹 꺼져 마치 골짜기와 비슷한 지형이 있다. 사람들은 그곳을 '탑골'이라 부르는데, 탑이 있는 골짜기란 뜻이다. 바로 그 골짜기에 제법 큰 규모의 집이 하나 있다. 이처럼 집이 있는 자리가 유별난데, 바로 옆에 있는 임청각 쪽에서 바라보면 위치뿐만 아니라 생김새마저 한눈에 내려다볼 수 있다. 이런 장소에 집을 짓는 일은 드물기 때문에 더욱 관심이 가는 집이기도 하다.

그 집은 중요민속자료 제185호로 지정된 법흥동法興洞 고성固城 이씨 종택이다. 임청각이 고성 이씨 소유의 건물이므로 바로 옆에 있는 종택도 당연히 임청각과 관계가 있다. 그 관계는 곧 사람의 관계이다. 사람의 관계를 밝히는 일은 족보를 따지는 일로서 밝히는 이로서나 보는 이로서나 재미없는 일이다. 그러나 밝히지 않으면 체계가 서지 않는다. 체계가 설 정도로 밝히게 되면 재미있어진다. 그러므로 재미와 지루함은 동전의 양면이다. 지루함이 재미가 되면 익은 것이다.

임청각을 건립한 이명李洺은 여섯 명의 아들을 두었다. 막내가 반구정伴鷗亭 굉肱이다. 굉은 다섯 명의 증손자를 두었는데 맏이는 주손으로 이어지고 네 형제는 각각 파조派祖가 되며 셋째가 적適으로 고성 이씨 탑동파塔洞派의 파조이다. 적의 증손이며 좌승지左承旨에 증직된 후식後植이 숙종 24년인 1685년에 집을 지었는데, 그가 지은 집이 현재 우리가 보고 있는 고성 이씨 탑동파 종택이다. 집 앞의 탑 때문에 탑동파라 불리게 되었을 것인데, 탑으로 미루어 짐작할 수 있듯이 그 자리는 원래 법흥사法興寺 절터였다. 절터에 집을 지었으니 사연이 없을 수 없다. 당연히 집의 건립에 관련된 애절한 이야기가 전해 내려오고 있다. 그런데 그 이야기는 전설이 아니라 사실이다.

법흥사는 신라 시대의 거찰이다. 비록 그 훼손이 심했지만 승지공이 법흥사 터에 집을 지으려 할 때에는 아직 많은 전각과 부처가 있었으며 더군다나 열여섯 자에 이르는 거대한 금불상까지 있었다. 그런 터에 집을 지으려고 여러 동자 부처와 금불상을 낙동강에 버리자 노승이 현몽하여 "여기는 내 터이니 아무도 집을 지을 수 없다. 기어이 집을 지으면 큰 앙화를 당할 것이다"라는 경고를 여러 번 했다. 그럼에도 불구하고 승지공이 공사를 강행하자 그만 어린 두 아들이 요절하고 말았다. 잠시 주저하던 승지공은 그러나 이에 굴하지 않고 '사불승정邪不勝正'의 굳은 신념으로 집을 완성하였다.

사불승정이라, 바르지 않은 것은 바른 것을 이길 수 없다. 그렇다. 그것은 확실히 그렇다. 그러나 어느 것이 '사邪'이고 어느 것이 '정正'이란 말인가? '사'는 불교인가, 유교인가? 어느 편을 들어야 하는가? 이데올로기가 충돌하는 현장은 언제나 슬프다. 탑골 고성 이씨 종택은 그 슬픔의 현장이다.

사랑채를 건축하던 중에 승지공은 세상을 떠났고, 손자인 영모당 원미元美가 사랑채를 완성하고 이어서 별당채이자 대청大廳인 영모당永慕堂을 완성하였다. 영모당은 종택의 왼쪽에 있는데 앞에는 사각형의 연못이 있어 집의 풍치를 한껏 높여준다. 이원미의 손자인 진사進士 종주宗周는 호가 북정北亭이다.

탑골 종택은 근래에 깨끗하게 수리되었다. 유심히 살펴보면 집안이 아주 잘 가꾸어져 있음을 알 수 있다. 그 이유는 사람이 살고 있

기 때문인데, 종택에 거주하는 분은 올해 연세가 아흔다섯인 찬형贊
衡이다. 그 분의 아들이 아버지를 모시고 분재를 하면서 집안을 다
스리고 있다.

    고택을 국가에서 보수하지 않는다면 개인이나 문중의 힘으로는 참으로 버거운 일이다. 더욱이 사람이 살지 않는 목조 건물은 엄청나게 빠르게 훼손된다. 안동에는 전국에서 가장 많은 고건축 유물이 남아 있다. 당연히 많은 집들이 날로 무너져내려 수리와 보존이 시급한 상황이다. 게다가 유물로 지정되지도 못하고 사람마저 거처하지도 않는 집들의 운명은 정말로 '바람 앞의 등불'이다. 그나마 북정이 유물로 지정되어 다행이다.

북정

    북정北亭은 종택 뒤의 산에 있다. 임청각의 왼쪽과 탑골 종택의 오른쪽 사이에는 자그마한 개울이 흐른다. 개울을 따라 200미터쯤 올라가면 정자가 보인다. 정자는 앞쪽의 개울을 향해 남향으로 앉아 있다. 정자가 보고 있는 맞은편에는 큰 바위가 마치 절벽인 양 솟아 있고 나무가 울창하여 깊은 산속에 들어와 있는 듯한 느낌을 준다. 안동 시내에서 가장 가까운 거리에 있으면서 또 가장 심심산천의 느낌을 주는 정자가 바로 북정이다.

    비록 정자후子는 몹시 퇴락했지만 아직도 옛날의 모습을 충분히 간직하고 있다. 정자의 생김새는 매우 특이한데, 좌우의 온돌방 2칸과 중앙의 마루방이 일一 자로 설치되어 있으며, 중앙에서 개울 쪽으로 누마루 한 칸이 돌출되어 있다. 누마루의 삼면에는 모두 헌함軒檻이 설치되어 있으며 좌우의 쪽마루에도 난간이 설치되어 있다.

▲ 북정

돌출된 누마루의 정면에는 아담한 해서체의 '북정' 현판이 걸려 있다. '북정' 현판 글씨는 아주 특이하다. 일반적으로 글씨를 보고 어떤 느낌을 받으려면 상당한 훈련이 필요한데, 만약 훈련되지 않은 사람이라도 보는 순간 어떤 느낌을 받을 수 있다면 그 글씨가 매우 특별한 글씨라고 할 수 있다. 북정 글씨는 그 정도로 특별하다. 그 삼면에는 기문과 시판이 각각 하나씩 걸려 있다. 북정 주인인 이종주의 시 한 수를 감상해 보자.

깊은 숲 종일토록 들을 소리 없는데	深林終日寂無聽,
개울물 소리만이 정자에 가득하네.	除有泉聲滿小亭.
이 땅이 저자 곁에 이어 있으되	地接雄都偏近市,

첩첩한 산들 병풍처럼 둘렀도다.	天將疊嶂故爲屛.
꽃같은 날 지나서 머리 희어졌건만	年華已脫頭仍白,
벗들과 함께할 땐 깊어지는 반가움.	親友相逢眼却靑.
웃으며 시냇가에 복숭아 심은 뜻은	笑向溪邊種桃樹,
향기 좇아 어부 옴을 보려 함이네.	試看漁子逐殘馨.

먼저, 정자 주위의 경치를 서술하고 이어서 자신의 느낌을 피력한 칠언율시이다. 글자 수가 제한되고 운을 따라야 하는 어려움 때문에 한시를 익히는 것은 어려운 일이다. 그러나 엄격한 법식일수록 익히기는 어렵지만 익히기만 하면 오히려 법식이 없는 것보다 편리할 때가 많다.

위의 시에서 경치를 서술한 수련首聯과 함련頷聯은 평이하다. 경련頸聯 후구後句의 마지막 글자인 '청靑'은, 혜강嵇康(223~262)과 함께 죽림칠현의 중심 인물인 완적阮籍(210~263)의 유명한 '청안백안靑眼白眼'의 고사에 나오는 '청'일 것이다. 완적은 위나라 말기의 정치적 위기 속에서 강한 개성과 반예교적反禮敎的 사상을 관철하기 위해 술과 기행으로 자신을 위장하고 살았다. 그는 눈의 검은자위를 다 감추어 눈 전체를 하얗게 만드는 희한한 재주를 가지고 있었다. 그래서 상종하기 싫은 사람이 자신을 찾아오면 백안을 만들어 방문객 스스로가 물러나게 했는데 이 고사에서 사람을 외면하는 일을 가리켜 '백안시白眼視'라 하게 되었으니, 지금도 흔히 쓰는 말이다. '청안시'는 백안시에 반대되는 말이다.

미련尾聯은 「귀거래사」의 주인공 도연명의 「도화원기桃花源記」에 나오는 무릉도원武陵桃源 이야기다. 워낙 유명한 이야기이므로 굳이 설명이 필요없을 것이다. 이종주는 자신이 거처하는 북정이 무릉도원과 다르지 않지만 사람들이 이를 알지 못하므로 복숭아 몇 그루를 심어 놓으면 고기 잡는 어부가 도화 따라 이곳에 이를 것이라며 우스개처럼 한번 시험해 보고 싶다고 짐짓 능청(?)을 부리고 있다. 무릉도원이 어디 따로 있을 것인가? 내 사는 곳이 무릉도원이라 믿으면 그렇게 되는 법. 멀리서 찾지 말라. 네가 사는 그곳을 도원의 선경으로 만들라.

북정 누마루에 앉아 있으면 아늑하고 포근하기가 마치 인적 끊긴 심산유곡에 있는 듯하여 저절로 공부가 될 듯하다. 제대로 수리하여 여름에 사람이 들어와 공부한다면 그보다 좋은 일도 없을 것이다. 북정이 비록 문화재로 지정되었다고는 하지만 사람이 살지 않는 집은 더 이상 집이 아니다. 탑동파에서 힘을 기울여 제대로 보존하고 사용하기를 기대해 본다. 북정은 안동이 다른 지방과 다른 점을 보여주는 좋은 장소다.

이종주 산소

내가 지금 살고 있는 용상동 현대 아파트는 산을 절개하여 지어진 것이다. 산 이름은 용두산龍頭山이다. 아파트가 들어서고 난 뒤 용두산의 능선을 따라 몇 가닥의 산책로가 닦이고 운동 기구가 비치되어 주민들은 아침저녁으로 산을 오르내린다. 나는 게을러서 운동을 거의 하지 않는다. 아파트 바로 뒤에 좋은 산책로가 있다는 것은 들어 알고 있었지만 올라갈 생각은 좀처럼 하지 않았다. 그러다 처음으로 그 산책로에 올라간 날, 나는 그 날을 잊을 수 없다. 그 날이 언제인지는 정확한 날짜를 기억할 수 없지만 무심코 201동 옆의 산책로를 따라 능선에 이르렀을 때, 능선 아래의 골짜기에 □ 자字 집이 보였다. 집이 위치한 자리로 보아 재사齋舍가 분명했다.

"어, 저건 재사다! 재사가 있으면 산소가 있는 법인데, 이 부근에 산소가 있단 말이지?"

이 궁벽한 골짜기에 재사를 지어 모실 만한 산소라면 상당히 유명한 분일텐데, 나는 이 곳에 대한 사전 지식이 전혀 없었다. 능선을 따라 산책하려던 애초의 생각은 까마득히 잊은 채, 재사 위쪽을 보며 산소가 있을 만한 곳을 찾기 시작했다.

보국이 제대로 된 땅 즉 명당明堂은 금방 알 수 있다. 그러므로 산소가 얼른 눈에 띄지 않는다 해도 명당판 안에서 산소를 찾는 것은 그리 어려운 일이 아니다. 더구나 그곳에는 재사가 있을 뿐 아니라 능선에서 골짜기를 내려다보는 것이기 때문에 어디쯤에 산소가 있을지 짐작하는 것은 쉬웠다. 곧 골짜기의 급경사면과 완경사면이 만나는 지점에 있는 비석을 발견했고 가까이 가서 보니 이종주의 묘하비墓下碑였다. 이종주의 산소를 보고 옆에 있는 또 다른 능선에 올라가 보니, 이원미의 산소와 그의 아버지인 이시홍李時興의 산소가 아래위로 나란히 있었다. 그런 형태의 산소 자리를 유혈이라고 하는데, 두 개의 젖무덤이 내려온 듯하다고 해서 쌍유혈雙乳穴이라고도 한다.

그 뒤에도 나는 두어 번 더 산소를 다녀왔다. 나중에 안 일이지만, 돌장골로 불리는 그 골짜기는 한자어로는 '석장곡石長谷'이라고도 한다. 재사는 석장재사石長齋舍라 불리며 현재의 행정 구역상으로는 안동시 성곡동에 속한다.

신세동칠층전탑

탑골 종택 앞에 있는 신세동칠층전탑新世洞七層塼塔은 국보 제

16호이다. 통일 신라 시대의 전탑으로 높이 17미터에 이르는 우리나라 최고最高요 최대最大의 전탑이다. 벽돌은 예나 지금이나 가장 흔한 건축 재료 가운데 하나다. 벽돌로 무엇을 만든다는 것은 곧 '쌓는다'는 것을 뜻한다. 벽돌을 쌓기 위해서는 쌓는 사람이 한 손에 들고 쉽게 다룰 수 있도록 크기와 무게를 제한할 필요가 있다. 오랜 시행착오 끝에 현재 사용하게 된 벽돌은 대체로 57mm×90mm×190mm이며, 전탑에 사용된 벽돌은 이보다 조금 크다.

벽돌을 쌓아 무엇을 만들기 위해서는 쌓을 수 있는 조건이 우선 마련되어야 한다. 그 조건들 중 가장 중요한 것은 두 가지다. 즉, 자연 조건상 지진이 없어야 한다는 것과 사회 조건상 인건비가 낮아야 한다는 것이다. 그러나 이 조건을 충족하더라도 벽돌만을 쌓아 구조물을 만들게 되면 그 구조체構造體가 취약하게 된다. 벽돌이 가지고 있는 치명적인 결함 즉 구조체의 취약성 때문에 벽돌로 탑을 쌓는 것은 일종의 모험이라고 할 수 있다. 게다가 벽돌로 쌓아 만드는 건축물은 건축적 변화를 가미하기가 몹시 까다롭다.

예를 들어 보자. 일반적인 탑의 모양은 탑신이 있고 탑신을 덮는 부재部材 즉 옥개屋蓋라 부르는 지붕 모양의 구조물이 있다. 벽돌로 탑신을 만드는 데는 어려움이 없다. 문제는 옥개 즉 지붕이다. 지붕의 핵심은 벽체보다 바깥으로 튀어나온 처마에 있다. 처마는 지지물 없이 허공을 가로지르는 부분이다. 나무나 큼직한 돌을 잘라서 만든다면 이해가 가지만, '자그마한 벽돌로 허공을 가로지르는 처마를 만드는 것'은 어떠한가, 가능하겠는가? 그러나 놀랍게도 그것은 가능했다.

어떻게 했는지는 알 수 없지만, 벽돌만으로 허공을 가로질러 처마를 만들었음에 분명하다. 전탑을 보면 그것을 알 수 있다. 전탑을

▲ 탑골 종택 대문채와 칠층전탑

볼 기회가 있으면 반드시 전탑 옥개 부분의 일직선 처마를 살피면서 감탄에 감탄을 거듭해야 하리라! 어떻게 저 조그만 벽돌이 공중에서 떨어지지 않고 천년이 넘도록 허공에 떠 있을 수 있단 말인가? 나는 몇 번을 살펴보았지만 도저히 알 수가 없다. 신기하기 짝이 없다. 누군가가 전탑의 처마를 한옥처럼 곡선으로 만들 수 있다면 그는 건축의 신神이 되리라!

전탑은 만들기가 어렵고, 인력도 엄청나게 드는데다가, 또 만들어 놓아도 쉽게 훼손되기 때문에 현존하는 우리 나라의 전탑은 다섯 개가 전부이다. 신세동칠층전탑, 안동시 일직면에 있는 보물 제57호 안동조탑동오층전탑, 안동역 광장 옆에 있는 보물 제56호 동부동오층전탑 세 개를 제외하면 대구시 칠곡 송림사松林寺의 보물 제

189호 송림사오층전탑과 여주시 신륵사神勒寺 안에 있는 보물 제225호 신륵사다층전탑 두 개가 더 있을 뿐이다.

 귀한 것이라는 데는 인식을 같이하면서도 우리 나라 전탑을 대표하는 7층전탑에 대한 대우가 너무도 소홀하여 차라리 서러울 지경이다. 법흥사 절은 흔적도 없어지고 혼자서 외로이 이곳이 절이었음을 증명하는데, 왜놈 기찻길 때문에 잔뜩 쇳가루를 짊어진 채 기차가 지나갈 때마다 흔들리고 있다. 더구나 누가 언제 보수했는지 모르겠지만 사정없이 시멘트를 처발라 놓았으니, 안상학 시인 아니라 누군들 슬퍼하지 않겠는가?

> 너무 오래 이곳에 머물렀다.
> 나에게 돌을 던지던 여인도 죽고
> 탑돌이 하던 푸른 옷자락의 여인도 죽고
> 그 아들의 아들 그 아들의 아들도 죽었는데 나는
> 여기서 너무 오래 우두커니 서 있었다.
> 기찻길로 자꾸 몸이 기운다.
>
> 아무리 생각해도 이제는
> 무언가 잊은 듯하다. 그 아들의 아버지
> 그 아버지의 아버지 그 어머니, 돌멩이 하나까지
> 잊어버린 듯하다. 기찻길 너머 회나무
> 아스팔트 한 가운데서 살아남아
> 해마다 금줄에 다시 묶여 어쩌지 못한다.
> 그나 나나 너무 오래 서 있어서 이젠
> 그 무언가를 잊어버린 듯하다. 잊은 듯하다.[11]

---

11) 안상학, 「오래된 사랑―臨淸古塔」. 이 시는 http://sangang.andong.net에 실려 있다.

고탑 밑에는 지금도 새벽마다 탑돌이를 하는 사람들이 있다. 그들은 고탑이 왜 거기에 서 있는지 그리고 그 탑과 임청각에 가해진 일본 제국주의의 흉악한 심사가 어떠하였는지 알고 있을까? '기찻길로 자꾸 몸이 기우는' 고탑을 바라보며 '풍수란 무엇인가' 하고 스스로에게 자꾸자꾸 되물어 본다.

비보 사찰

고탑이 왜 그 자리에 서 있을까? 그 자리가 탑을 세우기에 알맞은 곳인가? 탑 주변은 절이 들어서기에 적합한 땅인가? 그래서 그곳에 탑을 세우고 절이 들어섰는가? 결론은 '아니다' 이다. 그 자리는 탑을 세우기에 적합한 곳이 아니다. 그러면 왜 그곳에 탑을 세웠는가? 이 의문에 답한 사람이 바로 최창조崔昌祚다.

풍수는 터를 잡는 기술이다. 삶터인 집·마을, 위엄과 예배의 공간인 궁전·사찰·향교, 죽은 자의 영면처이자 산 사람의 회합처인 산소·재사 등등. 사람이 어디에서 무엇을 하고 살든 땅 위에서 생활한다면 살 곳을 가려서 정해야 한다. 그리고 그 선택 행위가 바로 풍수이다. 그러므로 무엇이라고 이름붙이든 그 행위는 인류의 역사와 함께 시작되었을 것이다. 우리 선조는 그 행위를 '풍수'라고 불렀을 뿐이다.

그렇게 우리 땅에서 자연 발생적으로 이루어진 터잡기의 기술을 최창조는 '자생풍수自生風水'라 명명하고, 자생풍수 이론을 체계화한 풍수의 비조鼻祖가 신라 말기의 승려 도선道詵(827 흥덕왕 2~898 효공왕 2)이라고 주장하였다. 『한국의 자생풍수』(민음사, 1997)라는 책에 이러한 사실이 자세히 밝혀져 있다. 최창조가 온갖 어려움을 극복하고 현대 한국 풍수학계에 끼친 공헌은 말로 형용할 수조차 없다. 모름지기 풍수에 관심을 둔 사람은 반드시 그의 안내를 받아야 한다고 나는 확신한다. 최창조는 위인이다.

지금 여기에서 최창조의 주장을 일일이 소개할 수는 없다. 한 가지만 설명하자면, 도선道詵은 '땅에 문제가 있으면 고칠 수 있다'고 생각했는데 그 실천 방법이 바로 '비보裨補'였다는 것이다. 그러므로 비보야말로 자생풍수의 가장 큰 특징 가운데 하나이며, 이러한 비보 관념은 우리 민중들의 생활 곳곳에 공기처럼 스며 있다. 도선은 좋은 땅을 선택하여 절을 세운 것이 아니라 문제가 있는 땅을 사찰로 비보함으로써 그 땅을 치료했던 것이다.

이제 고탑이 서 있는 자리를 살펴보자. 그 자리의 가장 큰 지형적 특징은 합수처라는 점이다. 더구나 그 지점에서 합수하는 물은 시내가 아니라 강이다. 낙동강 본류인 낙강과, 낙동강 상류의 대표적 지류인 반변천이 만나는 것이다. 낙강은 낙동강 본류이므로 그 세력을 가늠하기가 쉽다. 그런데 반변천의 세력도 결코 만만치가 않다. 지금 낙강은 안동댐, 반변천은 임하댐으로 막혀 있기 때문에 홍수가 질 때 고탑 앞의 합수처가 어떤 위용(?)을 띠는지는 볼 수 없다. 직접 겪은 분들이야 말할 것도 없겠지만 상상만으로도 그 모양이 어떨지는 짐작이 간다. 두 개의 강이 만나 소용돌이치는 그 지점은 얼마나 위험한 자리인가?

그래서 거기에 탑과 절을 세워 비보를 한 것이다. 높은 탑을 세우기 위해 땅을 다졌으니 저절로 제방의 역할이 되었을 것이다. 나아가 부처님의 가피력으로 물의 기운을 누르고, 승려들로 하여금 홍수를 미리 감지하게 하여 주민들을 대피시키며, 유사시에 조달해야 하는 대규모 인력에 승려를 투입하기 위하여 절을 세우기에 부적합한 합수처에 도리어 절을 세운 것이야말로 도선의 뜻이라는 '자생풍수'의 주장에 나는 전적으로 동의한다. 그렇지 않다면 도대체 이곳에 절을 세워야 할 이유가 없는 것이다. 자생풍수는 좋은 터를 잡는 기술에 그치는 것이 아니라 병든 땅을 고치고 나아가 그 땅에서 대동적인 삶을 추구한 지리 철학이다. 자생풍수의 관점을 통해 우리는 고탑이 그 자리에 있어야 하는 이유를 선명하게 알 수 있다.

단맥

예로부터 사람들의 입에서 입으로 전해지는 이야기는 비석에 새긴 것처럼 오래도록 확실하게 전해진다는 뜻에서 '구비口碑' 즉 '입에 새겼다'고 하였다. 우리 나라의 구비 설화 가운데 아마도 가장 많은 내용을 차지하는 것이 풍수 설화일 것이다. 그 풍수 설화 중에서도 우리 귀에 익숙한 이야기가 바로 '혈穴을 질렀다'는 단맥斷脈 설화이다.

우리 나라 단맥 설화에 가장 많이 등장하는 사람은 임진왜란 때 조선에 왔다가 조선의 산세가 엄청나게 빼어난 것을 보고 앞으로 무수한 인재가 배출되어 중국을 위협할 것이라며 왜병과의 전투는 제쳐두고 전국의 혈을 지르기에 바빴다는 명나라 장수 이여송李如松(?~1598)이다. 이여송이 단맥하였다는 것은 세월이 오래 되어 그 사실을 밝히기 쉽지 않다. 그러나 우리 나라 전역에서 그에 관한 무수한 이야기가 전해지는 것을 보면 그가 많은 산줄기를 끊어 놓았음은 분명한 듯하다. 이여송의 단맥이 이야기로만 남아 있는 것에 반해, 실제로 단맥의 현장을 확인할 수 있고 현재에도 발견되는 것이 있으니 그것은 대부분 일제가 저지른 짓이다. 일제의 단맥은 국가적

차원에서 이루어진 것이며 아주 조직적이고 치밀하게 진행되었다.

그런데, 재야 사학자 이이화李離和는 『역사풍속기행』(역사비평사, 1999)의 첫머리 「풍수설」에서 '일제의 쇠말뚝이 풍수 침략이었다는 것은 근거 없는 낭설'이라고 주장하였다.

일제 시기 일본 사람들이 우리 나라 산수의 기를 꺾어 인물의 배출을 막으려고 산마루 등 요지에 쇠말뚝을 박았다는 말이 전해졌다. 그래서 이를 믿는 사람들이 쇠말뚝을 뽑아 내는 일에 나섰다. 한데 이 말은 이여송의 경우처럼 근거가 없다. 일제 당국은 개항 이후 우리 나라의 지도, 해도海圖를 작성할 수 있는 권리를 얻었다. 그들은 지도 작성 과정에서 산마루에 쇠말뚝을 박아 표지로 삼았던 것이다. 이는 어느 일본인 개인의 짓이거나 풍수쟁이들이 엉뚱한 소문을 퍼뜨린 것으로 보인다.

그의 주장은 한때 우리 사회의 뜨거운 이슈가 되었다. 그리고 이런 식의 주장과 반박은 이미 여러 번 있었다. 이이화의 의견에 동의하든 동의하지 않든 그것은 자유이다. 그러나 그의 주장이 사실인지 아닌지 검증되고 논의될 필요가 있다. 우석대학교의 김두규金枓圭 교수는 『신동아』 99년 8월호에서 이이화의 주장에 대해 조목조목 반박[12]하였는데, 그에 대해서 이이화가 다시 거론하지 않고 있는 것을 보면 아마도 자신의 주장이 틀렸다는 점을 인정한 듯하다. 나 또한 일제가 조직적으로 풍수 침략을 자행했다고 생각한다.

---

12) 김두규의 글은 원고지 100여 매에 이르는 장문으로 일제의 풍수 침략 사례를 자세하고 설득력 있게 제시하고 있다. 또한 여러 가지 다양한 풍수 지식을 얻을 수 있으므로 관심 있는 독자들은 꼭 한번 읽어 보기를 권한다.

석주

『안동의 독립운동사』(안동시, 1999)를 저술한 안동대학교의 김희곤金喜坤(1954~) 교수는 안동을 가리켜 '한국 독립 운동의 성지聖地'라고 잘라 말한다. 그가 안동을 가리켜 이렇게 부르는 데는 충분한 이유가 있으며, 그 주장은 역사적 사실로도 정확하게 증명된다. 그가 안동을 그렇게 판단한 이유 네 가지를 들어보자.

첫째, 한국에서 독립 운동이 최초로 일어난 곳이 바로 안동이다. 즉 안동이 독립 운동의 발상지라는 말이다. 둘째, 안동은 전국에서 최다수의 독립 유공자를 배출하였다. 가장 많다고 말할 정도가 아니라, 전국 시군 단위 평균치의 10배가 넘고 1개 도의 평균치에 맞먹는 수치이다. 셋째, 독립 운동사의 최고봉에 이르는 지도자를 배출하였다. 이 점은 국내나 국외에서 또 좌파와 우파를 가릴 것 없이 모두 그러했다. 넷째, 일제 강점을 전후하여 자결한 인물이 전국에서 가장 많았다. 그것도 시·군 평균이 0.2명 꼴인데 안동시가 10명이니 50배나 된다는 말이다. 안동의 독립 운동사는 한국 독립 운동사에서만 그런 것이 아니라 세계사에서 단연 돋보이는 사례에 속한다.

믿어지지 않는가? 그러나 믿지 않을래야 않을 수 없다. 우리 나라의 근세사 연구는 일천하기 짝이 없다. 더욱이 남북 분단으로 인해 연구에 엄청난 제약을 받았다. 게다가 청산하지 못한 친일파 문제로 근세사 연구는 강단 사학계에서 가장 꺼리는 일 가운데 하나가 되었다. 그런 어려움을 극복하고 근세 독립 운동사 연구에 매진한 김 교수의 업적은 우리 나라 독립 운동사 연구에 커다란 도움이 될 것이다.

안동이 배출한 '독립 운동사의 최고봉에 이르는 지도자' 중 한 분이 석주石洲이다. 석주는 1926년에 대한민국임시정부 국무령國務領

을 지낸 이상룡李相龍(1858, 철종 9~1932)의 아호이다. 이상룡은 구한말 애국 계몽 운동의 한가운데에 있었으며, 일제 강점기에는 항일 독립 운동의 방향을 제시하였다. 그가 바로 임청각의 고성 이씨이다.

임청각 단맥

일제의 도로 건설이 철저하고 완벽하게 오직 우리 나라의 자원을 수탈하기 위한 목적으로 건설되었다는 것은 이미 밝혀진 사실이다. 자원 수탈에 더하여 그들은 이 땅의 혈맥을 끊기 위하여 도로와 철도를 우회시켰다. 믿을 수 없는가? 아무 지도나 펼쳐 놓고 안동을 지나는 철로를 보라. 중앙선 철도가 안동을 통과하는 모습을 보면 누구라도 그 사실을 쉽게 이해할 수 있을 것이다.

안동에서 영주로 가는 길은 현재의 5번 국도가 거의 정상적인 길이다. 즉 비교적 직선이라는 이야기다. 그런데 안동 시내에서 북후면 옹천瓮泉까지의 철도를 보면 기형적으로 틀어져 있다. 어느 정도인가하면 S자로 굽어 나가는 정도가 아니라 두 번이나 역행하고 있다. 그러기 위해서는 진모래에 철교를 만들어야 했으며, 아주 가까운 거리에서 무려 세 개의 터널을 뚫어야 했다. 게다가 서지에서는 가수내를 막기 위해 30여 미터에 이르는 축대를 쌓았다. 어떤 특별한 목적 없이 그렇게 어려운 공사를 해야 할 이유가 없는 것이다. 철로는 속성상 일반 도로에 비해 직선으로 나아가게 만드는 법이다. 그럼에도 불구하고 중앙선이 획 비틀어지고 역행하는 까닭은 무엇인가? 그곳에 지하 자원이 있는 것도 아니며 사람이 많이 사는 것은 더더구나 아니다. 오직 험할 뿐이다. 그런데 왜 그렇게 험한 곳으로 일부러 빙 둘러서 철로를 놓았는가?

▲ 안동 중앙선 지도

'단맥'을 위한 의도였다는 것이 내 판단이다. 그리고 그 단맥의 대상은 안동 땅 전체이다. 왜냐하면 안동이 독립 운동의 '성지'이기 때문이다. 중앙선 단맥이 노리는 지점 중 가장 중요한 목표가 바로 '임청각'이다. 중앙선은 낙동강을 넘어 곧바로 임청각을 향해 '달려든다.' 임청각은 〈안동 중앙선 지도〉에서 '중앙선' 표기의 '중' 자 부근에 있다. 지도에서 철로가 지나가는 것을 보고서도 믿지 못하는 사람도 현장을 보면 금방 알 수 있을 것이다. 임청각의 상

4. 임청각 217

태는 처절함 그 자체이다. 철로 곁에 살아 본 사람은 철마의 굉음이 얼마나 엄청난지 알고 있을 것이다.

철로는 임청각을 단맥함에 그치지 않는다. 터널을 만들고 역행까지 하면서 기어이 서지역西枝驛 옆에 있는 백죽당栢竹堂 배상지裵尙志의 묘소 앞을 지난다. 배상지는 여말선초麗末鮮初의 절의지사節義之士로서 흥해 배씨의 중흥조나 다름없는 이다. 배상지의 산소를 지난 중앙선 철도는 다시 서지역 앞에 있는 학봉鶴峰 김성일金誠一(1538~1593)의 산소로 향한다. 김성일과 '내앞' 이라 부르는 안동시 임하면 천전리川前里에 관해서는 나중에 상술하겠지만, 말이 나온 김에 한마디만 하고 가자.

김성일의 산소 자리 형국은 흔히 닭이 알을 품고 있다는 '금계포란金鷄抱卵' 형이다. 그런 자리가 갖고 있는 풍수적 암시는 많은 후손의 배출이다. 그것은 '희망' 이다. 그런데 일제는 그 희망을 끊고자 했다. 닭이 알을 품고 있는 둥지 앞을 밤낮으로 쉬지 않고 꽥꽥거리며 기차가 다닌다면 그 닭이 알을 품을 수 있겠는가? 더구나 그곳에 아무런 이유 없이 역까지 만들어 기적汽笛을 울리게 해 놓았다.

그러나 중안선 단맥이 노린 것은 임청각이나 김성일의 산소만이 아니다. 중앙선을 그렇게 우회시킨 것은 안동 전체를 단맥하기 위함이었다. 그 점은 안동의 용맥龍脈 즉 산줄기가 어떻게 연결되는지를 알면 아주 분명해진다.

우리 나라의 산줄기와 물줄기는 고산자古山子 김정호金正浩(?~1864)의 〈대동여지도大東輿地圖〉에서 비교적 정확하게 제시되고 있다. 하지만 당시의 수준으로 현대 지도의 정밀함을 따라올 수는 없다. 광우당匡友堂 이우형李祐炯(1934~)은 고산자의 〈대동여지도〉를 보완하여 현대 지도에 우리 나라의 물길과 산줄기를 하나도

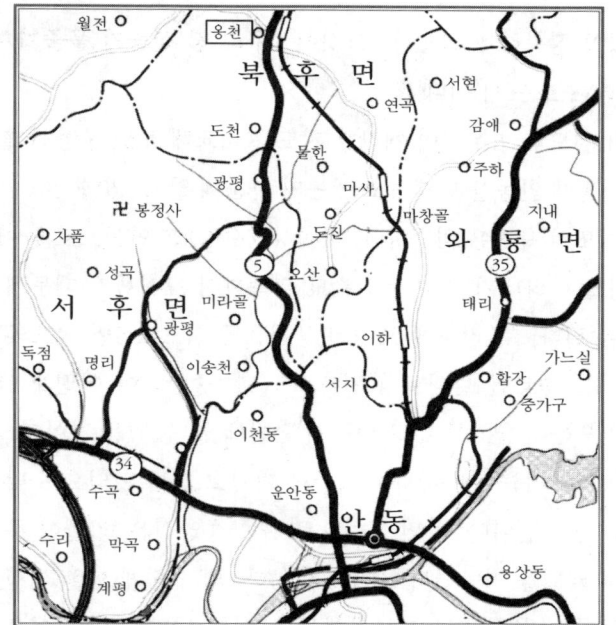

◀ 현대 안동 지도

◀ 〈산수경〉

남김없이 정확하게 그렸다. 그것이 〈우리 땅 산줄기 물줄기〉(이하 〈산수경〉으로 표시)이다.[13]

현대 지도와 이우형이 제작한 지도를 비교해 보면 중앙선 철도가 과연 어떻게 안동을 단맥하고 있는지 한눈에 알 수 있다.

두 지도의 축척은 비슷하다. 다만 〈산수경〉은 안동으로 들어오는 산줄기를 나타내기 위해 옹천瓮泉 위쪽까지 표시했기 때문에 지도가 조금 길다. 두 지도에 표기된 옹천을 중심으로 5번 국도와 중앙선이 가는 경로를 살펴보면 된다. 그러면 중앙선이 어떻게 안동으로 들어오는 산줄기를 끊고 있는지 단번에 알 수 있을 것이다.

옹천으로 가는 5번 국도는 직선에 가깝고 터널도 없으며 낮은 고개를 지나는 길이다. 반면 옹천으로 가는 중앙선은 빙 돌아 무려 여섯 개의 터널을 지나면서 옹천에 이른다. 왜 그렇게 험한 지형을 골라 그토록 어렵게 철도를 부설했을까? 나는 단맥 이외의 이유를 도저히 생각해 낼 수 없다.

일제의 악랄함을 필설로 어찌 이루 다 열거할 수 있으리오만 그 중 하나를 들면 단시간 내에 조선의 다양한 기층 신앙을 무너뜨렸다는 것이다. 그 결과 우리는 패배 의식에 사로잡히게 되었다. 반만년 역사는 사대事大와 굴종의 역사로 점철되었으며 민중의 신앙은 모조리 미신으로 치부되었다. 그리하여 이 땅의 역사는 왜곡되었고 전통은 단절되었다. 그 상처는 아직도 치유될 희망이 없는 듯하다. 치가 떨리는 일이다. 땅이 신령한 힘을 갖고 있다는 풍수의 믿음은 정말로 하찮은 미신일 뿐인가? 나는 동의할 수 없다.

---

13) 金正浩의 〈대동여지도〉와 李祐炯에 관해서는 『안동 풍수 기행, 돌혈의 땅과 인물』의 1장 '하회'에서 자세히 살펴볼 것이다.

5. 정영방 산소
— 희귀한 변와

무덤

사람의 시신을 매장한 시설물을 '무덤(또는 분묘)'이라고 한다. 우리말 '묻다'(埋)라는 동사의 어간 '묻-'에 명사화 접미사 '-엄'이 결합하여 맞춤법의 규정에 따라 '무덤'이 된 것이다. 무덤이 어떻게 해서 생겨났는지에 대한 견해는 대체로 두 가지로 요약된다. 첫째는 '시체 처리 시설물'이라는 관점인데, 이에 대해서는 『맹자』에 잘 나타나 있다.

추측해 보건대, 아주 오랜 옛날에는 일찍이 그 어버이를 장사지내지 않은 사람이 있은 듯하다. 어버이께서 돌아가시면 그냥 들어다가 골짜기에 버렸는데 다른 날 그곳을 지날 때 보니 여우와 삵쾡이가 파먹고 파리와 모기가 뼈에 붙어 빨아먹거늘 이마에 흥건히 땀이 고이고 곁눈질하며 차마 똑바로 쳐다보지 못하니 대저 땀이 흐르는 것은 남을 의식해서 그런 것이 아니라 진실한 마음이 얼굴에 이르렀기 때문이다. 그러므로 돌아와서 삼태기와 들것에 흙을 담아 쏟아서 시신을 덮었으니 시신을 덮어 가리는 것이 참으로 옳다면 효자와 어진 사람이 어버이를 덮어 가림에도 반드시 길이 있을 것이다.[1]

사람이 죽으면 며칠만에 부패하기 시작하여 보기에도 흉할 뿐만 아니라 악취가 풍기므로 어떤 방법으로든 시신을 처리해야 하는데 그 방법 중의 하나가 매장이다. 시신 처리 방법은 지역과 문화에 따라 다양한데 대표적인 것은 땅에 묻는 매장과 불에 태우는 화장이다. 둘 가운데 화장은 주로 열대 지방에서 성행했는데, 그것은 시신

---

1) 『孟子』,「滕文公」上, "蓋上世嘗有不葬其親者. 其親死則擧而委之於壑, 他日過之, 狐狸食之, 蠅蚋姑嘬之, 其顙有泚, 睨而不視, 夫泚也, 非爲人泚, 中心達於面目. 蓋歸, 反虆梩而掩之, 掩之誠是也, 則孝子仁人之掩其親, 亦必有道矣."

의 부패 속도가 빨라 시신을 둔 채로 의식을 진행하기 곤란하기 때문이다. 이외에 시신을 바위나 나무 위에 얹어 둠으로써 금수에게 처리를 맡기는 풍장風葬, 강이나 바닷가에서 물에 가라앉힘으로써 물고기가 해결하도록 하는 수장水葬이 있다.

어떤 방법이든지 결국 시신을 없애기 위한 것인데, 그 중 충격적인 것이 에스키모가 쓰는 방법이다. 그들은 얼음에서 살기 때문에 시신을 묻어도 부패하지 않으므로 매장 자체가 의미가 없다. 또한 화장에 필요한 많은 나무를 구하기가 어려울 뿐만 아니라 얼음 위에서 시신이 다 탈 때까지 불을 피우기도 곤란하다. 그러므로 죽음이 가까워오면 즉 노동력이 거의 상실되면 죽을 사람이 스스로 집을 떠나 산 채로 북극곰에게 먹힘으로써 시신 처리를 해결하였다.

둘째는 '죽은 이에 대한 기념적 형상물'이라는 주장이다. 공동생활을 하던 사람이 죽게 되면 슬픈 감정이 우러나오고 그리운 감정이 생겨서 보고 싶은 것이 당연하다. 그 때문에 죽은 사람을 추모할 수 있는 어떤 기념적 형상물을 원하게 되었는데, 그것이 바로 무덤이라는 것이다. 그러므로 어떤 형태든지 죽은 이를 추모하려는 마음이 빚어낸 결과물은 모두 무덤이 된다. 사찰·탑·부도·감실·납골당·산소·사당·교회·십자가를 비롯하여 강가·바닷가·나무·돌도 어떤 사람에게 죽은 이를 추념하는 의미가 있다면 모두 무덤인 것이다. 어떤 형태의 무덤을 선호하든지 그것은 개인의 믿음과 취향의 문제이다. 우리는 의식하지 않을 뿐이지 어쩌면 무덤에 둘러싸여 사는지도 모를 일이다. 추모할 만한 사람의 무덤을 갖지 못한 사람은 불행하지 않을까?

땅에 시신을 묻는 방법을 선택한 사람들이 보다 밝고 따뜻한 자리를 고를 수 있게끔 도와주는 기술 중의 하나가 음택풍수이다. 시신을 태우려는 사람들이 화장장에 가서 도움을 구하듯이 산 사람이 죽은 사람을 추모하기 좋은 공간을 선택하는 행위일 뿐으로, 자손의 발복과는 아무 관련이 없다. 음택풍수 발복을 '굳게' 믿으면서 산소를 쓰는 사람은 어리석은 사람일 가능성이 아주 높고, 거기에 영합하여 음택발복을 '강력하게' 주장하는 모든 지관들은 사기꾼일 가능성이 매우 높다.

사람이 죽으면 어떤 식으로든 시신을 처리해야 한다. 그러므로 '시신 처리물'로서의 무덤은 유형이든 무형이든 거의 반드시 존재한다. 또한 사람이 이미 죽었다고 하여 정情을 나누던 사람이 쉽게 그를 잊을 수는 없으므로 살아 있는 사람들은 그를 추모하고 싶기 때문에 가능하면 '죽은 이에 대한 기념물'이 있기를 원한다. 그러하니 도대체 누구의 무덤이 없을 것이며, 어찌 기념물이 없을 수 있겠는가? 우리나라의 경우 처리물로서는 묘墓, 기념물로서는 비碑가 가장 일반적이다. 그리고 그 두 가지는 대체로 한 곳에 같이 있다. 산소에 있는 다양한 형태의 묘비를 구경하는 것은 무덤을 찾는 이의 한 즐거움이다.

비

비碑는 어떤 사실을 뒷날까지 오래도록 전달하기 위하여 나무나 돌, 쇠붙이 등에 글이나 그림을 새겨 세워 놓은 것이다. 여러 가지 재료를 사용하며 크기도 다양하다. 우리 나라의 경우 비라고 하면 거의 전부라고 해도 좋을 정도로 돌이 압도적이기 때문에 비라 하면 곧 비석碑石을 가리킨다.

비는 어떤 사건이 일어난 바로 그 시기 또는 그 가까운 시기에 기록되므로 역사학·문자학·금석학·미술사학 등 여러 분야에서 귀중한 연구 자료이다. 더욱이 비에 새겨지는 입비立碑 연월일은 정확한 연대를 밝혀 주기 때문에 역사적 가치가 높다.

『한국민족문화대백과사전』에 따르면 비의 기원은 크게 풍비豊碑, 일영비日影碑, 봉선封禪, 갈楬 네 가지로 나뉜다. 풍비는 큰 나무를 석비 모양으로 깎아 광중에 세워 하관을 돕던 물건이며, 일영비는 해시계이다. 그리고 봉선은 나라를 세운 제왕이 높고 낮은 산에 올라가 산천의 신神에 보고하는 의식이며, 갈은 시신을 매장한 곳에 세운 표지이다. 이 중에 '풍비유래설'이 가장 설득력 있다.

어떻든 비는 신과 깊은 관계가 있다. 묘비는 매장된 죽은 이를 나타내며 비 자체는 신이 다니는 길이다. 주로 무덤의 동남쪽에 세우는 신도비神道碑는 신이 다니는 길에 세운 비라는 뜻이며, 묘혈의 입구에 세우는 묘비는 지하 세계인 명부冥府에서 지상으로 통하는 통로를 의미한다. 또한 종묘에 세우는 묘정비廟庭碑는 천상에서 지하로 연결되는 우주목宇宙木으로서 신의 강림을 뜻한다.

비에는 고정된 형식이 없다. 그리고 비의 종류는 형식에 따라 분류되는 것이 아니라 비문의 내용에 따라 분류된다. 묘비·탑비·능묘비·신도비·사적비·유허비·송덕비·효자비·열녀비 등은 비문의 내용에 따른 이름들이다. 그러므로 비의 형태를 어떻게 할 것인지에 대한 구체적인 규정은 없다. 다만 오랜 세월 제작하다 보니 정형 비슷한 모양들이 나타나게 된 것이다. 그 중 아주 화려한 것이 석비와 같은 형태이다.

석비는 크게 세 부분으로 이루어진다. 비석을 받치는 대좌臺座, 비문을 새기는 비신碑身, 그리고 비신을 덮는 개석蓋石 또는 관석冠石이다. 개석을 뿔 없는 용 즉 이무기로 장식할 경우 '이수螭首'라 한다. 대좌는 거북 모양을 조각한 귀부龜趺와 네모지게 깎은 방부

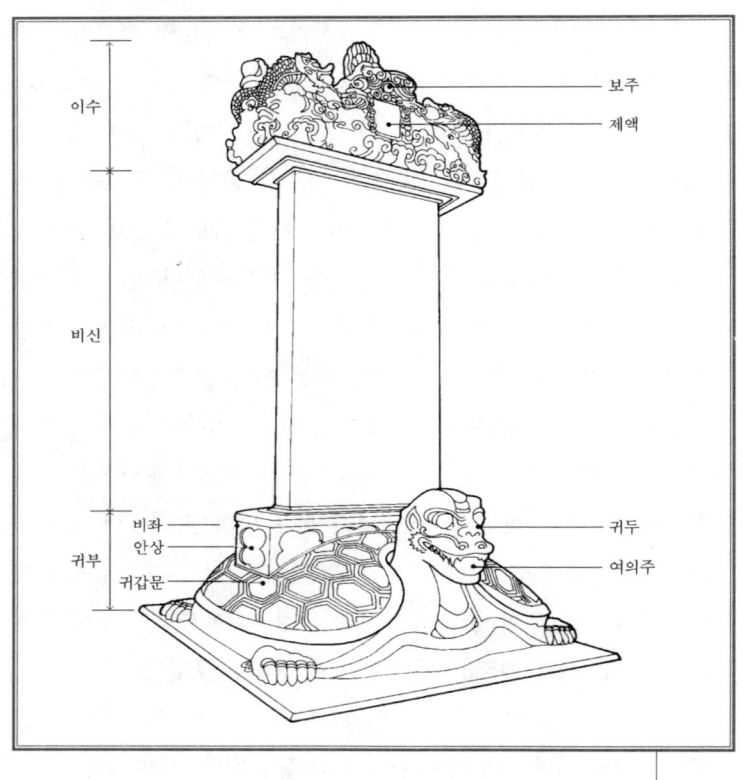

▲ 석비

方趺가 대종을 이루는데 어느 것이나 윗부분에 비신을 끼우는 홈을 판다. 대좌로는 주로 귀부를 많이 쓰는데, 이에는 거북의 천년 수명처럼 비문을 영구히 전하고자 하는 뜻이 담겨 있다.

　비신은 대개 긴 직육면체로 깎아 세운다. 앞면이 비양碑陽, 뒷면이 비음碑陰이다. 비문은 음양면에 모두 새기는데 앞면에는 주로 관직과 신분을 큰 글씨로 새기고, 뒷면에는 행적과 출신 내력을 새기는 것이 보통이다. 비신의 상단부나 이수에 새긴 비의 명칭이 '제액題額'이다. 전서로 쓰면 전액, 예서로 쓰면 예액인데, 전액이 가장 흔하다. 그리고 제액을 가로로 새기면 횡액, 세로로 새기면 종액이라 하는데, 횡액이 압도적으로 많다.

신도비는 거의 귀부와 이수를 갖춘 석비 형식이지만 일반 묘비는 귀부와 관석이 흔하다. 관석의 형태는 크게 보아 두 가지다. 비신과 분리되어 있는 분리형과 비신과 한몸으로 된 일체형이 그것이다. 어느 경우든 관석의 형태와 조각 수법은 매우 다양하다.

묘비

일정한 지위와 학식을 겸비한 사람의 산소에는 대체로 묘비가 있다. 조선은 도덕을 실현한 세계에서 가장 뛰어난 왕조임에도 불구하고 막상 우리 자신들은 그 실상을 잘 모르고 있다. 당연히 조선의 생활과 문화를 제대로 알지 못하면서 헐뜯고 폄하하기에 바쁘다. 특히 묘지와 관련된 것이 그 대표적인 예인데, 묘소에 관해 학술적으로 접근한 연구를 찾아보기 힘들다. 불교와 관련된 문화재는 깨어진 기와 한 장도 대접을 받지만 묘소에 있는 다양한 상석·향로·문인석·망주석·석등·묘비 등은 아무도 거들떠보지 않는다. 참으로 가슴 아픈 현실이다. 나처럼 어설픈 풍수학인들이나 산소를 찾아다닐 뿐이다. 그래서는 안 된다. 묘비를 비롯한 산소의 유물들도 체계적으로 연구 정리해야 할 것이다.

이제 『조선왕조실록』의 국역이 끝나 CD로 제작되어 누구나 손쉽게 내용을 검색하게 되었으므로 조선의 진정한 모습도 조만간 밝혀질 것이다. 조정에서 일어난 일을 자세하게 묘사하여 기록화한 『조선왕조실록』과 같은 기록을 남긴 민족은 그 어느 나라에서도 찾아볼 수 없다. 실록은 참으로 경이로운 작업이다. 우리가 우리의 자긍심을 회복하는 날 유학자의 묘소와 묘비도 한 가문만의 긍지가 아니라 민족의 자랑스러운 유산으로서 제대로 된 대접을 받게 되리라. 나는 풍수학인이자 조선을 사랑하는 후손으로서 그 날을 손꼽아 기다린다.

묘비는 신도비와 묘갈墓碣로 대별된다. 신도비는 3품 이상의 고관만이 세울 수 있으며 형식은 석비와 유사하다. 크기는 대체로 2미터 이상이며 대단한 정성과 노력을 들이기 때문에 명품이 많다. 그러나 우리 나라에 현존하는 신도비는 그 숫자마저 파악되어 있지 않은 상태이다. 안동 지역에 있는 신도비 가운데 최상품은 아마 학봉鶴峰 김성일金誠一(1538~1593)의 신도비일 것이다. 나중에 살펴볼 기회가 있을 것이다.

묘갈은 일반적인 묘비를 지칭한다. 비는 돌을 네모지게 깎아서 만든 것이고 갈은 자연석의 한 면만을 깎아서 만든 것이다. 그러므로 비는 비신의 윗부분이 네모지고, 갈은 석물의 위쪽이 둥그스름하다. 물론 다 그런 것은 아니며 묘갈도 비처럼 되어 있는 경우가 흔하다. 다만 규모가 작고 장식이 소박하다. 또한 신도비와 구별하기 위하여, 그리고 선비의 검박함을 나타내기 위해 묘비를 묘비라고 부르기보다는 주로 묘갈이라고 부른다.

묘갈

묘비의 일차적인 기능은 죽은 자의 행적을 기리는 것이다. 그러므로 죽은 이의 일생을 간략하게 기록한 비문이 있다. 돌에 글씨를 새기면 오래도록 지속되기 때문에 비문을 짓고 새겨서 비를 세우는 데는 여러 가지 조심해야 할 사항이 있다. 그 첫째는 비문의 주인공이 후인에게 모범이 될 만한 사람이어야 한다는 것이다. 널리 보면, 어떤 사람이든 그 사람의 일생에서 배울 점이 없지 않을 것이나, 진정으로 사표가 되는 삶을 산 사람은 몇이나 되겠는가. 조선의 선비 중에는 자신을 기리는 비를 세우지 말라고 유언한 사람이 많다. 안동에 특히 그런 분이 많은데, 그래서 그런지 송덕비 역시 드물다. 그러므로 어설픈 후손이 어설프게 조상을 기리는 비석을 세우는 것은 내남없이 웃음거리가 되기 십상일 뿐이다.

둘째는 비문에 거짓이 없어야 한다는 것이다. 보다 잘 보이게 하기 위하여 사실을 과장하고 왜곡하거나 없는 사실을 날조해서는 안 된다. 진실은 언젠가는 밝혀지는 법이니 거짓된 비문은 오히려 집안의 수치가 된다. 때문에 비문은 아무나 쓸 수 없고 또 써 주지도 않는다. 비문의 끝에 반드시 들어가는 찬자撰者의 이름은 곧 자신의 양심과 학식을 후인에게 검증받는 것과 같다. 어떻게 아무에게나, 아무렇게나 쓸 수 있겠는가?

셋째는 비에 품격이 있어야 한다는 것이다. 품격은 오직 정성에서만 나온다. 아무리 작고 하찮은 물건이라도 만드는 이의 정성이 들어있지 않으면 그 물건은 아무런 의미가 없다. 실력은 정성 속에서 익어가는 법이다. 요즘의 물건들이 조잡한 것은 실력의 문제가 아니라 바로 정성의 문제이다. 옛사람이 세워 둔 묘갈과 지금의 묘비들을 비교할 때마다 나는 불쾌한 감정을 누르기 힘들다. 그것은 비석에 지금 사람들의 후안무치한 뻔뻔함만이 잔뜩 묻어 있기 때문이다. 크다고 해서 혹은 까만 돌이라고 해서 결코 좋은 비는 아니다.

묘갈의 비문은 거의 앞부분에 서序가 있고 끝에 명銘이 있다. 서는 죽은 이의 출신과 행적을 간략하게 '서술'한 것이며, 명은 칭송의 '노래'다. 명을 짓기 위하여 죽은 이의 행적을 덧붙인 것이 서문이다. 그러므로 서문과 명문은 확실하게 구분된다. 나는 대체로 비문의 내용을 신뢰하는 편이다. 청대淸臺 권상일權相一(1679~1760)이 쓴 정영방鄭榮邦의 갈명을 보면서 정영방의 행적을 더듬어 본 뒤 명에 대해서 알아보자.

정영방 묘갈 서문 1

이 나라 어디에서도 동래 정씨를 찾아볼 수 있다. 당연히 안동에도 있다. 내가 알기로 안동의 동래 정씨 중에는 정영방(1577~1650)의 후손이 많다. 정영방은 자가 경보慶輔, 호가 석문石門이다. 동래 정씨 중흥조인 삼귀정 귀령은 다섯 아들을 두었는데, 맏이가 수찬修撰 옹雍이며 셋째가 찬성贊成에 증직된 사賜이다. 정영방은 수찬공의 6대 손이다. 정영방 묘갈의 서문은 아래와 같이 시작된다.

아! 우리 우복 선생의 문하에 선비가 있으니 석문 정공으로 휘는 영방이며 자는 경보이다. 스물에 스승을 배알하고 우산의 시냇가에서 『중용』·『대학』·『심경』을 비롯한 제반 경서를 배울 때, 정밀히 생각하고 묵묵히 살펴서 거듭거듭 따져보고 고쳐서 딱 들어맞아야만 자기 것으로 만들었으니 선생께서 감탄하시며 칭찬하시기를 그치지 않으시고, 또 시를 내리시어 그가 지나치게 정진함을 경계하셨다. 반드시 몇 달마다 한 번씩 고향으로 돌아가 아침저녁으로 문안하는 시간 이외에는 단정히 앉아서 글을 읽었다. 을사년(1605)에 진사가 되었으나 어두운 시대를 만나니 더욱 생각을 정밀히 하였으며 벽지에 처하여 시류에 관심을 두지 않더니 드디어 진성현 북쪽 임천동에 복거하였다. 병자호란 후에는 솔가率家하여 시냇가에 작은 연못을 파고 '서석지'라 이름하고 못가에 초가를 지어 '주일재'라 한 뒤, 마루를 '운서헌'이라고 불렀다. 매양 도서를 벗삼고 바람을 읊조리고 달을 희롱하면서 마음이 가는 대로 즐기었다. 계절마다 지팡이

짚고서 맑은 못, 푸른 절벽 사이에 노닐다가 흥취가 다하면 돌아왔다.[2]

정영방은 우복愚伏 정경세鄭經世(1563~1633)의 문하에서 수학하고 선조 38년인 1605년에 진사시에 합격하였으나 광해군의 실정을 보고 벼슬을 단념했다. 1636년 병자호란 이후에는 더욱 세상에 뜻이 없어 가족을 이끌고 영양군英陽郡 입암면立岩面 연당蓮塘에 축조한 서석지瑞石池에서 자연을 벗삼으며 후진을 양성했다.

〈연당리 지도〉

서석지가 있는 영양군 입암면 연당리로 가는 길은 일반 지도를 보아도 쉽게 찾을 수 있으므로 안내가 따로 필요없다. 다만 지도에도 나타나 있듯이 입암면 봉감동鳳鑑洞에는 국보 187호인 봉감모전오층석탑이 있다. 오가는 길에 시간을 내어서 들러보기를 권한다. 한 가지 더, 실제의 선바위 즉 입암은 지도에 표기된 '청암교'의 '교'자가 도로와 만나는 지점에 있다. 그 지점을 참고하여 정영방이 자신의 호로 삼은 석문石門을 찾아보자.

석문은 서석지가 있는 입암면 연당리로 들어가는 입구이다. 청기靑杞에서 내려오는 동천東川이 연당 앞을 지나 영양의 반변천半邊川과 만나는 지점이 남이포南怡浦로, 지도에 표기된 연당교 아래에서 두 물이 만나는 곳이다. 남이포는 좌우로 반변천과 동천의 침식을 받

---

2) 『退溪學資料叢書』 권27, 「石門邦公墓碣銘」, "惟我愚伏先生門下, 士有石門鄭公, 諱榮邦 字慶輔. 弱冠負笈於愚山溪亭, 受庸學心經諸書, 精思默察, 反復論訂, 以吻合爲根, 先生歎 賞不已, 且贈詩戒其刻苦. 每數月一歸省, 觀晨昏之餘, 端坐對書. 乙巳登上庠, 值昏朝, 益 思精, 處僻地, 不聞時事, 遂卜居于眞城縣北臨川洞. 丙子亂後, 盡室移棲, 鑿小池于溪邊, 名以瑞石, 臨池結草屋曰, 主一 軒曰, 雲棲, 左圖右書, 吟弄自適, 時携杖徜徉於澄潭翠壁 間, 興窮則乃返."

▲ 〈연당리 지도〉

아 절벽이 되었는데 오른쪽에 선바위가 있다. 연당리 쪽에서 남이포와 선바위를 바라보면 두 개의 절벽이 석문의 모습을 이룬다. 그곳에 석문이란 지명은 없지만 정영방이 연당으로 들어오면서 세상을 떠나 신선이 머무는 곳으로 들어간다는 뜻으로 석문이라고 자호한 듯하다.

서석지

정영방은 그의 행적이나 사상보다 서석지瑞石池의 축조자로서 더 잘 알려져 있다. 서석지는 가로 13미터, 세로 11미터, 깊이 약

1.5미터의 인공 연못이다. 자연 암반에 인공을 가미하여 축조한 연못 바닥에는 크고 작은 암반들이 각양각색으로 솟아 있다. 혹은 물에 잠기고 혹은 드러나기도 하는 그 돌에 정영방이 이름을 붙였다. 상운석祥雲石・선유석仙遊石・통진교通眞橋・희접암戲蝶岩・어상석魚狀石・옥성대玉成臺・조천촉調天燭・낙성석落星石 등 그 이름은 20여 개에 이른다. 쉽고 간단하면서도 깊은 뜻을 품고 있는 돌 이름에는 정영방의 생각과 생활의 즐거움이 잘 표현되어 있다.

출입문 오른쪽이자 동쪽에는 단壇을 설치하고 은행나무를 심었으니 〈서석지 평면도〉의 C지점이다. 단을 쌓아 은행을 심은 곳이 행단杏壇인데, 여기에는 공자의 가르침을 기리고 따름을 잊지 않는다는 뜻이 담겨 있다. 은행은 공公이 심으면 손자가 열매를 따먹는다는 뜻의 '공손수公孫樹'와 은행잎이 오리발과 비슷하기 때문에 '압각수鴨脚樹'라는 별칭이 있다. 장대하게 서서 서석지에 그늘을 만들어 주는 압각수는 이제 400여 년의 연륜을 자랑하며 자신의 몸에서 떨어진 씨앗이 자라난 새끼 은행 몇 그루를 몸 안에 키우고 있다.

정영방은 주일재 앞에 연못으로 돌출한 축대를 쌓고 소나무・매화・대나무・국화를 심어 '사우단四友壇'이라 명명했다. 사우단이 서석지의 안쪽으로 돌출함에 따라 전체의 형태는 요凹 자처럼 되었는데, 이러한 평면 구성은 매우 특이하다고 할 수 있다. 동북쪽 귀퉁이에 산 쪽에서 흐르는 물을 끌어들이는 도랑을 내었고, 그 대각점인 서남쪽 모서리에 물이 흘러나가는 도랑을 만들었으니, 〈서석지 평면도〉의 A와 B 지점이다. 입수구인 A를 맑은 물의 덕성에 공경함을 표한다는 뜻으로 '읍청거揖淸渠'라 이름하였다. 물이 나가는 B지점은 '토장거吐藏渠'라 이름하였는데, 갈무리한 물이 흘러나가는 도랑이다. 연못 안에는 연꽃을 심어 한여름에 연꽃이 필 때면 연

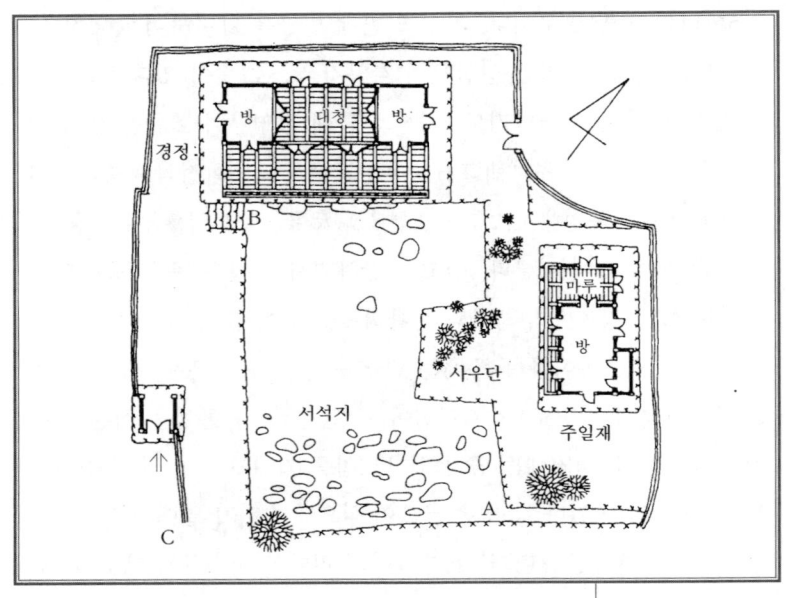

▲ 〈서석지 평면도〉

꽃과 서석과 사우단이 어우러지는 서석지의 풍광이 참으로 볼 만하다. 비록 크지 않은 임천林泉 정원이지만 정원을 공부하는 사람들은 꼭 들르는 세계적 명소이기도 하다.

주일재

지금 서석지 가에는 두 채의 집이 있다. 크고 화려한 경정敬亭과 작고 아담한 주일재主一齋가 바로 그것이다. 권상일의 갈명에서 짐작할 수 있듯이 정영방이 처음 지은 집은 경정이 아니라 주일재다.

초가라고 되어 있지만 현재의 주일재는 와가瓦家이다. 처음에는 기와집이었는데 초가라고 말했는지 그것은 알 수 없는 일이지만 아마도 초가 형식의 집이었을 것이다.

'주일主一'이란, 마음을 한 곳에 오로지하여 흩어지지 않게 한다는 '주일무적主一無適'의 줄임말이다. 이 말은 '경敬'의 뜻을 설명할 때 반드시라고 해도 좋을 만큼 많이 나온다. 한 곳에 전념한다고 할 때의 한 곳이 바로 경이며, 무적無適이란 쓸데없는 곳으로 마음이 돌아다니지 못하게 막는다는 뜻이다.

마음과 몸은 분리되거나 따로따로 놀 수 있는 것이 아니다. 만약 분리되었다면 그는 죽은 자이고 따로 논다면 형편없는 하수下手이다. 마음이 곧 몸이요 몸이 바로 마음이기 때문에 둘 중 어느 쪽이 더 중요한가를 따지는 것은 어리석은 일이다. 마음이 바르면 몸도 바르고 몸이 바르면 마음도 바르다. 마음과 몸은 하나다.

하지만 이러한 질문은 가능하다. "마음과 몸 가운데 어느 쪽에 중점을 두고 수양을 해야 하는가?" 이에 대한 답은 닭이 먼저냐, 달걀이 먼저냐는 질문과 비슷한 면이 있지만 어느 한쪽을 따라가느냐에 따라 나타나는 결과는 엄청나게 다르다. 지금은 이 문제를 깊이 있게 논할 자리도 아니고 계제도 아니므로 거두절미하고, 내가 거칠게나마 내린 결론만을 말하도록 하겠다. 마음을 따라가면 중국 불교 즉 선종禪宗에 닿을 것이고 몸을 따라가면 성리학 곧 주희朱熹(1130~1200)와 만나게 될 것이다.

조선은 주희의 사상을 세계에서 가장 치열하게 실천한 나라이다. 주자가 말하는 사람다움은 몸의 수양에 있으며 그것이 '수신修身'이다. 수신은 몸가짐을 바로하는 것이며『대학』의 핵심이기도 하다. 그 수신의 알파와 오메가가 경敬이다. 이황은 평생 경을 실천한 사람이다. 그리고 이황 이후의 영남 남인들은 이황을 떠난 삶을 생각할 수 없었다. 유성룡과 김성일이 그러하고 유성룡의 제자인 정경세가 그러하며 정영방도 예외는 아니다. 그들만 그러한 것이 아니라 오늘날도 마찬가지다. 주일재는 그런 뜻을 품고 있다 그러므로 주일재 옆에 지은 정자亭子의 이름도 '경정敬亭' 이다.

그러나 사람이 어떻게 숨막히는 듯한 예禮와 절도節度 속에서만 살 수 있겠는가. 때론 몸과 마음을 느슨하게 풀어야 한다. 소소한 세속의 법도에 구애받지 않고 마음이 가는 대로 자적自適하면서 산천에서 노닐어야 한다. 더욱이 타고난 성향에 탈속한 면이 있다면 그 바람은 더욱 커진다. 정영방이 자연을 벗 삼고자 한 경향이 강한 인물이었음을 짐작하게 해주는 것이 서석지 축조이며, 그러한 경향은 그의 일생을 통해 면면이 잘 드러나 있다. 또한 구름이 깃들인다는 뜻의 '운서헌雲棲軒' 역시 정영방의 자연친화적인 성향을 드러내준다. 주일재와 운서헌! 그것은 대립이 아니라, 조화의 세계이며 또한 『중용』의 가르침이다.

내가 서석지에서 정영방을 떠올릴 때면, 그의 모습은 언제나 사우단에 있다. 낮이나 밤이나, 앉아 있거나 서 있거나 또는 서성거리거나, 서석지의 서석이나 연꽃을 감상할 때에도 그의 모습은 사우단에 있다. 달 밝은 밤, 사우단의 네 벗과 함께 오우五友가 되어 한 잔 술을 들 때도 그의 모습은 사우단에 있다. 주일재·운서헌·사우단에서 나도 한번쯤은 정영방의 고아한 정취를 누려 보고 싶다.

경정

경정敬亭은 서석지의 서쪽에 주일재와 직각을 이루며 있다. 대문도 경정을 향하게 되어 있으므로 서석지 안으로 들어오는 사람은 맨 처음 경정을 보게 된다. 주일재는 앞에 사우단이 있기 때문에 서석지 석축과는 조금 떨어져 있다. 그러나 경정의 전면은 석축과 거의 수직 상태를 유지하고 있으며, 이로 인해 난간에 기대면 바로 밑의 서석지를 볼 수 있다. 난간에 기대어 못을 내려다보면 깊이감과 함께 물위에 떠 있는 듯한 느낌을 받게 된다. 〈서석지 평면도〉에서 볼 수 있는 경정의 평면도를 참고하여 경정의 건축 상태를 구경해 보자.

경정은 정면 4칸, 측면 2칸의 오량가五梁架 팔작지붕 겹처마 집이다. 일견 드러나는 특징은 아주 늘씬하게 잘 생긴 집이라는 것이다. 칸살이 넓고 부재가 시원시원할 뿐만 아니라 두리기둥 5개가 정면에 마치 열주列柱처럼 있어서 늘씬한 느낌을 더해준다. 비록 높지는 않지만 누하주를 설치하여 정자亭子가 물위에 떠 있는 듯한 효과를 주었다. 처마의 곡선, 보아지의 형식, 화반花盤, 계자각 난간 및 사분합문의 불발기창 구성이 매우 장식적이다. 또 이음새 부분도 꼼꼼하게 철물로 장식하여 전체적으로 남성적인 건물에 여성성을 가미하여 장하면서도 부드럽다. 전면 1칸 마루의 양쪽 끝에는 벽을 쌓아 판장문을 내었고 대청의 뒤쪽에도 판문을 구성하여 정자亭子 안에 있는 사람의 시선이 좌우로 흩어지는 것을 막음으로써 자연히 정면의 서석지를 향하도록 하였다. 경정 정면의 은행과 왼쪽의 사우단 및 오른쪽의 담장이 사방을 편안하게 막기 때문에 경정에 앉으면 어디에 시선을 두더라도 아주 편안하다. 마을 안에 있음에도 불구하고 마치 산 속에 있는 듯하다.

대청의 왼쪽에 '경정' 현판이 걸려 있고 뒤쪽과 오른쪽에는 시판이 있다. 첫 번째 시판에 정영방이 이곳 서석지와 연당리 주변을 노래한 '경정잡영敬亭雜詠' 14수가 있다. 그 차례를 살펴보면 경정,

극기재克己齋, 서석지, 와룡암臥龍岩, 사우단, 무성대武成臺, 영귀제詠歸堤, 자양산紫陽山, 의공대依笻臺, 입암立岩, 부용봉芙蓉峯, 자금병紫錦屏, 귀포龜浦, 회원대懷遠臺이다. 그 가운데 '서석지' 한 수를 감상해 보자.

하늘이 백옥 같은 땅을 내리고	天生白玉墀,
그 땅은 거울 같은 물을 권하네.	地獻青銅鑑.
머문 물 맑아 물결 없으니	止水淡無波,
적막한 느낌 모두 갖추었네.	方能該寂感.

참으로 깔끔한 시다. 하늘이 내리신 고마운 그릇에 땅이 주신 맑은 물 담았으니, 비록 찾아오는 사람 없어 적막하지만 오히려 그 적막함이야말로 또 다른 경지이다. 정영방이 서석지를 축조한 뜻이 세사를 경영함에 있지 않음이 잘 드러나 있다. 세상의 부귀와 공명에서 벗어나 유유자적하는 삶은 아주 어렵다. 나 같은 범인이야 그냥 한평생 호구糊口나 면하고 살아도 미련이 없지만 능력자는 자신의 능력이 쓰이지 않는 세상을 만나면 견디기 어려운 법이다. 재주 없는 상민도 영화榮華를 추구하거늘 하물며 천재들에게 있어서는 어떠하랴!

경정 대청 뒤에는 이곳의 주변 산세와 물길을 그려 놓고 '경정잡영'에 나오는 지점이 어디인지를 표시해 놓은 그림이 있다. 또 현장을 사진과 시로써 설명해 놓았으니 한 곳씩 찾아다니며 정영방의 시를 현장에서 감상해 봄 직하건만 아직은 세상일에 바쁘다. 더구나 이렇게 돌아다니는 것이 생계에 도움을 주기는커녕 피해만 가중시키니 마음대로 시간을 쓸 수 없다. 영양은 궁벽한 곳이라 주변 경관이 쉽게 바뀌지 않으리라 자위하면서 매양 서석지를 떠나곤 한다.

그러나 언젠가는 서석지 주위의 풍광을 느긋이 즐길 날이 오리라.

한여름이면 더욱 많이 찾아오는 관광객들과 문중 사람들을 보면서 문화 유산의 힘을 느낀다. 만약 정영방이 서석지를 경영하지 않았다면 그가 일반인에게까지 알려질 기회는 아예 없었을지 모른다. 인물은 가고 없지만 그가 남긴 서석지 유적은 만세에 이어질 것이다.

정영방 산소

고향이라는 것이 대관절 무엇일까? 낳아 길러 주신 어버이야 당연히 삶의 지침이고 기댈 언덕이지만, 나고 자란 땅이라는 것이 사람의 심성에 얼마나 깊은 영향을 주기에 나이가 들수록 고향에 돌아가고 싶을까? 세속을 떠나 자적自適한 정영방도 그러했으니, 이어지는 서문을 보자.

> 경인년(1650), 고향을 그리워하는 마음을 견딜 수 없어 용궁의 선산 아래로 돌아왔는데 6월에 병이 들었다. 칠월 칠일, 아들에게 명하여 머리를 감기고 손발톱을 깎게 한 뒤 즐거운 듯이 돌아가시니 선영의 오른쪽 언덕에 건좌손향乾坐巽向으로 모셨다.[3]

이제는 돌아갈 고향도, 죽어 편안히 누울 한 뼘의 땅도 갖지 못한 사람이 점점 늘어나고 있다. 젊은 날에야 어디서 어떻게 산들 뭐 그리 안타까움이 있으랴. 또 죽어서 다시 무엇이 되리라는 욕심도 없건만 흰머리가 늘어갈수록 어버이가 그립고 고향이 그립다. 그러므로 늙은 자식에게는 그 어디든 어버이의 무덤이 있는 곳이 고향이

---

3) 『退溪學資料叢書』 권27, 「石門邦公墓碣銘」, "歲庚寅不敢首丘之懷, 還居于龍宮先山下, 六月感疾. 七月初七日, 命子沐髮剪爪, 怡然而逝, 葬于先山右麓巽向之原."

다. 어릴 적 어버이 곁에 눕듯 다시 그 곁에 누울 수 있다면 죽는 마당에 또 무엇을 더 바라리. 선영先塋은 그 바람이 이루어짐을 약속하는 소중한 장소이다. 정영방의 산소는 안동 시내 용상동龍上洞 선어대仙魚臺 위에 있다.

선어대

용상과 선어라. 용이 오른 마을이니 비룡상천飛龍上天의 풍수형 국명이 생각나고, 신선이 고기를 잡는다니 선인조어仙人釣魚의 동양화 한 폭이 연상된다. 그 이름 속에 어떤 사연이 들어 있을 것이라는 느낌이 강하게 들지 않는가? 그렇다. 그 이름은 안동의 대표적인 지명 설화와 깊은 관련이 있다.

안동 시내에서 동쪽으로 34번 국도를 따라가면 낙동강의 본류인 낙강에 놓인 법흥교 다리가 있다. 다리를 건너면서부터가 용상동 즉 '마뜰'이다. 그 길로 약 1.5킬로미터쯤 가면 국도가 왼쪽으로 심하게 굽으면서 오른쪽으로 낭떠러지가 나오는데, 그곳이 바로 선어대이다. 선어대 아래에는 늘 푸른 물결이 일렁이고 앞으로 넓은 내가 감아 도는데, 이 내가 낙동강 상류의 대표적 지류인 반변천半邊川이다.

반변천은 영양의 일월산日月山(1,219m)에서 발원하여 남쪽으로 흐르다가 입암에서 석보 쪽으로 내려오는 화매천花梅川과 합한다. 반변천 상류는 대부분 산지이기 때문에 협곡을 이루며 곡류曲流하는데 청송군 진보면 부근에서 더욱 심한 감입곡류嵌入曲流를 이루며 하폭이 좁은 골짜기를 만든다. 아울러 안동시 임하면 신덕리에서는 청송군 현서면 방각산方覺山(605m)에서 발원한 길안천吉安川을 받아들여 그 세력이 더욱 커진 뒤 선어대 앞으로 돌진해 온다.

▲ 선어나루

　선어대는 용상동의 끝 부근에 있다. 이 일대가 용상과 마뜰이라는 이름을 갖게 된 것은 선어대에서 기인한 것이다. 지금은 임하댐으로 인하여 반변천이 성내는 모습을 볼 수 없다. 그러나 그 옛날, 선어대 깊은 소沼에 넘실거리는 반변천과 범람으로 이루어진 유역에 관한 이야기 한 자락이 전해온다. 그 대강은 다음과 같다.

　옛날, 선어대 부근 마을에 마씨馬氏 성을 가진 남자가 살았다. 그는 마흔이 되도록 머슴으로 생계를 꾸려 나갔다. 새경을 모아 땅도 사고 집도 장만하여 가족들과 오순도순 살고자 했으나 어찌된 일인지 그 나이가 되도록 땅은커녕 장가도 못가고 형편도 나아질 기미가 보이지 않아 더 이상 세상을 살아갈 의욕을 잃고 있었다. 이렇게 사느니 차라리 죽어 버리기로 마음을 정한 마씨 머슴은 어느 달 밝은 밤, 선어대에서 자신의 신세를 한탄하며 몸을 던지려 했다. 그때 누군가가 그의 손을 잡아당겼다. 돌아보니 꽃처럼 아리따운 낭자가 자기 손을 잡고 있는 게 아닌가?

"당신은 뉘시오?"

"소녀는 이 언덕 아래에 있는 인어이온데, 낭군님의 탄식 소리를 듣고 나왔습니다."

"나는 이미 죽으려고 결심한 사람인데 왜 나를 잡으시오?"

"젊은 나이에 죽다니 안 될 말씀입니다."

"뜻대로 되는 게 없으니 죽을 수밖에……."

"안 됩니다. 만약 제 부탁을 들어주시면 틀림없이 소원을 이루어 드리겠습니다."

"무슨 부탁이오?"

"저는 지금 용이 되어 하늘로 오르려고 하는데 저 위에 있는 임하소臨下沼에도 용 한 마리가 있어 제가 용이 되어 하늘로 오르려는 것을 번번이 방해합니다. 수도 없이 싸웠지만 승부가 나지 않아 여태까지 승천을 못하고 있습니다. 내일 저녁에 제가 여기에서 승천하려고 하면 임하 용이 나타나 방해를 하여 싸움이 붙을 것입니다. 그때 '야, 이놈 임하 용아!' 하고 소리치면 됩니다. 고함소리에 임하 용이 한눈을 팔면 그 사이에 그를 죽이고 하늘로 오를 수 있습니다. 해주시겠습니까?"

"그까짓 일이야 어려울 것 없으니 해드리지요. 대신 소원이나 성취시켜 주시오."

"그 점은 조금도 염려하지 마십시오. 꼭 부자로 만들어 드리겠습니다."

다음날 밤, 마씨 머슴이 선어대에 도착해서 보니 갑자기 먹구름이 몰려오면서 선어대 아래의 물이 용솟음치며 그 속에서 하늘로 오르는 용이 나타났다. 그러자 또 저 위 임하 쪽에서도 시뻘건 불기둥과 함께 하늘로 오르려는 용이 보이더니 번개가 치고 천둥소리가 요란했다. 이 무시무시한 광경에 머슴은 그만 기절을 하고 말았다. 머슴의 도움을 받지 못한 인어용人魚龍이 싸움을 포기하고 땅으로 내려와보니 머슴이 기절해 있는 것이 아닌가? 머슴을 깨운 인어용이 물었다.

"어떻게 된 일입니까?"

"어떻게 되다니요, 무서워서 그만……."
"너무 무서워하지 마시십시오. 내일은 꼭 부탁을 드리겠습니다."
다음날 다시 두 용이 싸울 때 머슴은 겁이 나서 오금이 저렸지만 눈 딱 감고 "야 이놈, 임하 용아!" 하고 소리쳤다. 그러나 머슴이 워낙 무서움을 느껴 그 소리는 매우 작았다. 하지만 그 소리에도 임하 용이 한눈을 팔자 인어용은 재빨리 임하 용을 죽였다. 이윽고 사람으로 변한 인어용이 머슴 앞에 나타났다.
"감사합니다, 낭군님. 저는 이제 하늘로 오릅니다. 낭군님은 급히 짐을 꾸려 뒷산에 오르십시오. 그러면 좋은 일이 있을 것입니다."
인어용이 시키는 대로 머슴이 산에 오르자 큰비가 억수같이 쏟아졌다. 순식간에 내가 범람하고 온 산천이 물바다가 되었다. 그렇게 며칠 동안 비가 내린 후 이윽고 비가 그치고 강물이 줄었다. 산 위에서 홍수를 피한 머슴이 아래를 내려다보니 없던 벌판이 시원하게 펼쳐 있었다. 새로 생긴 임자 없는 그 들판은 모두 그의 땅이 되었다. 머슴은 넓은 땅을 얻어 농사를 짓고 장가도 가서 행복하게 살았다.
뒷날 사람들은 마씨 머슴이 농사를 짓던 벌판을 마씨의 땅이란 뜻에서 '마뜰'이라 하고, 용이 올라간 곳이라 하여 '용상', 인어가 선녀로 변한 언덕이라 하여 '선어대'라 부르게 되었다.

모든 설화가 그렇듯이 이 이야기에도 몇 개의 다른 형태가 있다. 마씨는 10여 세의 어린이로 묘사되기도 하고, 인어용에게서 칼을 받기도 하며, 선어대 용과 임하 용만 나오는 것이 아니라 도연 폭포의 용도 나오고 심지어는 영덕 용도 나온다. 싸우는 과정도 조금씩 다르지만 이야기의 결론은 같다. 어떻든 마씨가 올라가서 홍수를 피했음직한 용상동 뒷산을 지금은 용두산龍頭山이라 부른다.

선어모범

선어대는 절벽이다. 푸른 물이 넘실거리는 절경의 절벽이다. 그러므로 용상의 전설이 생겼을 것이다. 그러나 그 절벽은 사람의 접근을 거부하는 완강한 절벽이 아니라 사람에게 물길을 내어주는 고마운 나루이기도 하다. 그 사실을 증명하듯 선어대는 안동팔경 중 '선어모범仙漁暮帆'의 현장이다. 석양에 선어대 앞을 오르내리는 배가 선어대의 절경과 어우러지는 모습이 안동의 대표적 아름다움이 된 것이다. 지금도 선어대 앞에는 반변천을 건너는 배가 있다. 비록 그 옛날의 정취와 같을 수는 없지만 저녁놀을 받으며 선어대에 배를 띄우면 선어모범의 아취가 살아난다.

안상학은 안동팔경에 한 수씩 시를 제題했다. 그가 노래한 선어대를 노을지는 무렵에 감상해 보자.

나는 요즘 강 건너 마을로 들어가는
첫배를 기다리는 꿈을 꾼다.

하지만 나는 아직
강 건너 마을 이름을 모른다.
아는 이도 한 사람 없다.
언 강에 발목 묶인 채 겨울을 나는 저 배
나는 아직 한 번도 타 본 적이 없다.
겨우내 마을 사람들이
얼음장 위를 걸어 오가는 동안에도
나는 저 배와 같이 한 번도 강을 건너지 않았다.
물결도 없고 닻도 없는 얼음 위의 정박
봄이 와도 한동안은
강을 오가지 않을 것이다.

반나마 남은 얼음길
반나마 드러난 뱃길
사람들은 한동안 먼 산길을 돌아 오갈 것이다.

저기 저 배의 꿈은 강을 건너는 것
머지 않아 강물은
온전히 몸을 풀고 흐를 것이다.
저 배와는 달리 애당초 나의 꿈은
그 강물을 따라 흐르는 것, 하지만
어느새 나의 꿈도 저 배와 같이
강을 건너는 꿈을 꾸고 있음을
봄을 기다리면서 알았다.

나는 요즘 생각한다. 강 건너 나루에서
나룻배를 기다리는 나를 생각한다.
마을 사람들을 싣고
저녁 노을진 강을 건너오는 막배를
기다리는 나의 모습을 생각한다.[4]

시인의 가슴은 어떤 모습이기에 선어대 나루에서 이런 울림을 가지는가? 나는 범상한 사람이라 시인의 마음을 헤아릴 길이 없고, 줄에 묶여 있는 나루의 배를 보면 『맹자』의 한 구절이 생각난다.

뱃놀이를 하면서 물길을 따라서 아래로 내려가 돌아옴을 잊어버리는 것을 일러 유流라 하고, 물길을 거슬러 올라가 돌아옴을 잊어버리는 것을 일러 연連이라 하며, 아무리 사냥을 해도 싫어함이 없는 것이 황荒이고, 술 마시기를 낙으로 삼아 싫어함이 없는 것이 망亡이니 선왕들은 유련을

---

4) 안상학, 「선어대 나루에서 봄을 기다리며—仙漁暮帆」(全文), 『안동소주』(실천문학사, 1999).

즐기지 않았으며 황망을 하지 않았다.[5]

『맹자』를 읽으면서 몹시 궁금했다. 만약 임금이 작심을 한다면 어떤 즐거움인들 누릴 수 없겠는가? 그런데 그 무수한 즐거움 중에서도 가장 즐거운 것이 '유·연·황·망'이라고 한다. 엄선하고 또 엄선한 그 네 가지 즐거움 중에는 강물에 배를 띄우고 노는 것이 두 가지나 된다. 그것 참, 도대체 뱃놀이가 얼마나 즐거운 일이기에 여러 다른 모든 즐거움을 밀어 내고 두 가지나 포함된 것일까?

나는 유원지에서 보트도 한 번 타보지 않았으니 뱃놀이가 얼마나 즐거운 일인지 감도 잡히지 않는다. 자주 선어대를 지나면서도 배를 탈 생각은 하지 않다가 『맹자』를 읽고 난 뒤 꼭 한 번 선어대에서 줄에 매인 배일망정 타 보리라고 다짐을 했다. 그러나 아직도 실천에 옮기지 못하고 있다. 이제 때가 무르익은 듯하니 약산藥山(583m) 문필봉에 휘영청청 보름달이 솟아오를 때, 배 띄워 놓고 약주 한 잔 하리라. 혹시 아는가? 선녀가 하강할지!

〈정영방 산소 지형도〉

안동시 동쪽의 용상동을 지나 선어대 구비를 돌자마자 왼쪽에 모감주나무가 서 있는 좁은 계곡이 있다. 계곡 안에 주차할 공간이 있지만 길이 위험하므로 좌회전해 들어가지 말고 쭉 나가서 차를 돌린 뒤 돌아오다가 우회전해 들어가는 것이 좋다. 계곡 위에 읍취정揖翠亭 재사가 있고 서쪽 절벽 위로 난 가파른 길을 올라가면 산소가 있다.

---

5) 『孟子』, 「梁惠王」下, "從流下而忘反謂之流, 從流上而忘反謂之連, 從獸無厭謂之荒, 樂酒無厭謂之亡, 先王無流連之樂, 荒亡之行."

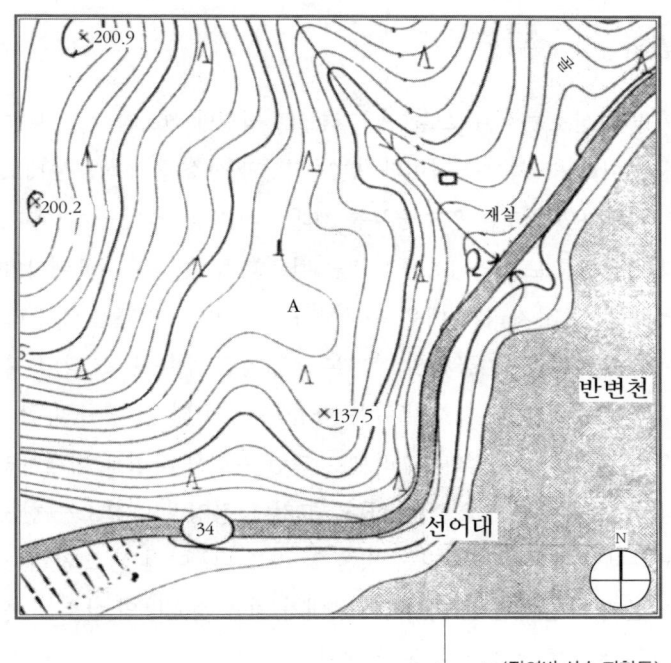

▲ 〈정영방 산소 지형도〉

 와혈로 들어오는 내룡은 넓적하다고 이미 봉정사 부분에서 언급했다. 정영방 산소로 들어오는 내룡의 등고선이 그 사실을 잘 나타내 주고 있다. 나중에 유혈 산소 자리의 등고선과 비교해 보면 와혈과 유혈의 내룡이 어떻게 다른지 선명하게 느낄 수 있을 것이다. 그리고 정영방 산소가 자리한 A지점의 등고선 모양을 보면 특별하다는 것을 알 수 있을 것이다. 등고선이 조금 잘못되어 있기는 하지만 지도가 어떻게 실제의 현장감을 모두 전달할 수 있겠는가. 그러나 지도만으로도 미루어 짐작할 수는 있을 것이다.

5. 정영방 산소 247

변와

　와혈의 산소는 아주 드물다. 그러므로 정영방 산소를 처음 보는 사람들은 어리둥절하기 십상이다. 만약 정영방 산소를 처음 보는데도 놀라지 않는다면 그것은 풍수 공부를 제대로 하지 않았다는 증거이다. 정영방의 산소를 보고 놀라움을 느끼는 것은 다음 두 가지 이유에서이다.

　첫째는 산소 자리가 매우 우묵하다는 것이다. 와혈은 소쿠리 형상이며 우묵하다. 지금까지 살펴본 와혈들은 우묵한 느낌이 적다. 봉정사와 같은 절터나 가일 같은 마을은 땅이 넓다. 정사의 산소도 그렇고 임청각도 그렇다. 그러므로 그런 자리를 와혈로 이해하려면 상당한 훈련이 되어 있어야 한다. 그러나 정영방의 산소는 한눈에 소쿠리처럼 매우 우묵하다는 것을 알 수 있다. 이런 산소 자리는 아주 드물기 때문에 볼 기회가 적다. 내가 처음 정영방의 산소를 볼 때는 와혈에 대한 지식이 부족할 때였다. 그때 받은 충격은 지금도 생생하다. 나중에 안 사실이지만, 더구나 정영방의 산소는 와혈의 정격正格에서 벗어난 '변와邊窩'이다. 변와란 당판에 붙어 있는 현릉弦陵의 한쪽이 앞으로 길게 뻗어 나와 당판의 정면을 온통 가리는 형태의 와혈을 일컫는다.

　둘째는 문인석의 크기이다. 묘소에 문인석을 안 하면 몰라도 하게 되면 대체로 사람의 키보다 더 크게 만든다. 옛날에도 상석을 비롯한 석물의 크기가 그 집안의 성세를 나타내는 표시로 여겨진 듯하다. 그러나 이곳의 문인석은 아주 작다. 마치 하반신을 땅속에 파묻고 상반신만 세워놓은 듯한 모습이다.

　왜 이렇게 작은 문인석을 세워 놓았을까? 와혈이기 때문이다. 우리는 예천군 지보리의 정사鄭賜 산소가 와혈이며 그곳에 서 있는 문

▲ 정영방 산소

인석이 작은 것을 보았다. 와혈은 소쿠리 형상이고 우묵하기 때문에 지나치게 큰 석물로 누르면 안 된다. 대나무 소쿠리는 무거운 물건을 담는 그릇이 아니다. 또한 큰 문인석을 세우면 소쿠리 밖으로 물건이 보이는 것처럼 보기에 흉할 뿐 아니라 자리와 조화를 이루지 못한다. 현장에서 상상으로 그림을 그려 보면 이해가 갈 것이다. 정영방 산소에는 근래에 세운 새 묘전비가 있다. 그리 크진 않지만 자리에 비해 너무 크고 어울리지 않는다는 점은 분명하다. 새 비석이 없고 헌 비석만 있는 상태와 현재 상태를 비교해 보면 어느 것이 더 어울리는지 알 것이다. 석물은 크다고 혹은 많다고 해서 자랑 삼을 일이 아니다. 자리의 형태와 기세에 맞아야 한다. 조심해야 한다. 특히 일반적인 산소라면 상석 하나로도 충분하다.

정영방 묘갈 서문 2

산소는 귀신이 나오는 으슥한 장소가 아니다. 그곳은 선현이 누워 계시는 밝은 집 곧 명당이다. 산소는 사람을 가라앉게 만든다. 사랑도 미움도 버리게 만든다. 지나온 날들을 돌이키게 하며 현재의 모습을 살펴보게 한다. 그러므로 선현의 행적을 더듬고 자신의 삶을 가다듬는 장소로서 산소보다 더 좋은 곳이 없다. 정영방 산소에서 정영방 묘갈의 서문 나머지를 살펴보자.

그런데 옛 비의 글자는 마모되어 알아보기 힘들고 새 비에 새겨진 서문은 권상일의 문집에 나오는 것과 비교하여 출입이 너무 심하다. 여러 가지 사정 때문에 옛 글들은 서로 다른 경우가 많다. 하지만 정영방의 묘갈 서문은 달라도 너무 다르다. 내 판단으로는 권상일 문집의 갈명이 더 신빙성이 있다고 여겨지므로 거기에 따르겠다. 혹 정영방의 산소에 가거든 서로 비교해 보기 바란다.

공은 어려서부터 원대한 기상이 있었으며 성품이 매우 효성스럽고 우애가 돈독했다. 부모님의 상을 당하여서는 손님 대접을 비롯한 상례를 잘 처리하기보다는 차라리 몹시 슬퍼했으며(易戚) 제사를 지냄에는 예를 다했다. 가형인 매오공 영후와 함께 있을 때면 언제나 기쁜 낯으로 대했으나 형님이 아플 때면 옷도 벗지 않고 편안히 잠자지도 않았으며 맛있는 음식이 있으면 반드시 먼저 형님 집으로 보냈다. 자식과 함께 거처할 때는 목소리와 낯빛을 조금도 흩뜨리지 않았으며 좋아하지도 놀지도 않았다. 일찍부터 술을 가까이 했으나 선생님의 가르침을 받고 일체 입에 대지 않았다. 마을에 살 때는 착함을 좋아하고 악함을 미워하여 반드시 참되게 행하여 거짓이 없게 하였으며 선비들의 논의가 갈라지면 의리를 개진하여 일치된 후에 정하였다. 선생님께서 이조의 판서로 계실 적에 공을 유일로 천거하려 하셨으나 공은 조심스러이 거절하고 사양했다. 만년에는 주자의 책을 좋아하여 늘 상자에 넣어 옆에 두었다. 저술한 시문이 모두 의지와 취향이 분명하지만 시가 더욱 담박하고 고졸하여 당시唐詩의 격조를 얻었다. 문집 두 권이 집안에 보관되어 있다.[6]

위 글 가운데 '이척易戚'은 『논어』 「팔일八佾」에 나온다. "제자 임방林放이 예의 근본을 묻거늘 공자가 '크도다. 물음이여! 예란 사치하기보다는 차라리 검소함이 낫고, 상을 당하여서는 익숙하게 처리하기보다는 차라리 슬퍼함이 낫느니라'고 말했다"[7]는 구절에서 인용한 것이다.

예에 관한 공자의 가르침, 검박함과 척연함은 거기에 더 보탤 것이 없다. 권상일의 글은 짧지만 정영방의 행신과 사람됨을 잘 묘사하였다. 특히 스승인 정경세가 그를 천거하고자 함에 스승의 뜻을 따르지 않음은 제자된 도리가 아니다. 그럼에도 불구하고 삼가고 삼가서 스승의 심기를 상하지 않으면서도 자기의 뜻을 지키는 정영방의 모습이 눈에 보이는 듯하다. 이어지는 서문은 정영방의 가승家乘이므로 생략하고 명을 살펴보자.

명

명銘은 새긴다는 뜻이다. 쇠나 돌에 새긴 글씨를 말한다. 물건에만 새기는 것이 아니라 마음에도 새길 수 있으니, 뼈에 새기고 마음에 새겨 죽을 때까지 잊지 않음이 '각골명심刻骨銘心'이다. 우리가

---

6) 『退溪學資料叢書』 권27, 「石門邦公墓碣銘」, "公自幼, 有遠大之氣, 性甚孝友, 遭憂易戚俱盡. 與兄梅塢公榮後, 怡悅以適, 有病則憂, 不能解衣安寢, 有美味則必先送家. 居子弟不敢小懈聲色, 玩好不近於前. 少日嘗近酒, 以先生戒, 絶口不飮. 處鄕黨, 褒善疾惡, 必以實無僞, 士論携貳之時, 開陳義理, 翕然以定. 先生長銓曹時, 欲薦公以遺逸, 公蹴然拒辭. 晚年喜讀朱書, 常藏篋自隨, 所著詩文皆有意趣而詩尤淡古, 得唐人調格, 遺稿二券藏于家."

7) 『論語』, 「八佾」, "林放問禮之本, 子曰, '大哉, 問! 禮與其奢也, 寧儉, 喪與其易也, 寧戚'."

일상적으로 쓰는 말 중에 명이라는 글자가 들어가는 단어로 빈도 수가 가장 높은 것은 아마도 '좌우명座右銘'일 것이다. 이는 일차적으로는 앉아 있는 오른쪽에 새겨 놓은 글을 가리키지만, 마음에 새겨서 잊지 않는다는 뜻이 더 강하다.

마음에 새겨서 잊지 않는 글은 삶의 교훈과 경계가 되어 자신의 각오를 다지는 내용이기 쉽다. 그러기 위해서는 새기는 글의 내용이 간단 명료하고 직절直截하면서도 촌철살인寸鐵殺人의 기상이 있어야 한다 그런 기상이 담긴 말을 우리는 격언·금언·잠언·속담 등의 말로 표현하는데 이것들이 전부 넓은 의미의 명이다.

마음에 새기는 글은 물론 내용이 중요하지만 그에 못지 않게 내용을 담는 그릇도 중요하다. 글의 그릇 즉 형식은 '문체文體'이다. 내용과 형식은 분리해 생각하기 어렵다. 내용은 형식을 창조하고 형식은 내용을 규정한다. 시詩·문文·부賦·사辭·곡曲·기記·표表·서序 등등의 한문 문체는 이름만으로도 그 내용을 짐작하게 해준다.

명도 한문 문체의 하나이다. 은殷·주周 시대부터 비롯되었으며, 원래는 정鼎·이彝·준尊·반盤 등의 동기銅器에 새긴 글을 말하였다. 동기의 대부분은 어떤 사적史蹟을 기념하기 위해 주조된 보기寶器이므로, 명문銘文은 그 사적을 기록하고 동시에 그 사적을 이룩한 사람의 공로를 찬양한 경우가 많다. 그런데 그 중에는 잠언箴言처럼 자신이나 다른 사람을 경계하는 뜻을 담은 글도 있다.

명은 원칙적으로 운문韻文으로 짓는다. 하지만 주周나라 이전의 것은 운법韻法이나 구법句法이 일정치 않다. 주대周代 이후의 것은 1구一句 4언四言이고 격구압운隔句押韻을 하는 것이 일반적인 통례이다. 후한後漢 이후에는 죽은 자의 공을 찬미하는 데 사용됨으로써 비명碑銘·묘명墓銘 등이 생겼는데 우리 나라에서도 이것을 본떠 비명·묘갈명이 제작되었다. 갈명은 죽은 이를 찬양하는 노래이다. 권상일이 정영방을 기린 노래를 보자.

스승을 찾아 책을 짊어지니	得賢師而負笈,
우산의 길은 높고도 높도다.	愚山崔崒.
어지러운 세상 떠나 지조를 세우니	遯亂世而全節,
석문의 산수는 맑고도 뛰어나구나.	石門淸絶.
은거하던 시절에도	盡室入山之歲,
신념을 지킴에 용감했어라.	慨然蹈海之志.
이제 고향에 돌아와 운명하시니	畢竟首丘而終,
울창하도다! 저 유택의 푸른 솔숲이여.	鬱鬱乎松庄之蒼翠.

안동의 와혈

와혈 안내의 마지막이므로 다시 한 번 와혈을 살펴보기로 하겠다. 와혈은 땅의 중심부인 혈처가 주변보다 낮은 형태를 한 곳이다. 자연스럽게 편 손바닥 모습에서 손가락이 없는 상태와 같다. 땅은 매우 크다. 그러므로 와혈을 손바닥 보듯이 볼 수 있기 위해서는 많은 노력을 해야 한다. 작은 땅이 큰 곳보다는 상대적으로 알기 쉽다. 나는 글의 전개상 먼저 넓은 장소인 절과 마을을 통해 와혈을 설명하였다. 하지만 이러한 방식은 초보자가 와혈을 이해하는 데 있어 적합하지 않다. 작은 땅에서 큰 땅으로 나아가는 것이 초보자에게는 유리하다.

와혈의 형상을 쉽게 이해하는 데 도움을 주기 위해 지금까지 언급한 와혈의 순서를 정리해 보겠다. 초보자가 첫 번째로 가야 할 곳은 정영방의 산소이다. 이어서 정사의 묘소, 가일, 봉정사, 임청각의 순서로 답사하는 것이 가장 바람직하다.

예문서원의 책들

원전총서
북계자의 陳淳 지음 · 김충열 감수 · 김영민 옮김 · 295쪽 · 값 8,000원 · 『北溪字義』
역학계몽 — 주희 도서역의 해설 朱熹 지음 · 김상섭 해설 · 288쪽 · 값 7,000원 · 『易學啓蒙』
고형의 주역 高亨 지음 · 김상섭 옮김 · 504쪽 · 값 18,000원 · 『周易古經今注』
열선전 劉向 지음 · 김장환 옮김 · 392쪽 · 값 15,000원 · 『列仙傳』
열녀전 劉向 지음 · 이숙인 옮김 · 447쪽 · 값 16,000원 · 『列女傳』
왕필의 노자 王弼 지음 · 임채우 옮김 · 336쪽 · 값 13,000원 · 『老子王弼注』
서경잡기 劉歆 지음 · 葛洪 엮음 · 김장환 옮김 · 416쪽 · 값 18,000원 · 『西京雜記』
박세당의 노자 박세당 지음 · 김학목 옮김 · 312쪽 · 값 13,000원 · 『新註道德經』
주자가례 朱熹 지음 · 임민혁 옮김 · 496쪽 · 값 20,000원 · 『朱子家禮』
신서 劉向 지음 · 임동석 옮김 · 728쪽 · 값 28,000원 · 『新序』
한시외전 韓嬰 지음 · 임동석 역주 · 868쪽 · 값 33,000원 · 『韓詩外傳』
고사전 皇甫謐 지음 · 김장환 옮김 · 368쪽 · 값 16,000원 · 『高士傳』
율곡 이이의 노자 이이 지음 · 김학목 옮김 · 152쪽 · 값 8,000원 · 『醇言』
홍석주의 노자 홍석주 지음 · 김학목 옮김 · 320쪽 · 값 14,000원 · 『訂老』

강좌총서
강좌중국철학 周桂鈿 지음 · 문재곤 외 옮김 · 420쪽 · 값 7,500원 · 『中國傳統哲學』
강좌인도철학 Mysore Hiriyanna 지음 · 김형준 옮김 · 240쪽 · 값 4,800원
강좌한국철학 — 사상 · 역사 · 논쟁의 세계로 초대 한국철학사상연구회 지음 · 472쪽 · 값 12,000원

한국철학총서
한국철학사상사 朱紅星, 李洪淳, 朱七星 지음 · 김문용, 이홍용 옮김 · 548쪽 · 값 10,000원 · 『朝鮮哲學思想史』
조선, 예의사상에서 법의통치까지 이재룡 지음 · 272쪽 · 값 7,500원
기호학파의 철학사상 충남대학교 유학연구소 편저 · 665쪽 · 값 18,000원
실학파의 철학사상 주칠성 지음 · 288쪽 · 값 8,000원
윤사순 교수의 신실학 사상론 — 한국사상의 새 지평 윤사순 지음 · 350쪽 · 값 10,000원
실학의 철학 한국사상사연구회 편저 · 576쪽 · 값 17,000원
조선 유학의 학파들 한국사상사연구회 편저 · 688쪽 · 값 24,000원
윤사순 교수의 한국유학사상론 윤사순 지음 · 528쪽 · 값 15,000원
실학사상과 근대성 계명대학교 철학연구소 홍원식 외 지음 · 216쪽 · 값 7,500원
조선 유학의 자연철학 한국사상사연구회 편저 · 420쪽 · 값 15,000원
한국유학사 1 김충열 지음 · 372쪽 · 값 15,000원
해월 최시형과 동학 사상 부산예술문화대학 동학연구소 엮음 · 304쪽 · 값 10,000원
퇴계의 생애와 학문 이상은 지음 · 248쪽 · 값 7,800원
율곡학의 선구와 후예 황의동 지음 · 480쪽 · 값 16,000원
退溪門下의 인물과 사상 경북대학교 퇴계연구소 지음 · 732쪽 · 값 28,000원
한국유학과 리기철학 송영배 · 금장태 외 지음 · 304쪽 · 값 10,000원
圖說로 보는 한국 유학 한국사상사연구회 지음 · 400쪽 · 값 14,000원
다카하시 도루의 조선유학사 — 일제 황국사관의 빛과 그림자 다카하시 도루 지음 · 이형성 편역 · 416쪽 · 값 15,000원

카르마총서
불교와 인도 사상 V. P. Varma 지음 · 김형준 옮김 · 361쪽 · 값 10,000원
파란눈 스님의 한국 선 수행기 Robert E. Buswell Jr. 지음 · 김종명 옮김 · 376쪽 · 값 10,000원
학파로 보는 인도 사상 S. C. Chatterjee · D. M. Datta 지음 · 김형준 옮김 · 424쪽 · 값 13,000원
불교와 유교 — 성리학, 유교의 옷을 입은 불교 아라키 겐고 지음 · 심경호 옮김 · 526쪽 · 값 18,000원
유식무경, 유식 불교에서의 인식과 존재 한자경 지음 · 200쪽 · 값 7,000원

강의총서

김충열 교수의 유가윤리강의 김충열 지음 · 182쪽 · 값 5,000원
김충열 교수의 노장철학강의 김충열 지음 · 336쪽 · 값 7,800원

일본사상총서

일본신도사 무라오카 츠네츠구 지음 · 박규태 옮김 · 312쪽 · 값 10,000원 · 『神道史』
도쿠가와 시대의 철학사상 미나모토 료엔 지음 · 박규태, 이용수 옮김 · 260쪽 · 값 8,500원 · 『德川思想小史』
일본인은 왜 종교가 없다고 말하는가 아마 도시마로 지음 · 정형 옮김 · 208쪽 · 값 6,500원 · 『日本人はなぜ 無宗敎なのか』

동양문화산책

공자와 노자, 그들은 물에서 무엇을 보았는가 사라 알란 지음 · 오만종 옮김 · 248쪽 · 값 8,000원
주역산책 朱伯崑 외 지음 · 김학권 옮김 · 260쪽 · 값 7,800원 · 『易學漫步』
죽음 앞에서 곡한 공자와 노래한 장자 何顯明 지음 · 현채련, 리길산 옮김 · 290쪽 · 값 9,000원 · 『死亡心態』
공자의 이름으로 죽은 여인들 田汝康 지음 · 이재정 옮김 · 248쪽 · 값 7,500원
중국, 예로 읽는 봉건의 역사 王琦珍 지음 · 김응엽 옮김 · 260쪽 · 값 8,000원 · 『禮與傳統文化』
동양을 위하여, 동양을 넘어서 홍원식 외 지음 · 264쪽 · 값 8,000원
서원, 한국사상의 숨결을 찾아서 안동대학교 안동문화연구소 지음 · 344쪽 · 값 10,000원
중국의 지성 5人이 뽑은 고전 200 王燕均, 王一平 지음 · 최중세 옮김 · 408쪽 · 값 11,000원 · 『國學名著200種』
안동 금계 마을 – 천년불패의 땅 안동대학교 안동문화연구소 지음 · 272쪽 · 값 8,500원
녹차문화 홍차문화 츠노야마 사가에 지음 · 서은미 옮김 · 232쪽 · 값 7,000원 · 『茶の世界史』
이 땅에서 우리 철학 하기 윤천근 지음 · 280쪽 · 값 8,500원

연구총서

논쟁으로 보는 중국철학 중국철학연구회 지음 · 352쪽 · 값 8,000원
논쟁으로 보는 한국철학 한국철학사상연구회 지음 · 326쪽 · 값 10,000원
논쟁으로 보는 불교철학 이효걸, 김형준 외 지음 · 320쪽 · 값 10,000원
김충열 교수의 중국철학사 1 – 중국철학의 원류 김충열 지음 · 360쪽 · 값 9,000원
反논어 – 孔子의 논어 孔丘의 논어 趙紀彬 지음 · 조남호, 신정근 옮김 · 768쪽 · 값 25,000원 · 『論語新探』
중국철학과 인식의 문제 方立天 지음 · 이기훈 옮김 · 208쪽 · 값 6,000원 · 『中國古代哲學問題發展史』
문제로 보는 중국철학 – 우주 · 본체의 문제 方立天 지음 · 이기훈, 황지원 옮김 · 232쪽 · 값 6,800원 · 『中國古代哲學問題發展史』
중국철학과 인성의 문제 方立天 지음 · 박경환 옮김 · 191쪽 · 값 6,800원 · 『中國古代哲學問題發展史』
중국철학과 지행의 문제 方立天 지음 · 김학재 옮김 · 208쪽 · 값 7,200원 · 『中國古代哲學問題發展史』
중국철학과 이상적 삶의 문제 方立天 지음 · 이홍용 옮김 · 212쪽 · 값 7,500원 · 『中國古代哲學問題發展史』
현대의 위기 동양 철학의 모색 중국철학회 지음 · 340쪽 · 값 10,000원
동아시아의 전통철학 주칠성 외 지음 · 394쪽 · 값 13,000원
역사 속의 중국철학 중국철학회 지음 · 448쪽 · 값 15,000원
일곱 주제로 만나는 동서비교철학 陳衛平 편저 · 고재욱, 김철운, 유성선 옮김 · 320쪽 · 값 11,000원 · 『中西哲學比較面面觀』
중국철학의 이해 김득만, 장윤수 지음 · 318쪽 · 값 10,000원
중국철학의 이단자들 중국철학회 지음 · 240쪽 · 값 8,200원
유교의 사상과 의례 금장태 지음 · 296쪽 · 값 10,000원
공자의 철학 蔡仁厚 지음 · 240쪽 · 값 8,500원 · 『孔孟荀哲學』
맹자의 철학 蔡仁厚 지음 · 224쪽 · 값 8,000원 · 『孔孟荀哲學』
순자의 철학 蔡仁厚 지음 · 272쪽 · 값 10,000원 · 『孔孟荀哲學』
서양문학에 비친 동양의 사상 한림대학교 인문학연구소 엮음 · 360쪽 · 값 12,000원
유학은 어떻게 현실과 만났는가 – 선진 유학과 한대 경학 박원재 지음 · 216쪽 · 값 7,500원

근현대총서

현대신유학 鄭家棟 지음 · 한국철학사상연구회 논전사분과 옮김 · 400쪽 · 값 7,800원 · 『現代新儒學槪論』
모택동 사상과 중국철학 畢劍橫 지음 · 이철승 옮김 · 312쪽 · 값 10,000원 · 『毛澤東與中國哲學傳統』

노장총서

도가를 찾아가는 과학자들 — 현대신도가의 사상과 세계 董光璧 지음 · 이석명 옮김 · 184쪽 · 값 4,500원 · 『當代新道家』
노자철학과 도교 許抗生 지음 · 노승현 옮김 · 232쪽 · 값 6,000원 · 『老子與道家』
유학자들이 보는 노장 철학 조민환 지음 · 407쪽 · 값 12,000원
노자에서 데리다까지 — 도가 철학과 서양 철학의 만남 한국도가철학회 엮음 · 440쪽 · 값 15,000원

성리총서

양명학 — 왕양명에서 웅십력까지 楊國榮 지음 · 정인재 감수 · 김형찬, 박경환, 김영민 옮김 · 414쪽 · 값 9,000원 · 『王學通論』
상산학과 양명학 김길락 지음 · 391쪽 · 값 9,000원
동아시아의 양명학 최재목 지음 · 240쪽 · 값 6,800원
범주로 보는 주자학 오하마 아키라 지음 · 이형성 옮김 · 546쪽 · 값 17,000원 · 『朱子の哲學』
송명성리학 陳來 지음 · 안재호 옮김 · 590쪽 · 값 17,000원 · 『宋明理學』
주자학의 인간학적 이해 이강대 지음 · 200쪽 · 값 7,000원

역학총서

주역철학사 廖名春, 康學偉, 梁韋弦 지음 · 심경호 옮김 · 944쪽 · 값 30,000원 · 『周易研究史』
주역, 유가의 사상인가 도가의 사상인가 陳鼓應 지음 · 최진석, 김갑수, 이석명 옮김 · 366쪽 · 값 10,000원 · 『易傳與道家思想』
왕부지의 주역철학 — 기철학의 집대성 김진근 지음 · 430쪽 · 값 12,000원
송재국 교수의 주역 풀이 송재국 지음 · 380쪽 · 값 10,000원

예술철학총서

중국철학과 예술정신 조민환 지음 · 464쪽 · 값 17,000원
풍류정신으로 보는 중국문학사 최병규 지음 · 400쪽 · 값 15,000원

동양문학총서

이야기 小說 Novel — 서양학자의 눈으로 본 중국소설 김진곤 편역 · 416쪽 · 값 15,000원

동양사회사상총서

주역사회학 김재범 지음 · 296쪽 · 값 10,000원
유교사회학 이영찬 지음 · 488쪽 · 값 17,000원

한의학총서

한의학과 유교 문화의 만남 林殷 지음 · 문재곤 옮김 · 344쪽 · 값 10,000원 · 『儒家文化與中醫學』

잡지

오늘의 동양사상(제1호 · 1998) 예문동양사상연구원 펴냄 · 385쪽 · 값 10,000원
오늘의 동양사상(제2호 · 1999) 예문동양사상연구원 펴냄 · 318쪽 · 값 8,000원
오늘의 동양사상(제3호 · 2000) 예문동양사상연구원 펴냄 · 360쪽 · 값 10,000원
오늘의 동양사상(제4호 · 2001) 예문동양사상연구원 펴냄 · 412쪽 · 값 10,000원

전집

이상은선생전집 이상은 지음 · 전4권 · 값 120,000원
이을호전서 다산학연구원 편 · 전9권 · 값 300,000원